DSM-5®
SELECTIONS

DSM-5
신경발달장애

DSM-5® NEURODEVELOPMENTAL DISORDERS

APA 집필 / 강진령 역

AMERICAN PSYCHIATRIC ASSOCIATION

학지사

Neurodevelopmental Disorders, DSM-5® Selections, first edition
by American Psychiatric Association

역자 서문

미국정신의학회(American Psychiatric Association)는 2013년 DSM-5를 출간한 이래, 정신건강 전문가들의 정신장애 이해와 임상적 진료를 돕기 위해 관련 서적을 출간해 왔다. 그중에서도, 'DSM-5 Selections'는 DSM-5에 수록되어 있는 주요 정신장애를 선별하여 다른 포맷으로 구성 · 제작한 정신장애 시리즈다. 이 시리즈는 DSM-5의 제II편에 수록되어 있는 정신장애들 중 6개 진단군을 선별하여 총 6권으로 되어 있다. 각 권의 주제는 신경발달장애(1), 조현병 스펙트럼 및 기타 정신병적 장애(2), 우울장애(4), 불안장애(5), 급식 및 섭식 장애(10), 수면-각성 장애(12)[주. 소괄호 안의 숫자는 본문에 배열된 순서임]다.

'DSM-5 Selections'의 각 권은 특정 장애군에 대한 ① DSM-5 텍스트의 진단기준, ② DSM-5 가이드북, ③ DSM-5 임상사례집, ④ DSM-5 확인문제, ⑤ DSM-5 확인문제 정답 및 해설로 구성되어 있다. 먼저, DSM-5 가이드북은 DSM-5의 텍스트 내용을 보다 쉽게 설명해 놓았다. 독자들은 새로운 각도에서 DSM-5를 조망할 수 있을 것이다. 또한 평가문제 풀이를 통해 해당 정신장애에 관한 학습 정도를 확인해 볼 수 있을 것이다. 특히, 평가문제에 대한 정답 및 해설집은 보다 포괄적인 관점에서 독자들의 특정 장애에 대한 학습의 완성도를 극대화시킬 수 있을 것이다.

이 땅에 긍정심리학이 전해지면서 정신의학과 심리학이 인간의 어두운 단면만을 조명한다는 비판의 소리도 있었다. 그렇지만 현대 사회의 이면에는 여전히 명시적 · 암묵적으로 정신적인 문제로 고통을 겪는 사람들이 많은 것이 현실이다.

그러기에 오늘날처럼 정교하게 다듬어진 편람인 DSM-5가 요구되는 시대도 없을 것이다. '만남은 우연처럼 주어지는 선물'이라는 말이 있다. 역자뿐 아니라 독자들도 우연처럼 주어진 'DSM-5 Selections'와의 만남을 통해 정신장애에 대한 이해의 깊이를 더할 수 있기를 바란다.

끝으로, 'DSM-5 Selections' 번역을 위해 역자를 믿고 손을 내밀어 주신 김진환 사장께 깊이 감사드린다. 또한 인생의 중대사를 치르면서도, 깔끔하고 명쾌한 소통으로 멋진 역서가 나올 수 있도록 챙겨 준 편집부의 이상경 대리께 감사의 마음을 전한다. 바라건대, 이 책이 다양한 정신장애의 이해와 통찰로 통하는 왕도(王道)가 되었으면 한다. 이 책을 통해 정신건강 전문가들의 정신장애 이해와 진단 역량을 극대화하는 한편, 정신장애로 고통을 겪고 있는 사람들을 능숙하게 돕는 데 일조하기를 바라면서 이 글을 맺는다.

2017년 2월

역자

DSM-5® Selections 서문

DSM-5 Selections 방문을 환영한다. 이 시리즈의 목적은 DSM-5 장애 범주와 연관된 중요한 진단적 쟁점에 관하여 독자들을 교육하는 것이다. DSM-5 Selections 시리즈에서 먼저 출간된 서적으로는 ① 수면-각성장애, ② 우울장애, ③ 조현병 스펙트럼 및 기타 정신병적 장애, ④ 급식 및 섭식 장애, ⑤ 신경발달장애, 그리고 ⑥ 불안장애가 있다. 시리즈의 각 권에는 각각의 진단범주에 해당되는 장애의 진단기준이 제시되어 있다. 이 진단범주는 오늘날 임상적 실천을 위해 활용 가능한 가장 종합적이고 중요한 자원인 DSM-5에서 직접 발췌한 것들이다. 또한 이 시리즈의 각 서적에는 DSM-5 가이드북, DSM-5 임상사례집, 그리고 DSM-5 확인문제집에서 발췌된 내용들이 수록되어 있다. 결과적으로, 이 시리즈의 각 권에서는 독자들에게 DSM-5 장애의 각 범주에 대해 독특하게 소개하고 있고 DSM-5 장애들에 관한 각자의 지식을 확인해 볼 수 있는 기회를 제공하고 있다.

DSM-5 가이드북 Guidebook은 임상가와 연구자들에게는 DSM-5 장애에 대한 로드맵 역할을 한다. 이 부분은 DSM-5의 내용을 명확하고 이해하기 쉽게 제시함으로써 정신건강 전문가들에게 개정된 진단기준의 사용방법을 알려 주는 한편, 임상적 활용을 위한 실질적인 내용을 제공하고 있다. 이 책은 DSM-IV-TR과 비교할 때, 진단범주의 임상적 적용에 매우 심각하게 영향을 줄 수 있는 DSM-5에서 개정된 내용에 초점을 맞춤으로써 DSM 진단범주에 대한 신선한 조망을 제공하고 있다.

DSM-5 임상사례집 Clinical Cases에는 특정 범주에 속하는 장애 진단기준의 전형적인 예가 될 수 있는 다양한 환자에 대한 사례들이 제시되어 있다. **DSM-5 임상 사례집**은 교사, 학생, 그리고 임상가들을 위해 DSM-5를 살아 움직이게 하고 있다. 이 책은 증상, 심각도, 동반이환, 발병 연령을 포함한 진단 개념, 여러 장애에 포괄적으로 적용되는 범주, 그리고 성별과 문화적 차이에 따른 시사점에 대해 독자들의 이해를 돕는다.

DSM-5 확인문제의 문항들은 DSM-5에서 변화된 개념, 진단에 대한 특정 변화, 그리고 진단기준에 대한 독자들의 지식을 확인해 보기 위해 집필되었다. 각 문항에는 정답의 근거에 대한 설명과 진단분류, 진단범주 세트, 진단명, 부호, 심각도, 문화, 연령, 그리고 성별에 관한 중요한 정보가 담겨 있는 짤막한 해설이 포함되어 있다. 문항들은 다양한 시험 준비에 도움이 될 것이다.

DSM-5 Selections 시리즈는 DSM-5 또는 내용의 일부를 발췌한 다른 서적들을 대체하기 위해 출간된 것이 아니다. 다만, 이 시리즈는 독자들에게 특정 장애의 범주와 직접적으로 관련 있는 핵심 자료들을 선사하기 위한 것이다. 만일 특정 장애나 장애 범주에 관해 더 많은 정보가 필요하다면, APP 교재나 임상 편람을 참조해 볼 것을 권한다. APP 출판물 전체 목록은 www. appi.org에서 확인할 수 있다.

Robert E. Hales, M.D.

편집장

차 례

머리말

신경발달장애의 진단분류에는 아동기 또는 청소년기에 발현되고 학교로부터 사회적 상황에 이르기까지 정상적인 상호작용에 중요한 행동에 영향을 미치는 장애들이 포함되어 있다. 지적장애 같은 일부 신경발달장애는 다수의 영역에 영향을 미칠 것이다. 그리고 특정학습장애나 운동장애 같은 다른 장애들은 그 효과의 범위가 좀 더 제한적이다. 이러한 장애들에 대한 간단한 개요는 다음과 같다.

지적장애(지적발달장애)는 동일한 연령·성별과 동일한 언어학적·사회문화적 배경을 지닌 또래들에 비해 지적기능과 적응기능에 있어서의 결함이 특징이다.

의사소통장애의 DSM-5 하위분류는 지역사회에서 공유되는 언어적·비언어적 및 그래픽 상징체계의 수신·송신·처리·이해 능력에 영향을 미치는 일련의 손상을 나타낸다. **사회적(실용적) 의사소통장애**는 DSM-5의 새 범주로, 언어의 실용적 측면에 일차적인 어려움을 지닌 아동들과 관련이 있다.

자폐스펙트럼장애는 현재 DSM-IV-TR에서 분리된 장애들(자폐장애, 아스퍼거장애, 아동기 붕괴장애, 달리 명시되지 않는 전반적 발달장애[비전형적 자폐증

출처: Abbeduto L, Ozonoff S, Thurman AJ, et al.: "Neurodevelopmental Disorders," in *The American Psychiatric Publishing Textbook of Psychiatry*, 6th Edition. Edited by Hales RE, Yudofsky SC, Roberts LW. Washington, DC, American Psychiatric Publishing, 2014, pp. 229-272.

포함])이 하나로 통합된 장애다. 처음에 자폐증은 드물다는 느낌이 들었지만, 미국 내에서의 유병률은 현재 88명 중 한 명꼴로 추산한다.

주의력결핍 과잉행동장애(ADHD)는 발달적으로 부적절한 지속적인 문제, 주의력결핍 및/또는 기능을 저해하는 과도하게 가만히 있지 못하는 증상 및/또는 충동성이 특징이다. ADHD 진단범주에 부합되는 증상을 가진 아동들은 6~7%로 추산되고, 성인의 약 5% 역시 이 장애로 어려움을 겪는 것으로 추산된다.

특정학습장애 진단에는 발달시기 동안 발현되는 읽기, 쓰기, 또는 산술/수학적 추론에 지속적인 어려움과 학업수행, 직업적 기능, 또는 일상생활에 미치는 심각하게 부정적인 영향이 필수로 요구된다.

상동증적 운동장애는 목적 없이 행하고 심각한 고통과 손상과 연관 있는 반복적 행동이 특징이다. 틱장애에는 몇 가지 진단범주가 있다. 즉, 투렛장애 진단은 1% 미만으로 추산되나, 만성 틱 상태에 대한 진단은 더 높다.

신경발달장애 범주의 일부에 대한 간단한 설명에서 볼 수 있는 것처럼, 정확한 진단은 체계적이고 사려 깊은 평가, 그리고 신뢰할 수 있고 타당한 진단도구의 사용이 필수적이다. 이 선집에서는 DSM-5에 수록된 각 진단범주에 대한 세부사항들이 제공될 것이다. 또한 적절한 장애를 탐색하도록 안내해 주고 정신건강 서비스 제공자의 지식을 확인하는 한편, 일련의 장애들의 주요 특징이 강조된 임상사례들이 제공될 것이다.

DSM-IV-TR에서 DSM-5로의 주요 변화 사항

DSM-5 진단기준과 본문에 있어서 개정된 내용의 개요는 DSM-5 분류와 동일한 순서로 이 장에 제시되어 있다. 이것은 완전한 가이드는 아니다. 여기서는 명확성을 높이기 위한 본문 또는 문구에 대한 사소한 수정에 대해서는 언급하고 있지 않다. 또한 DSM-5의 제I편에 DSM-5에서의 각 장의 조직, 다축체계, 그리고 차원적 평가(제3편 참조)와 관련된 수정 내용이 수록되어 있음을 유념해야 한다.

용어

일반적인 의학적 상태[general medical condition]라는 말은 DSM-5에서는 모든 장애와 관련 있는 다른 의학적 상태[another medical condition]라는 용어로 대체되었다.

지적장애(지적발달장애)

지적장애[intellectual disability](지적발달장애[intellectual developmental disorder])의 진단기준에서는 지적능력(IQ)과 적응기능 평가의 필요성을 강조하고 있다. 심각도[severity]는 IQ 점수보다 적응기능에 의해 결정된다. 정신지체[mental retardation]라는 용어는 DSM-IV에서 사용되었다. 그러나 지난 20여 년에 걸쳐서 의학계, 교육계, 기타 영역의 전문가들 사이에서뿐 아니라 일반 대중과 시민단체에서도 지적장애라는 용어가 통용되어 왔다. 더욱이, 미 연방법(공법[Public Law] 111-256, 로사법[Rosa's Law])상에서도 정신지체라는 용어는 지적장애로 대체되었다. 명칭 변화에도 불구하고, 발달시기에 시작되는 지적능력 결함은 진단범주와 함께 정신장애의 구성요소로 간주된다. 지적발달장애라는 용어는 세계보건기구[World Health Organization](WHO)의 분류체계를 반영하기 위해 소괄호 내에 표기되었다. WHO의 분류체계는 국제질병분류[International Classification of Diseases] (ICD 제11판인 ICD-11은 2017년에 출간될 예정임)에 수록된 장애들과 국제기능, 장애 및 건강 분류[International Classification of Functioning, Disorders, and Health](ICF)상의 모든 장애[disabilities]를 기초로 제작되었다. ICD-11이 수년 간은 채택되지 않을 것이므로, 지적장애가 현재 최선의 용어로 선택되었다. 앞으로 이 용어는 가교 역할을 한다는 뜻으로 소괄호 안에 표기될 것이다.

의사소통장애

DSM-5의 의사소통장애[communication disorders]에는 ① 언어장애[language disorder](DSM-

IV의 표현성 언어장애와 혼재성 수용-표현성 언어장애가 결합된 것임), ② 말소리장애 speech sound disorder(조음장애 phonological disorder의 새 명칭), ③ 아동기 발병 유창성장애 childhood-onset fluency disorder(말더듬 stuttering)가 포함되어 있다. 또한 언어적 · 비언어적 의사소통의 사회적 사용에 있어서 지속적인 어려움에 대한 새로운 상태를 나타내는 ④ 사회적(실용적) 의사소통장애 social(pragmatic) communication disorder가 포함되어 있다. 사회적 의사소통 결함은 자폐스펙트럼장애(ASD)의 한 요소이므로, 제한된, 반복적 행동, 흥미, 또는 활동 패턴(ASD의 다른 요소)이 나타난다고 해서 사회적(실용적) 의사소통장애로 진단해서는 안 된다. DSM-IV의 '달리 명시되지 않는 전반적 발달장애'로 진단된 일부 환자의 증상은 DSM-5의 사회적(실용적) 의사소통장애의 진단범주에 부합된다.

자폐스펙트럼장애

자폐스펙트럼장애 autism spectrum disorder(ASD)는 DSM-5에 새로 수록된 진단명이다. 이는 종전에 4개로 분리된 장애들이 실제로는 2개의 핵심 영역에서 증상의 심각도 수준이 다른 단일 상태라는 과학적 합의를 반영한 것이다. 이제 ASD는 종전에 DSM-IV에 수록되었던 ① 자폐장애, ② 아스퍼거장애, ③ 아동기 붕괴장애, ④ 달리 명시되지 않는 전반적 발달장애(비전형적 자폐증 포함)를 포함하고 있다. ASD는 ① 사회적 의사소통과 사회적 상호작용 결함, ② 제한된 반복적 행동, 흥미, 또는 활동 restricted repetitive behaviors(RRBs)이 특징이다. 이 2가지 요소는 ASD 진단의 필수 요건이므로, RRBs가 발현되지 않는 경우에는 사회적(실용적) 의사소통장애로 진단된다.

주의력결핍 과잉행동장애

DSM-5의 주의력결핍 과잉행동장애 attention-deficit/hyperactivity disorder(ADHD)의 진단기준은 DSM-IV의 것과 유사하다. 동일한 18가지 증상은 DSM-IV에서 사용되었던 것들이다. 이 증상들은 2개 증상 영역(① 주의력결핍, ② 과잉행동/충동성)으로 나뉘

어져 있는데, 이들 중 한 영역에서 최소 6개 증상이 충족되어야 이 진단을 내릴 수 있다. 그러나 DSM-5에서는 몇 가지 수정이 이루어졌다. 첫째, 전 생애에 걸쳐 용이하게 적용할 수 있도록 진단기준 항목에 예시를 추가했다. 둘째, 다양한 상황에서 증상이 나타나야 한다는 필수요건이 각 상황에서 "몇 가지" 증상이 나타나야 한다는 요건으로 강화되었다. 셋째, 발병에 대한 진단기준이 "손상의 원인이 되는 증상이 7세 이전에 나타나야 한다."는 것에서 "몇 가지 주의력결핍 또는 과잉행동/충동성 증상들이 12세 이전에 나타나야 한다."는 것으로 수정되었다. 넷째, 아형들이 이전의 아형들을 직접 확인할 수 있는 명시자로 대체되었다. 다섯째, 이젠 ASD와 동반이환되는 진단이 가능해졌다. 여섯째, 임상적으로 심각한 ADHD 손상의 실질적인 증거를 반영하기 위해 증상 역치가 수정되었다. 즉, 어린 아동들에 대한 진단을 위해 주의력결핍과 과잉행동/충동성에 있어서 필수로 요구되었던 6가지 증상이 5가지로 줄었다. 끝으로, ADHD는 "신경발달장애" 장에 배치되었다. 그 이유는 뇌 발달이 ADHD와 상관이 있다는 점과 DSM-IV의 유아기, 아동기, 또는 청소년기에 보통 처음 진단되는 모든 진단이 포함된 장을 삭제하기로 한 DSM-5에서의 결정을 반영하기 위해서였다.

특정학습장애

특정학습장애specific learning disorder는 DSM-IV의 ① 읽기장애, ② 수학장애, ③ 쓰기장애, ④ 명시되지 않는 학습장애 진단이 통합된 것이다. 읽기, 쓰기, 수학 영역에서의 학습 결함은 흔히 함께 발현되므로, 각 영역에는 결함의 유형을 나타내는 부호화된 명시자들이 포함되어 있다. 본문에서는 읽기 결함의 특정 유형이 국제적으로는 난독증dyslexia과 같은 다양한 방식과 난산증dyscalculia과 같은 수학 결함의 특정 유형으로 묘사되고 있음을 인정하고 있다.

운동장애

DSM-5의 신경발달장애 장에는 다음과 같은 운동장애들motor disorders이 수록되어 있다. 즉, 이 장에는 ① 발달성 협응장애developmental coordination disorder, ② 상동증적 운동장애stereotypic movement disorder, ③ 투렛장애Tourette's disorder, ④ 지속성(만성) 운동 또는 음성 틱장애persistent(chronic) motor or vocal disorder, ⑤ 잠정적 틱장애provisional tic disorder, ⑥ 달리 명시된 틱장애other specified tic disorder, ⑦ 명시되지 않는 틱장애unspecified tic disorder가 포함되어 있다. 틱장애의 진단범주는 이 장의 모든 장애에 걸쳐 표준화된 것이다. 상동증적 운동장애는 DSM-5의 "강박 및 관련 장애" 장에서 논의되고 있는 신체에 초점을 둔 반복적 행동장애들과 보다 명확하게 구분되었다.

DSM-5® 신경발달장애: ICD-9-CM 및 ICD-10-CM 부호

장애	ICD-9-CM	ICD-10-CM
지적장애		
지적장애(지적발달장애)		
경도	317	F70
중등도	318.0	F71
고도	318.1	F72
최고도	318.2	F73
전반적 발달지연	315.8	F88
명시되지 않는 지적장애(지적발달장애)	319	F79
의사소통장애		
언어장애	315.32	F80.2
말소리장애	315.39	F80.0
아동기 발병 유창성장애(말더듬)	315.35	F80.81
사회적(실용적) 의사소통장애	315.39	F80.89
명시되지 않는 의사소통장애	307.9	F80.9
자폐스펙트럼장애		
자폐스펙트럼장애	299.00	F84.0
주의력결핍 과잉행동장애		
주의력결핍 과잉행동장애		
복합형	314.01	F90.2
주의력결핍 우세형	314.00	F90.0
과잉행동/충동 우세형	314.01	F90.1
달리 명시된 주의력결핍 과잉행동장애	314.01	F90.8
명시되지 않는 주의력결핍 과잉행동장애	314.01	F90.9
특정학습장애		
특정학습장애		
읽기 손상 동반	315.00	F81.0
쓰기 손상 동반	315.2	F81.81
수학 손상 동반	315.1	F81.2
운동장애		
발달성 협응장애	315.4	F82
상동증적 운동장애	307.3	F98.4
틱장애		
투렛장애	307.23	F95.2
지속성(만성) 운동 또는 음성 틱장애	307.22	F95.1
잠정적 틱장애	307.21	F95.0
달리 명시된 틱장애	307.20	F95.8
명시되지 않는 틱장애	307.20	F95.9
기타 신경발달장애		
달리 명시된 신경발달장애	315.8	F88
명시되지 않는 신경발달장애	315.9	F89

01

신경발달장애

정신질환의 진단 및 통계 편람, 제5판

신경발달장애neurodevelopmental disorder는 발달기에 시작되는 장애들의 집합이다. 이 장애는 전형적으로 초기 발달단계인 학령전기에 발현되기 시작하여 개인적 · 사회적 · 학업적 또는 직업적 기능에 손상을 야기하는 발달 결함이 특징이다. 발달 결함의 범위는 학습 또는 집행 기능 조절과 같이 매우 제한적인 손상부터 사회기술 또는 지능처럼 전반적인 손상에 이르기까지 다양하다. 신경발달장애는 흔히 동반이환된다. 예를 들어, 자폐스펙트럼장애가 있는 사람은 흔히 지적장애(지적발달장애)가 있고, 주의력결핍 과잉행동장애(이하 ADHD)가 있는 많은 아이들은 특정학습장애가 있다. 일부 장애의 경우, 임상적 양상에는 발달이정표milestone의 성취 결함, 지연뿐 아니라 과도한 경우도 포함된다. 예를 들어, 자폐스펙트럼장애는 사회적 상호작용의 특징적인 결함과 과도한 반복적 행동, 제한적 흥미, 그리고 단조로움에 대한 고집이 동반될 때 진단된다.

지적장애(지적발달장애)는 추론, 문제해결, 계획, 추상적 사고, 판단, 학업, 경험을 통한 학습과 같은 전반적인 정신기능의 결함이 특징이다. 이러한 결함은 부적응을 초래하게 되어, 개인은 의사소통, 사회적 참여, 학업적 또는 직업적 기능, 가정 또는 지역사회에서의 개인적 자립과 같은 한 가지 또는 그 이상의 일상생활 영역에서의 독립성과 사회적 책임 기준에 도달하지 못하게 된다. 전반적 발달지연global developmental delay은 그 명칭이 암시하듯, 지적기능의 여러 영역에서 기대되는 발달이정표에 도달하지 못한 경우에 진단된다. 이 진단은 표준검사에 참여하기에는 너무 어린 아동들을 포함하여 지적기능의 체계적인 평가가 불가능한 사람들에게 적용된다. 지적장애는 발달시기 동안의 심한 두부 손상과 같은 후천적 손상의 결과로 나타날 수 있는데, 이런 경우에는 신경인지장애neurocognitive disorders도 함께 진단될 수 있다.

의사소통장애에는 ① 언어장애, ② 말소리장애, ③ 사회적(실용적) 의사소통장애, ④ 아동기 발병 유창성장애(말더듬)가 포함된다. 처음의 3가지 진단은 각각 언어, 발음, 사회적 의사소통의 발달과 사용 결함이 특징이다. 아동기 발병 유창성장애는 정상적인 유창성과 말 생성에 장해가 있는 것이 특징이다. 소리나 음절의 반복, 자음과 모음을 길게 말하기, 깨어진 단어, 막힘, 과도한 신체적 긴장과 함께 생성되는 단어와 같은 문제를 포함한다. 다른 신경발달장애와 같이 의사소통장애도 생애 초기에 시작되며, 일생 동안 기능 손상을 초래할 수 있다.

자폐스펙트럼장애는 사회적 상호성, 사회적 상호작용을 위해 사용되는 비언어적 의사소통 행동, 그리고 관계 발달, 유지, 이해를 위한 기술을 포함한 다양한 맥락에서의 사회적 의사소통과 사회적 상호작용의 지속적 결함이 특징이다. 자폐스펙트럼장애의 진단은 사회적 의사소통 결함 외에도 제한된, 반복적 행동, 흥미, 활동의 증거가 필수적으로 요구된다. 현재의 양상이 뚜렷한 손상을 초래하고 있더라도, 증상은 발달에 따라 변하고 보상기제에 의해 감춰질 수 있으므로, 과거력 정보에 기초하여 진단기준을 충족시켜야 한다.

자폐스펙트럼장애를 진단할 때, 처음으로 자폐 증상에 관심을 갖게 된 연령, 과거에 확립된 기술의 상실이 동반되었는지 유무, 심각도 수준뿐 아니라 지적 손상의 동반 유무, 구조적 언어 손상 동반 유무, 의학적 · 유전적 또는 환경적/후천적 조건과 연관성 유무, 다른 신경발달장애, 정신장애, 또는 행동장애와의 연관성 유무와 같은 명시자를 사용해야 한다. 이 명시자들은 개인별 진단과 풍부한 임상적 기술을 제공한다. 예를 들어, 과거에 아스퍼거장애로 진단받은 사람들은 현재 언어 손상이나 지적 손상이 없는 자폐스펙트럼장애로 진단된다.

ADHD는 주의력결핍, 체계적이지 못함 및/또는 과잉행동/충동성 체계의 손상으로 정의되는 신경발달장애다. 주의력결핍과 체계적이지 못한 행동이란 일을 마칠 때까지 가만히 있지 못하거나 다른 사람의 말을 듣지 않는 것처럼 보이고, 물건을 잃어버리는 등의 문제가 연령 또는 발달단계와 일치하지 않는 수준으로 나타나는 것이다. 과잉행동/충동성은 과도한 활동, 꼼지락거림, 가만히 앉아 있지 못함, 다른 사람의 활동에 끼어들기, 기다리지 못함과 같은 증상으로 나타나며, 이 역시 연령이나 발달단계에 비해 과도한 경향을 보인다. ADHD는 아동기에 적대적 반항장애 또는 품행장애와 같은 "외현화 장애들externalizing disorders"과 자주 중복되어 나타난다. ADHD는 자주 성인기까지 지속되어, 사회적 · 학업적 · 직업적 기능 손상을 야기한다.

신경발달 운동장애neurodevelopmental motor disorders에는 ① 발달성 협응장애, ② 상동증적 운동장애, ③ 틱장애가 포함된다. 발달성 협응장애developmental coordination disorder는 조화로운 운동기능의 습득과 수행의 결함이 특징이며, 어색하고 느릿하거나 부정확한 운동기능의 수행으로 인해 일상생활에 방해를 받게 된다. 상동증적 운동장애stereotypic movement disorder는 반복적이고, 억제할 수 없는 것 같으며, 목적이 없는 듯한 운동성 움직임(예, 손 파닥거리기, 몸 흔들기, 머리 박기, 자기 물어뜯기 또는 때리기)이 있을 때 진단된다. 이런 행동은 사회적 · 학업적 · 기타 활동을 방해한다. 만약 상동증적 행동이 스스로를 다치게 한다면, 이를 진단 기술에 명시해야 한다. 틱장애tic disorders는 갑작스럽고, 빠르며, 반복적 · 비율동적 · 상동증적 운동 틱 또는 음성 틱이 특징이다. 증상이 지속된 기간, 추정 병인, 임상 양상에 따라 ① 투렛장애, ② 지속성(만성) 운동 또는 음성 틱장애, ③ 잠정적 틱장애, ④ 달리 명시된 틱장애, ⑤ 명시되지 않는 틱장애로 세분된다. 투렛장애는 운동 틱과 음성 틱이 복합적으로 나타나며, 증상 악화와 완화 경과를 보이며 1년 이상 지속될 때 진단할 수 있다.

특정학습장애는 진단명이 암시하는 것처럼, 정보의 효율적이고 정확한 인지 및 처리 능력에 특정 결함이 있는 경우에 진단된다. 이 신경발달장애는 공교육 과정에서 처음 발현되며 읽기, 쓰기, 산술과 같은 기초 학업기술의 학습에서의 지속적 · 손상적 어려움이 특징이다. 이 장애를 가진 사람의 손상된 학업수행 능력은 연령에 기대되는 수준보다 훨씬 낮거나 엄청난 노력에 의해서만 허용 가능한 수준에 도달할 수 있다. 특정학습장애는 지적으로 '재능이 뛰어난' 사람에게도 발생할 수 있으며, 지능과 보상전략으로 인해 시간제한을 두고 평가하는 시험과 같은 장벽에 부딪히는 경우에 한해서 발견되는 경우가 있다. 모든 특정학습장애는 일생동안 직업적으로 요구되는 특정 기술 수행에 손상을 야기할 수 있다.

명시자specifier의 사용은 임상적 경과와 현재의 증상에 대한 설명을 제공한다. 신경발달장애의 명시자에는 발병 연령, 심한 정도에 대한 평가뿐 아니라 "알려진 의학적 · 유전적 상태 또는 환경적 요인"에 대한 명시자도 포함된다. 이러한 명시자는 임상가로 하여금 장애의 원인, 임상적 경과에 영향을 주는 인자에 대한 정보를 제공한다. 유전적 장애의 예로는 취약X증후군fragile X syndrome, 결절성 경화증tuberous sclerosis, 레트증후군Rett syndrome이 있으며, 의학적 상태의 예로는 뇌전증epilepsy이 있고, 환경적 요인의 예로는 극소 저체중 출생, 태아기 알코올 노출(태아기 알코올 노출 증후군과 관련한 외형적 변형이 없다 하더라도)이 있다.

지적장애

지적장애(지적발달장애)

Intellectual Disabillity (Intellectual Developmental Disorder)

진단기준

지적장애(지적발달장애)는 발달시기에 시작되며, 개념, 사회, 실행 영역에서 지적기능과 적응기능 모두에 결함이 있는 상태를 말한다. 다음의 3가지 진단기준을 충족해야 한다.

A. 임상적 평가와 개별적으로 실시된 표준화된 지능검사로 확인된 지적기능(추론, 문제해결, 계획, 추상적 사고, 판단, 학업, 경험 학습)의 결함이 있다.

B. 적응기능의 결함으로 인해 독립성과 사회적 책임의식에 필요한 발달학적 · 사회문화적 표준을 충족하지 못한다. 지속적인 지원 없이는 적응 결함으로 인해 다양한 환경(가정, 학교, 직장, 지역사회)에서 한 가지 이상의 일상활동(의사소통, 사회적 참여, 독립적 생활) 기능에 제한을 받는다.

C. 지적 결함과 적응기능의 결함은 발달시기 동안에 시작된다.

주의점: 지적장애라는 진단명은 ICD-11의 지적발달장애와 동의어다. 이 편람에서는 지적장애라는 용어를 사용하고 있지만, 다른 진단체계와의 연관성을 명확히 하기 위해 제목에 2가지 용어 모두 기재하였다. 더욱이 미연방법(공법 111-256, 로사법)에서 정신지체라는 용어 대신 지적장애라는 용어를 사용하기로 결정하였고, 학술지에서도 지적장애라는 용어를 사용하고 있다. 이와 같이 지적장애라는 용어는 의학, 교육 및 기타 전문직뿐 아니라 일반 시민과 시민단체에서도 널리 사용되고 있다.

현재의 심각도를 명시할 것(표 1[다음 pp. 22-23; DSM-5, pp. 34-36] 참조):

317 (F70) 경도
381.0 (F71) 중등도
381.1 (F72) 고도
381.2 (F73) 최고도

명시자

심각도[severity]는 적응기능에 기초하여 정의된다. 지능지수(IQ)에 기초하지 않는 이유는 필요한 지원의 정도가 적응기능에 의해 결정되고, 더욱이 하위지능 범위에서는 지능지수 측정의 타당도가 낮기 때문이다.

표 1. 지적장애(지적발달장애)의 심각도 수준

심각도 수준	개념적 영역 conceptual domain	사회적 영역 social domain	실행적 영역 practical domain
경도	학령전기 아동에서는 개념적 영역의 차이가 뚜렷하지 않을 수 있다. 학령기 아동과 성인에서는 읽기, 쓰기, 계산, 시간이나 돈에 대한 개념과 같은 학업기술 습득에 어려움이 있고, 연령에 적합한 기능을 하기 위해서는 하나 이상의 영역에서 도움을 필요로 한다. 성인의 경우, 학습된 기술의 기능적 사용(예, 읽기, 금전관리)뿐 아니라 추상적 사고, 집행기능(예, 계획, 전략 수립, 우선순위 정하기, 인지적 유연성), 단기기억도 손상되어 있다. 문제나 해결에 대한 접근이 또래에 비해 다소 융통성이 없다.	전형적인 발달을 보이는 또래들에 비해 사회적 상호작용이 미숙하다. 예를 들어, 또래들의 사회적 신호를 정확하게 인지하는 데 어려움이 있다. 의사소통, 대화, 언어가 연령 기대수준에 비해 좀 더 구체적인 수준[concrete level]에 머물러 있거나 미숙하다. 연령에 적합한 방식으로 감정·행동을 조절하는 데 어려움이 있다. 이러한 어려움은 사회적 상황에서 또래들의 눈에 띄게 된다. 사회적 상황에서의 위험에 대한 이해가 제한적이다. 사회적 판단이 연령에 비해 미숙하여, 다른 이들에게 속거나 조종당할 위험이 있다.	연령에 적합하게 자기관리를 할 수 있다. 복잡한 일상생활 영역에서는 또래들에 비해 약간의 도움을 필요로 한다. 성인의 경우, 장보기, 교통수단 이용, 가사 및 아이 돌보기, 영양을 갖춘 음식 준비, 은행업무와 금전관리 등의 영역에서 도움을 필요로 한다. 여가기술은 또래들과 유사하나, 웰빙과 여가계획과 관련된 판단에는 도움을 필요로 한다. 성인기에는 개념적 기술이 강조되지 않는 일자리에 자주 취업하기도 한다. 건강관리 또는 법률과 관련된 결정을 내리고 직업활동을 능숙하게 수행하기 위해서는 도움을 필요로 한다. 가족부양에도 도움을 필요로 한다.
중등도	전 발달 영역에 걸쳐, 개념적 기술이 또래에 비해 현저히 뒤처진다. 학령전기 아동의 경우, 언어와 학습준비 기술이 느리게 발달한다. 학령기 아동의 경우, 읽기, 쓰기, 수학, 시간과 돈에 대한 이해가 학령기 전반에 걸쳐 더딘 진행을 보이며, 또래에 비해 매우 제한적이다. 성인기에도 학업기술은 초등학생 수준에 머무르며 개인생활이나 직장에서 학업기술 사용에 도움을 필요로 한다. 일상생활에서의 개념적 업무 완수를 위해서는 지속적인 도움이 필요하며, 다른 사람이 이러한 책임을 전적으로 대신하기도 한다.	전체 발달과정에 걸쳐 사회적 행동과 의사소통 행동에서 또래들과 확연한 차이를 보인다. 표현성 언어가 사회적 의사소통의 주요 수단이지만, 단어나 문장이 또래들에 비해 단조롭다. 가족, 친구들과의 대인관계 형성 능력이 있고, 전 생애에 걸쳐 교우관계를 성공적으로 유지할 수 있고, 성인기에는 때로 연애도 가능하다. 그러나 사회적 신호의 정확한 감지 또는 해석이 어려울 수 있다. 사회적 판단과 결정 능력에 제한이 있어서 중요한 결정을 내릴 때에는 반드시 보호자의 도움을 필요로 한다. 의사소통이나 사회성의	식사, 옷 입기, 배설, 위생관리는 가능하나, 이러한 영역의 과업을 독립적으로 수행하기 위해서는 장기간에 걸친 교육과 시간을 필요로 하며, 할 일을 상기시켜 주는 것이 필요하다. 성인기에는 모든 집안일에 참여할 수 있으나 장기간의 교육이 필요하며, 대체로 성인 수준으로 수행하기 위해서는 지속적인 도움을 필요로 한다. 제한된 개념적 기술과 의사소통 기술이 요구되는 직업에 독립적인 취업이 가능하나 사회적 기대, 업무의 복잡성 및 일정관리, 교통수단 이용, 의료보험, 금전관리와 같은 부수적인 책임을 지기 위해서는

중등도		제약이 정상적으로 발달하는 또래들과의 관계에 영향을 미친다. 직업적 영역에서 성공하기 위해서는 많은 사회적 의사소통적인 도움을 필요로 한다.	동료, 감독자, 또는 다른 사람의 상당한 도움을 필요로 한다. 다양한 여가활동 기술을 발달시킬 수 있다. 이를 위해서는 일반적으로 오랜 기간에 걸친 부수적인 도움과 학습기회를 필요로 한다. 극히 일부에서 부적응적 행동을 보이며 사회적 문제를 야기하기도 한다.
고도	개념적 기술을 제한적으로 습득할 수 있다. 글이나 수, 양, 시간, 금전에 대한 개념 이해가 거의 없다. 보호자들은 인생 전반에 걸쳐 문제해결에 광범위한 도움을 제공한다.	말 표현 시 어휘나 문법에 상당한 제한이 있다. 한 단어나 구로 말을 하거나 다른 보완적 방법으로 내용을 보충하게 된다. 말이나 의사소통은 현재의 일상생활에 관한 내용에 치중되어 있다. 언어는 설명이나 해석보다는 사회적 의사소통을 위해 사용하며, 간단한 말이나 몸짓을 이해할 수 있다. 가족구성원과의 관계나 친밀한 이들과의 관계에서 즐거움을 얻고 도움을 받는다.	식사, 옷 입기, 목욕, 배설과 같은 일상생활 영역 전반에 대한 지원과 감독이 항시 필요하다. 자신이나 타인의 안녕에 대한 책임 있는 결정을 내릴 수 없다. 성인기에 가사, 여가활동이나 작업에 참여하기 위해서는 지속적인 도움과 지원이 필요하며, 모든 영역의 기술 습득을 위해서는 장기간의 교육과 지속적인 도움이 필요하다. 소수의 경우에서는 자해와 같은 부적응적인 행동이 문제가 될 수 있다.
최고도	개념적 기술은 주로 상징적 과정보다는 물리적 세계와 연관이 있다. 자기관리, 작업, 여가를 위해 목표 지향적 방식으로 사물을 이용할 수 있다. 짝짓기, 분류와 같은 단순한 시각-공간적 기능을 습득할 수도 있으나 동반된 운동·감각 손상이 사물의 기능적 사용을 방해할 수 있다.	말이나 몸짓의 상징적 의사소통에 대한 이해가 매우 제한적이다. 일부 간단한 지시나 몸짓을 이해할 수 있다. 자신의 욕구나 감정은 주로 비언어적·비상징적 의사소통 방식을 통해 표현한다. 친숙한 가족구성원 또는 보호자와의 관계를 즐기며, 몸짓이나 감정적 신호를 통해 사회적 의사소통을 맺는다. 동반된 감각적·신체적 손상으로 인해 다양한 사회적 활동에 제한이 생길 수 있다.	일부 일상활동에는 참여할 수도 있으나, 일상적인 신체관리, 건강, 안전의 전 영역에 걸쳐 타인에게 의존적인 생활을 하게 된다. 심각한 신체적 손상이 없는 경우에는 접시 나르기와 같은 간단한 가사를 보조할 수 있다. 고도의 지속적인 도움을 통해 물건을 이용한 간단한 활동을 함으로써 일부 직업적 활동의 기초를 마련할 수 있다. 다른 사람의 도움하에 음악감상, 영화관람, 산책, 물놀이와 같은 여가활동에 참여할 수 있다. 동반된 신체적·감각적 손상이 집안일, 여가, 직업적 활동 참여에 자주 방해가 된다. 소수의 경우에서는 부적응행동이 나타나기도 한다.

진단적 특징

지적장애(지적발달장애)의 필수적인 특징은 연령, 성별, 사회문화적 배경이 일치하는 또래에 비해 전반적인 정신능력의 결함(진단기준 A)과 일상의 적응기능에 손상(진단기준 B)을 보이는 것이며, 이러한 손상은 발달시기 동안에 시작된다(진단기준 C). 지적장애의 진단은 임상적인 평가와 지적·적응 기능에 대한 표준화된 검사의 2가지를 기반으로 한다.

진단기준 A는 추론, 문제해결, 계획, 추상적 사고, 판단, 가르침과 경험을 통한 학습, 실질적인 이해와 같은 지적기능과 연관이 있다. 언어 이해, 작업 기억력, 인지적 추론, 양적 추론, 추상적 사고, 인지적 효율성 등이 중요한 요소다. 지적기능은 타당도가 입증되었고, 포괄적·문화적으로 적절하며, 심리평가상 신뢰할 수 있는 지능검사를 통해 측정한다. 지적장애가 있는 사람의 지능지수는 오차범위(일반적으로 +5점)를 포함해서 대략 평균에서 2 표준편차 이하로 평가된다. 이는 표준편차 15와 평균이 100인 검사에서 65~75(70±5)점을 의미한다. 검사결과 해석 및 지적 수행에 대한 평가를 위해서는 임상적 수련과 판단이 요구된다.

검사점수에 영향을 주는 요인으로는 반복시행으로 인한 연습효과와 플린효과 Flynn effect, 즉 시대에 뒤떨어진 평가기준으로 인해 지나치게 높은 점수가 나오는 현상이다. 타당성이 낮은 점수는 간이 지능 선별검사나 집단평가의 결과일 수 있다. 소검사상의 점수 차가 큰 경우, 전반적인 지능지수의 타당도를 떨어뜨린다. 평가도구는 개인의 사회문화적 배경과 모국어에 적절하게 표준화되어야 한다. 의사소통, 언어, 운동감각 기능에 영향을 주는 동반질환이 있는 경우, 검사점수에 영향을 끼칠 수 있다. 신경심리학적 평가에 기초한 인지적 분포는 지적능력의 이해에 있어서 지능점수보다 훨씬 유용하다. 이러한 검사를 통해 상대적으로 강한 영역과 약한 영역을 파악할 수 있고, 이는 학업·직업 계획 수립에 중요한 정보가 된다.

지능검사는 개념적 기능의 근사치이지만, 실생활에서의 추론과 실제적 과제의 숙달을 평가하기에는 불충분할 수 있다. 예를 들어, 지능지수가 70 이상인 사람이 자신보다 더 낮은 지능지수를 가진 사람과 비슷한 수준의 사회적 판단, 사회적 이해, 기타 적응기능에서의 심한 적응행동 문제가 있을 수도 있다. 따라서 지능검사의 결과를 해석함에 있어서는 임상적 판단이 요구된다.

적응기능의 결함(진단기준 B)은 비슷한 연령과 사회문화적 배경을 지닌 다른 사람들과 비교하여 독립성과 사회적 책임에 대한 지역사회 기준에 얼마나 잘 부합하느냐와 연관이 있다. 적응기능은 개념적 영역, 사회적 영역, 실행적 영역의 세 영역에서의 적응적 추론을 포함한다. 개념적conceptual(학습) 영역에는 기억, 언어, 읽기, 쓰기, 수학적 추론, 실질적인 지식의 획득, 문제해결, 새로운 상황에서의 판단이 포함된다. 사회적social 영역에는 타인의 생각 · 감정 · 경험의 인지능력, 공감, 의사소통 기술, 친화력, 사회적 판단 등이 포함된다. 실행적practical 영역에는 삶에서의 학습과 자기관리(예, 개인적 관리, 직업적 책임의식, 금전관리, 오락, 자기 행동 관리, 학교나 직장에서의 업무관리)가 포함된다. 지적능력, 교육, 동기, 사회화, 성격 특성, 직업적 기회, 문화적 경험, 그리고 동반된 일반적인 의학적 상태 또는 정신질환이 적응기능에 영향을 미칠 수 있다.

적응기능은 임상적 평가와 개별적으로 시행되고 문화적으로 적절하며 심리평가적으로 신뢰할 만한 검사를 통해 측정해야 한다. 표준화된 평가도구는 잘 아는 정보제공자(예, 부모, 가족, 교사, 상담자, 보호자)와 당사자에게 가능한 범위까지 사용할 수 있다. 교육, 발달력 및 의학적 상태 또는 정신건강에 대한 평가를 통해 부가적인 정보를 얻을 수 있다. 표준화된 평가에 대한 점수와 면담은 임상적 판단을 통해 해석되어야 한다. 다양한 요인들(예, 감각 손상, 심각한 문제행동)로 인해 표준화된 검사를 시행하기 어렵거나 불가능한 경우에는 불특정형 지적장애로 진단할 수 있다. 통제된 환경(예, 교도소, 소년원, 구치소)에서는 적응기능을 평가하기 어려울 수 있으므로, 가능하면 이러한 환경 밖에서의 기능을 반영하는 참고자료를 확보해야 한다.

진단기준 B는 개념적 영역, 사회적 영역, 실행적 영역 중 적어도 한 가지 이상의 영역에서 충분한 손상이 있어, 학교, 직장, 가정, 지역사회 등의 환경에서 적절한 기능을 수행하기 위해서는 지속적인 지원을 필요로 하는 경우에 충족된다. 지적장애의 진단기준을 충족하려면, 이러한 적응기능의 결함이 진단기준 A에 기술된 지적 손상과 직접적인 연관이 있어야 한다. 진단기준 C는 발달시기 중에 발병해야 한다는 내용으로, 지적 결함과 적응 결함이 아동·청소년기에 존재하는 것과 연관이 있다.

진단을 뒷받침하는 부수적 특징

지적장애는 다양한 원인에 의한 이질적인 상태다. 사회적 판단, 위험평가, 행동·감정·대인관계 기술의 자기관리, 학교나 작업환경에서의 동기와 연관된 어려움이 동반될 수 있다. 의사소통 기술의 부족은 파괴적·공격적 행동으로 이어질 수 있다. 사회적 상황에서의 순진한 행동과 다른 사람에게 쉽게 이끌리는 경향으로 인해 타인에게 잘 속는 경우가 많다. 잘 속는 성향과 위험에 대한 인식 부족으로 인해 다른 사람에게 착취, 희생, 사기를 당할 수 있고, 의도치 않은 범죄연루, 거짓 자백, 신체적·성적 학대의 위험에 노출될 수 있다.

지적장애로 진단받은 사람에게 정신질환이 동반되는 경우, 자살 위험이 있다. 자살사고, 자살시도뿐 아니라 실제로 자살로 인해 사망에 이를 수도 있다. 그러므로 평가과정에서 자살사고에 대한 선별검사가 필수적이다. 위험에 대한 인식 부족으로 사고로 인한 부상 발생률이 증가할 수 있다.

유병률

일반 인구에서 지적장애의 유병률prevalence은 1% 정도이며, 연령에 따라 차이가 있다. 고도의 지적장애의 유병률은 1,000명당 6명 정도다.

발달과 경과

지적장애는 발달기에 시작된다. 발병 연령과 임상적 특징은 병인과 뇌 기능이상의 심각도 수준에 따른다. 고도의 지적장애가 있는 아동들 중에서는 운동, 언어, 사회적 발달이정표의 지연이 생후 첫 2년 내에 확인될 수 있는 반면, 경도의 지적장애는 학업에서의 어려움이 분명해지는 학령기가 되기 전까지는 확인이 어려울 수 있다. 모든 진단기준(진단기준 C 포함)이 과거력과 현재의 임상 양상을 통해 충족되어야 한다. 지적장애의 진단기준을 결국 만족시키게 되는 5세 미만의 일부 아동들은 전반적 발달지연의 진단기준에 해당되는 결함을 보인다.

지적장애가 유전적 증후군과 연관되는 경우, 특징적인 신체적 외양이 관찰될 수 있다(예, 다운증후군Down syndrome). 특정한 유전 질환(예, 레쉬-니한 증후군Lesch-Nyhan syndrome)에서는 특징적인 구체적 행동을 나타내는 행동표현형behavioral phenotype이 나타난다. 후천적인 유형의 경우에는 뇌수막염이나 뇌염 또는 두부 외상과 같은 질병을 앓고 난 뒤의 발달시기에 급격하게 시작될 수 있다. 만약 심한 두부 외상과 같은 원인에 의해 이전에 습득한 인지적 기술을 소실하여 지적 손상이 발생한 경우에는 지적장애와 신경인지장애 두 진단을 모두 내릴 수 있다.

지적장애가 일반적으로 비진행성의 경과를 보이지만, 특정 유전장애(예, 레트증후군Rett syndrome)에서는 안정기에 뒤따라 증상이 악화되는 기간이 존재하며, 다른 유전장애(예, 산필리포 증후군San Phillippo syndrome)에서는 지적기능의 진행성 악화가 나타난다. 아동기 초기 이후에 장애의 심각도 수준과 시간에 따라 달라질 수 있지만, 일반적으로 장애는 평생 지속된다. 지적장애의 경과는 기저의 의학적 또는 유전적 상태, 동반질환(예, 청력 손상, 시력 손상, 뇌전증)의 영향을 받는다. 초기에 시작된 지속적인 개입이 아동기와 성인기에 걸쳐서 적응기능을 향상시킬 수도 있다. 일부의 경우에서는 지적기능의 확연한 호전을 보여 더 이상 지적장애 수준에 머무르지 않을 수도 있다.

따라서 유아나 어린 아동을 평가함에 있어서는 적절한 개입이 제공된 후로 지적장애 진단을 보류하는 것이 통상적인 관행이다. 나이 든 아동이나 성인에서는 광범위한 지원을 통해 일상생활의 전 활동에 걸친 참여를 이끌어 낼 수 있고 적응기능을 개선시킬 수도 있다. 진단적 평가 시에는 향상된 적응적 기술이 안정적이고 광범위한 새로운 기술 습득의 결과인지(이 경우 지적장애의 진단기준을 더 이상 충족하지 않을 수 있음), 아니면 지원과 지속적인 중재에 따른 결과인지(이 경우에 지적장애의 진단은 여전히 유효할 수 있음)를 고려해야 한다.

위험 및 예후 요인

유전적 · 생리적. 출생 전 병인에는 유전적 증후군(예, 하나 이상의 유전자 서열 변이나 복제수 변이, 염색체 이상), 선천성 대사 이상, 뇌 기형, 산모의 질병(태반 질환 포함), 환경적 영향(예, 알코올, 다른 약물, 독성물질, 기형발생 물질 등)이 포함된다. 주산기perinatal 원인에는 신생아 뇌질환을 야기할 수 있는 분만과정이나 출산과 관련된 다양한 사건이 포함된다. 출생 후 원인에는 저산소성 허혈성 손상, 외상성 두부 손상, 감염, 탈수초성 질환, 발작장애(예, 영아 연축infantile spasm), 심각하고 만성적인 사회적 결함, 독성 대사 증후군, 중독(예, 납, 수은)이 포함된다.

문화와 관련된 진단적 쟁점

지적장애는 모든 인종과 모든 문화에 걸쳐 발생한다. 평가 시에는 문화적 민감성과 지식이 필요하며, 개인의 민족, 문화, 언어적 배경뿐 아니라 경험, 당사자의 공동체와 문화적 환경에서의 적응기능에 대해 반드시 고려해야 한다.

성별과 관련된 진단적 쟁점

전반적으로 여성보다 남성에서 더 흔하게 진단된다. 경도의 지적장애에서 평균 남녀비는 1.6:1 정도이며, 고도의 지적장애에서 평균 남녀비는 1.2:1 정도다. 그러나 성비는 연구결과에 따라 다양하게 보고되고 있다. 성별과 관련된 유전적 요인과 남성의 뇌손상에 대한 취약성이 성별 차이에 일부 영향을 끼칠 수 있다.

진단적 표지자

포괄적 평가에는 지적능력과 적응기능에 대한 측정, 유전적 · 비유전적 요인에 대한 인지 관련 의학적 상태에 대한 평가(예, 뇌성마비, 발작장애), 동반된 정신장애,

정서장애, 행동장애에 대한 평가가 포함된다. 평가요소에는 출산 전과 출생 시의 의학적 과거력, 3대에 걸친 가계도, 신체검진, 유전적 평가(예, 핵형 분석 또는 염색체 미세배열 분석, 특정 유전적 증후군에 대한 검사), 대사검사와 신경영상학적 검사 등이 포함될 수 있다.

감별진단

지적장애의 진단은 진단기준 A, B, C를 모두 만족시킬 때 내릴 수 있다. 특정 유전적 상태 또는 의학적 상태로 인해 지적장애가 진단되어서는 안 된다. 지적장애와 연관이 있는 유전적 증후군은 지적장애와 함께 공존하는 진단으로 기재해야 한다.

주요 및 경도 신경인지장애. 지적장애는 신경발달장애로 분류되며, 인지기능의 소실이 특징인 신경인지장애와는 구별된다. 주요신경인지장애는 지적장애와 동반될 수 있다(예, 다운증후군 환자가 알츠하이머병으로 진행한 경우, 또는 지적장애가 있는 개인이 두부 손상 후 후천적으로 인지기능을 소실한 경우). 이와 같은 경우에 지적장애와 신경인지장애 모두 진단할 수 있다.

의사소통장애 · 특정학습장애. 이 신경발달장애는 의사소통과 학습 영역에 특이적인 장애로서 지적 영역이나 적응행동의 결함은 보이지 않는다. 이 장애들은 지적장애와 동반되어 나타날 수 있다. 지적장애와 의사소통장애 또는 특정학습장애의 진단항목을 모두 만족시킬 때 2가지 진단 모두 내릴 수 있다.

자폐스펙트럼장애. 지적장애는 자폐스펙트럼장애가 있는 개인에게 흔하다. 지적능력의 평가는 복잡해질 수 있는데, 자폐스펙트럼장애에 내재하는 사회적 의사소통과 행동적 결함이 평가에 대한 이해와 순응을 방해할 수 있기 때문이다. 자폐스펙트럼장애에서 지적능력에 대한 적절한 평가는 필수적이다. 그러나 이 경우, 특히 아동기 초기 때의 지능지수가 불안정할 수 있기 때문에 발달단계에 따른 재평가가 요구된다.

동반이환

지적장애에서는 정신적 상태, 신경발달적 상태, 의학적 상태, 신체적 상태에 대한 동반이환comorbidity이 흔한데, 일부 상태(예, 정신질환, 뇌성마비, 뇌전증)는 일반 인구에 비해 3~4배 더 높게 나타난다. 동반질환의 예후와 결과는 지적장애 유무에 영향을 받는다. 의사소통장애, 자폐스펙트럼장애, 운동장애, 감각장애, 기타 장애와 같은 연관된 장애 때문에 평가절차에 수정이 필요할 수 있다. 많은 정보제공자를 통해서 과민성, 기분조절곤란, 공격성, 섭식문제, 수면문제와 같은 증상을 확인하는 것이 필수적이며, 다양한 공동체 환경에서의 적응기능에 대해서도 평가해야 한다.

가장 흔히 동반되는 정신질환과 신경발달장애는 ADHD, 우울장애와 양극성장애, 불안장애, 자폐스펙트럼장애, 상동증적 운동장애(자해 여부와 관계없이), 충동조절장애, 주요신경인지장애다. 주요우울장애는 지적장애의 심각도 수준과 무관하게 전체 범위에 걸쳐 발생할 수 있다. 자해행동에 대해서는 즉각적인 진단적 주의가 필요하며 상동증적 운동장애를 독립적으로 진단하는 것이 필요하다. 지적장애가 있는 개인, 특히 고도의 지적장애가 있는 경우에는 타해harm of others나 기물파손을 포함한 공격성과 파괴적 행동을 보일 수 있다.

다른 진단분류 체계와의 관련성

ICD-11에서는 생애 초기에 뇌기능의 장애를 수반한다는 의미를 나타내기 위해 지적발달장애라는 용어를 사용하고 있다. ICD-11에서는 이 장애를 인생 후반기에 발생하는 치매나 신경인지장애와 같이, 발달시기에 발생하는 메타증후군metasyndrome이라고 기술하고 있다. ICD-11에는 심각도 수준에 따라 경도, 중등도, 고도, 최고도의 4가지 아형이 있다.

미국지적·발달장애협회American Association on Intellectual and Developmental Disorder (AAIDD)에서도 이 편람에서 사용하는 용어와 유사한 의미로 지적장애라는 용어를 사용하고 있다. AAIDD 분류는 범주적이기보다는 다축적 분류이며, 장애의 구성에 기초를 두고 있다. DSM-5와 같이 세부진단을 열거하기보다는 심각도 수준에 따른 지원의 수준을 강조하고 있다.

전반적 발달지연
Global Developmental Delay

315.8 (F88)

이 진단은 5세 이하의 아동에서 임상적 심각도 수준을 확실하게 평가할 수 없을 때 사용하기 위한 것이다. 이 범주는 개인이 지적기능의 여러 영역에서 기대되는 발달이정표에 도달하지 못할 때 진단하게 되며, 연령이 너무 어려서 지적기능을 체계적으로 평가하기 위한 표준화된 검사를 시행할 수 없는 개인에게 적용할 수 있다. 이 범주를 적용한 뒤에는 일정 기간이 지난 후 재평가가 요구된다.

명시되지 않는 지적장애(지적발달장애)
Unspecified Intellectual Disorder
(Intellectual Developmental Disorder)

319 (F79)

이 범주는 5세 이상의 개인이 부수적인 감각 또는 신체적 손상(예를 들어, 실명[blindness] 또는 언어 습득 이전의 난청, 운동능력 장애, 심한 문제행동이 있거나 동반된 정신질환이 있는 경우)으로 인해 현재 사용 가능한 절차로 지적장애(지적발달장애)의 정도를 평가하는 것이 어렵거나 불가능한 경우를 진단하기 위한 것이다. 이 범주는 예외적인 상황에서만 사용해야 하며, 일정 기간이 지난 후에 재평가가 요구된다.

의사소통장애

의사소통장애communication disorders에는 언어, 말하기, 의사소통의 결함이 포함된다. 말하기speech는 소리로 표현하는 것으로, 여기에는 개인의 조음, 유창성, 목소리, 공명의 질이 포함된다. 언어에는 형태, 기능, 의사소통 규칙 중심의 관용적 방식으로 기호를 사용(즉, 구어, 수화, 문어, 그림)하는 것이 포함된다. 의사소통에는 행동, 사고, 또는 다른 사람의 태도에 영향을 미치는 언어적 또는 비언어적 행동들(의도적이든 의도적이지 않든)이 포함되어 있다. 말하기, 언어, 의사소통 능력에 대한 평가를 할 때에는 개인의 문화적·언어적 배경을 고려해야 한다. 특히 이중언어 환경에서 자란 사람을 평가하는 경우에 그러하다. 언어 발달과 비언어적 지적능력에 대한 표준화된 평가는 반드시 문화 및 언어 집단에 적절해야 한다(즉, 한 집단에서 개발되고 표준화된 검사가 다른 집단의 표준에는 적절하지 않을 수 있다). 의사소통장애의 진단적 범주는 다음과 같다. 즉, ① 언어장애language disorder, ② 말소리장애speech sound disorder, ③ 아동기 발병 유창성장애(말더듬), ④ 사회적(실용적) 의사소통장애, ⑤ 달리 명시된/명시되지 않는 의사소통장애가 있다.

언어장애
Language Disorder

진단기준 **315.32 (F80.2)**

A. 언어에 대한 이해 또는 생성의 결함으로 인해 언어양식(예, 말, 글, 수화 또는 기타)의 습득과 사용에 지속적인 어려움이 있으며, 다음 항목들을 포함한다.

1. 어휘(단어에 대한 지식과 사용) 감소
2. 문장구조(문법이나 형태론적 법칙을 기초로 단어와 어미를 배치하여 문장을 만드는 능력)의 제한
3. 담화(주제나 일련의 사건을 설명하거나 기술하고 대화를 나누기 위해 어휘를 사용하고 문장을 연결하는 능력)의 손상

B. 언어능력이 연령에 기대되는 수준보다 상당히 그리고 정량적으로 낮으며, 이로 인해 개별적으로나 어떤 조합에서나 효율적인 의사소통, 사회적 참여, 학업적 성취 또는 직업적 수행의 기능적 제한을 야기한다.
C. 증상의 발병은 초기 발달시기에 시작된다.
D. 이러한 어려움은 청력이나 다른 감각 손상, 운동 기능이상 또는 다른 의학적 · 신경학적 조건에 기인한 것이 아니며, 지적장애(지적발달장애)나 전반적 발달지연으로 더 잘 설명되지 않는다.

진단적 특징

언어장애의 핵심 진단적 특징은 어휘, 문장구조, 담화에 대한 이해와 생성의 결함으로 인해 언어의 습득과 사용에 어려움을 겪는 것이다. 언어 결함은 말로 하는 의사소통, 글로 하는 의사소통이나 몸짓언어에서 분명하게 나타난다. 언어 학습과 사용은 수용성 기술과 표현성 기술에 의한다. 표현성 능력이 어휘, 몸짓 또는 언어적 신호의 생성과 연관이 있는 반면, 수용성 능력은 언어적 의미를 수용하고 이해하는 과정과 연관이 있다. 언어적 기술에 있어서 표현성 양상과 수용성 양상을 모두 평가해야 하는데, 각 양상의 심각도 수준이 다를 수 있기 때문이다. 예를 들어, 한 개인의 표현성 언어는 심각하게 손상되었을 수 있지만, 수용성 언어는 거의 손상되지 않았을 수 있다.

언어장애는 주로 어휘와 문법에 영향을 미치며, 이러한 영향은 담화능력을 제한한다. 아동의 첫 단어와 구가 나타나는 시기가 지연되기 쉽다. 어휘량이 적으며, 기대되는 수준보다 다양하지 못하고, 문장은 특히 과거 시제와 관련된 문법 오류가 많으며 짧고 단순하다. 언어 이해의 결함은 자주 과소평가되는데, 그 이유는 아동이 문맥을 통해 의미를 추론하는 것에 능숙할 수 있기 때문이다. 단어를 찾는 데 어려움이 생길 수도 있고, 정의 내리기에 취약하거나, 동의어와 다중 의미어에 대한 이해나 연령과 문화에 적합한 단어 놀이에 대한 이해가 부족할 수도 있다. 새로운 단어와 문장을 기억하는 문제는 긴 지시를 따르지 못하고, 일련의 언어 정보를 반복하는 어려움(예, 전화번호 기억하기 또는 쇼핑 목록 기억하기), 새로운 단어 습득에 있어 중요한 기술인 새로운 소리의 순서를 기억하는 어려움과 같은 문제로 나타날 수 있다. 담화에 대한 어려움은 핵심적 사건에 대한 적절한 정보를 제공하는 능력과 논리 정연하게 이야기를 서술하는 능력의 감소로 나타날 수 있다.

언어의 어려움은 연령의 기대 수준에 비해 상당히 낮고, 이는 학업적 성취, 직업적 수행, 효과적인 의사소통이나 사회화를 방해한다(진단기준 B). 언어장애의 진단은 개인의 과거력, 다양한 배경(즉, 가정, 학교 또는 직장)에서의 직접적인 임상 양상의 관찰, 그리고 심각도 수준을 측정할 수 있게 해 주는 언어능력에 대한 표준화된 검사점수를 종합해서 내려야 한다.

진단을 뒷받침하는 부수적 특징

언어장애의 가족력이 자주 동반될 수 있다. 심지어 아동들도 자신의 제한된 언어에 능숙하게 대처한다. 이들은 수줍어 보이거나 말을 잘 하지 않으려는 것처럼 보일 수 있다. 장애가 있는 경우, 가족구성원이나 다른 친숙한 사람과의 의사소통만을 선호할 수 있다. 비록 이러한 사회적 지표들로 언어장애를 진단할 수는 없지만, 이러한 특징이 눈에 띄고 지속적이라면, 이는 전체적인 언어평가를 받도록 하는 타당한 근거가 된다. 특히 표현성 결함이 있는 언어장애에서는 말소리장애가 동반될 수 있다.

발달과 경과

언어 습득은 걸음마기toddlerhood에 시작해서 청소년기에 성인 수준의 실력까지 변화하는 것이 특징이다. 이러한 변화는 언어의 다양한 영역(소리, 단어, 문법, 서술/설명, 대화기술)에 걸쳐 연령에 따른 단계적 증가를 보이며 동시적으로 나타난다. 언어장애는 초기 발달시기 동안 나타난다. 그러나 초기 어휘 습득과 초기 단어 조합에 있어서는 상당한 차이가 있고, 각각의 차이는 단일 지표로서 이후의 결과를 강력히 예측하는 것은 아니다. 4세까지는 평가상 정확도가 나아짐과 더불어 언어능력에 대한 개인차가 더욱 안정화되어 이후의 결과를 높게 예측할 수 있게 된다.

4세 이후에 언어장애를 진단받은 경우에는 비록 특정한 언어적 강점과 결함이 발달 경과에 따라 달라질 수 있더라도 시간이 지나도 진단이 안정화되는 경향이 있으며, 일반적으로 성인기까지 장애가 지속된다.

위험 및 예후 요인

수용성 언어에 손상이 있는 아동들은 현저한 표현성 손상이 있는 아동들보다 예후가 더 나쁘다. 수용성 언어에 손상이 있는 경우에는 치료가 힘들고, 독해에 있어 어려움이 있는 경우가 흔하다.

유전적 · 생리적. 언어장애는 유전적 경향이 강하며, 가족구성원들이 언어 손상을 가지고 있을 확률이 더 높다.

감별진단

언어의 정상 변이. 언어장애는 정상발달 내 변이와 감별이 필요한데, 이러한 감별은 4세 이전에는 어려울 수 있다. 언어에 대한 평가 시, 언어의 지역적 · 사회적 또는 문화적/민족적 차이(예, 사투리)에 대해서 반드시 고려해야 한다.

청각 또는 기타 감각 손상. 청각 손상은 언어장애의 일차 원인에서 제외되어야 한다. 언어 결함은 청각 손상, 다른 감각 결함이나 언어-운동 결함과 연관이 있을 수 있다. 만약 언어 결함이 이러한 동반문제의 정도를 초과해서 더 심한 정도로 나타난다면, 언어장애로 진단할 수 있다.

지적장애(지적발달장애). 언어지연[lanquage delay]은 지적장애에서 흔히 나타나는 특징이며, 확실한 진단은 아동이 표준화된 검사를 수행할 수 있는 시기가 될 때까지 내리지 않는다. 언어 결함이 지적 한계의 정도를 명백히 초과하지 않는 이상, 별도의 진단을 내리지는 않는다.

신경학적 장애. 언어장애는 뇌전증과 같은 신경학적 장애로 인해 후천적으로 발생할 수 있다(예, 후천성 실어증acquired aphasia 또는 랜도-클레프너 증후군Landau-Kleffner syndrome).

언어 퇴행. 3세 미만의 아동의 경우, 말하기와 언어의 소실은 자폐스펙트럼장애(발달적 퇴행을 수반) 또는 랜도-클레프너 증후군과 같은 특정 신경학적 상태의 징후일 수 있다. 3세 이상의 아동에서 나타나는 언어 소실은 발작 증상일 수도 있다. 따라서 뇌전증epilepsy의 가능성을 배제하기 위해서는 진단적 평가(예, 일반 뇌파검사와 수면 뇌파검사)가 요구된다.

동반이환

언어장애는 특정학습장애(글을 읽고 쓰는 능력 및 산술 능력), ADHD, 자폐스펙트럼장애, 발달성 협응장애와 같은 다른 신경발달장애와 강한 연관성이 있고, 이 장애는 사회적(실용적) 의사소통장애와도 연관이 있다. 말하기장애 또는 언어장애의 가족력이 자주 나타난다.

말소리장애

Speech Sound Disorder

진단기준 **315.39 (F80.0)**

A. 말소리 생성에 지속적인 어려움이 있고, 이는 언어 명료도를 저해하거나 전달적인 언어적 의사소통을 막는다.
B. 장애가 효과적인 의사소통을 제한하여, 사회적 참여, 학업적 성취, 또는 직업적 수행을 각각 혹은 조합해서 방해한다.
C. 증상의 발병은 초기 발달시기에 시작된다.
D. 이러한 어려움은 뇌성마비, 구개열, 청력 소실, 외상성 뇌손상이나 다른 의학적 또는 신경학적 조건과 같은 선천적 혹은 후천적 조건으로 인한 것이 아니다.

진단적 특징

말소리 생성은 음소phonemes(즉, 개별적 소리)를 또렷이 소리 내어 구어를 조합하는 것이다. 말하기 위해서는 언어음에 대한 음성학적 지식, 조음기관(즉, 턱, 혀, 입술)의 움직임뿐 아니라 말하기 위한 호흡과 발성을 조절하는 능력이 모두 필요하다. 발음 생성에 어려움이 있는 아동들은 언어음에 대한 음성학적 지식이나 말하기 위해 다양한 수준의 움직임을 협응하는 능력에서 어려움을 겪을 수 있다. 따라서 말소리장애는 기본적으로 이질적인 장애로서, 음성학적 장애와 조음장애를 포함한다. 말소리장애는 언어음의 생성이 아동의 연령과 발달단계에 기대되는 수준에 맞지 않고, 이러한 결함이 신체적 · 구조적 · 신경학적 또는 청력 손상의 결과로 발생한 것이 아닐 때 진단된다. 일반적으로, 발달 중인 4세 아동들의 말은 거의 알아들을 수 있는 반면, 2세 아동들의 말은 단지 50% 정도만 이해할 수 있다.

진단을 뒷받침하는 부수적 특징

언어장애, 특히 표현성 결함은 말소리장애와 동반되어 나타날 수 있다. 말하기장애 또는 언어장애의 가족력이 자주 나타난다.

만약 조음기관을 빠르게 조정하는 능력에 특정한 어려움이 있다면, 조음기관 및 이와 관련된 안면근육조직을 조정하는 기술 습득의 지연이나 불균형에 대한 과거력이 있을 것이다. 이러한 조정기술에는 씹기, 입을 다물고 있기, 코 풀기 등이 포함된다. 발달성 협응장애에서처럼, 다른 영역의 운동협응이 손상되었을 수도 있다. 말 생성 문제를 지칭하는 용어로서 언어 실행곤란verbal dyspraxia도 사용된다.

말하기는 이외에 특정 유전적 상태(예, 다운증후군, 22q 결손, FoxP2 유전자 돌연변이)에서도 손상될 수 있다. 만약 이러한 장애가 있다면, 이에 대해서도 기재해야 한다.

발달과 경과

말소리 생성을 명료하고 정확하게 생성하고 연결된 말을 유창하게 생성하는 법을 배우는 것은 발달기술이다. 말소리의 조음은 발달 양상을 따르며, 이러한 발달 양상은 표준화된 검사의 연령 표준에 반영된다. 전형적인 발달을 하는 아동들이 말하는 법을 배우면서 단어와 음절을 짧게 말하는 것은 이상한 일이 아니지만, 3세경에는 발음생성 기술을 습득해서 대부분 이해할 수 있게 말해야 한다. 말소리장애가 있는 아이는 대부분의 아이가 단어를 명료하게 발음할 수 있을 때에도 미숙한 음성학적 단순화 과정을 지속적으로 사용한다.

7세경에는 대부분의 말소리는 명료하게 생성해야 하며, 대부분의 단어를 정확하게 발음해야 한다. 가장 빈번하게 잘못 발음되는 소리들은 늦게 학습되는 경향이 있으며, 이 소리들을 "늦은 8[late eight]"(l, r, s, z, th, ch, dzh, zh)이라고 부른다. 8세까지는 이러한 음들을 잘못 발음하는 경우가 정상적으로 발생할 수 있다. 만약 다중음들이 수반되었을 경우, 대부분의 아동이 이를 정확하게 발음할 수 있는 시기에 앞서 발음의 명료도를 향상시키기 위해 이 소리의 일부를 목표로 삼아 연습하는 것이 적절할 수 있다. 혀 짧은 발음[lisping](즉, 분명하게 발음되지 않는 치찰음)은 특히 흔하게 나타나며, 앞면과 측면으로 공기 흐름이 나타날 수 있다. 이는 비정상적으로 혀를 밀어서 삼키는 양상과 연관이 있을 수도 있다.

말소리장애가 있는 대부분의 아동은 치료에 대한 반응이 좋고, 시간이 흐를수록 말하기 문제가 개선되므로 장애가 평생 지속되지 않을 수 있다. 그러나 만약 언어장애가 공존하는 경우에는 말하기장애[speech disorder]의 예후가 더 나쁘며, 특정학습장애와도 연관이 있을 수 있다.

감별진단

말하기의 정상 변이. 진단하기 전에 말하기의 지역적 · 사회적 또는 문화적 · 민족적 변수에 대해 고려해야 한다.

청각 또는 기타 감각 손상. 청각 손상 또는 난청은 비정상적인 말하기의 원인이 될 수 있다. 말소리 생성의 결함은 청각 손상, 기타 감각 결함, 구어-운동 결함과 연관이 있을 수 있다. 만약 말하기의 결함이 이러한 문제들의 정도를 넘어서는 경우에는 말소리장애를 진단할 수 있다.

구조적 결함. 말하기 손상은 구조적인 결함으로 인해 발생할 수도 있다(예, 구개열).

구음곤란. 뇌성마비와 같은 운동장애가 말하기 손상의 원인이 될 수도 있다. 목소리의 독특한 특징뿐만이 아니라 신경학적 징후도 말소리장애와 구음곤란 dysarthria을 감별할 수 있게 해 준다. 다만, 어린아이들(3세 이하), 특히 일반적인 신체운동이 수반되지 않거나 최소화된 경우(예, 워스터-드라우트 증후군 Worster-Drought syndrome)에서는 감별이 어려울 수 있다.

선택적 함구증. 말하기의 제한은 선택적 함구증의 징후일 수 있다. 선택적 함구증은 불안장애로서 하나 이상의 환경조건에서 말이 없어지는 것이 특징적이다. 말하기장애가 있는 아동의 경우, 손상에 대해 부끄러워할 수 있기 때문에 선택적 함구증이 발생할 수도 있지만, 선택적 함구증이 있는 많은 아동은 집에 있거나 친한 친구들과 함께 있을 때와 같은 "안전한" 환경에서는 정상적으로 말을 한다.

아동기 발병 유창성장애(말더듬)

Childhood-Onset Fluency Disorder(Stuttering)

진단기준 **315.35 (F80.81)**

A. 말의 정상적인 유창성과 말 속도 양상의 장애로서 이는 연령이나 언어기술에 비해 부적절하며, 오랜 기간 지속된다. 다음 중 한 가지 이상이 자주, 뚜렷하게 나타나는 것이 특징이다.

1. 음과 음절의 반복
2. 자음과 모음을 길게 소리 내기
3. 단어의 깨어짐(예, 한 단어 내에서 머뭇거림)
4. 소리를 동반하거나 동반하지 않는 말 막힘(말의 중단 사이가 채워지거나 채워지지 않음)
5. 돌려 말하기(문제 있는 단어를 피하기 위한 단어 대치)
6. 과도하게 힘주어 단어 말하기

7. 단음절 단어의 반복(예, "나-나-나-난 사람을 보고 있어요.")

B. 개별적으로나 복합적으로 장애는 말하기에 대한 불안 혹은 효과적인 의사소통, 사회적 참여, 또는 학업적·직업적 수행의 제한을 야기한다.

C. 발병은 초기 발달시기에 시작된다(**주의점**: 늦은 발병의 경우, 307.0 [F98.5] 성인기 발병 유창성장애로 진단한다).

D. 장애는 언어-운동 결함 또는 감각 결함, 신경학적 손상(예, 뇌졸중, 종양, 외상)에 의한 비유창성, 또는 다른 의학적 상태로 인한 것이 아니며, 다른 정신질환으로 더 잘 설명되지 않는다.

진단적 특징

아동기 발병 유창성장애(말더듬)의 필수 증상은 연령에 부적절한 말의 유창성과 말 속도 장애다. 이 장애는 음이나 음절을 자주 반복하거나 길게 하는 특징이 있다. 말의 비유창성의 다른 형태로는 깨어진 단어(예, 한 단어 내에서 멈춤), 소리를 동반하거나 동반하지 않는 말 막힘(즉, 말의 중단 사이가 채워지거나 채워지지 않음), 돌려 말하기(즉, 문제가 있는 단어를 피하기 위한 단어 대치), 과도하게 힘주어 단어 말하기, 단음절 단어의 반복(예, "나-나-나-난 사람을 보고 있어요.")이 있다. 말의 유창성장애는 학업적·직업적 성취나 사회적 의사소통을 방해한다. 장애의 정도는 상황에 따라 다양한데, 흔히 의사소통에 대한 특별한 압력(예, 학교에서 발표하기, 구직 면접)이 있으면 더 심해진다. 비유창성은 자주 소리 내어 읽거나 노래하기, 또는 무생물이나 애완동물에게 이야기할 때는 나타나지 않는다.

진단을 뒷받침하는 부수적 특징

말더듬 문제에 대한 예기 공포가 생길 수 있다. 이들은 언어적 기전^linquistic mechanisms^(예, 말의 속도 바꾸기, 특정 단어나 소리를 피하기)으로 비유창성을 피하고자 시도하거나 전화 걸기, 청중 앞에서 말하기와 같은 특정 상황을 피하려는 시도를 한다. 이러한 특징에 더불어 스트레스나 불안에 의해서도 비유창성이 악화될 수 있다. 아동기 발병 유창성장애(말더듬)에서는 운동성 움직임(예, 눈 깜빡임, 틱, 입술이나 안면의 떨림, 머리를 갑자기 움직이기, 숨 쉬는 움직임, 또는 주먹 쥐기)이 동반될 수도 있다. 유창성장애가 있는 아동은 다양한 범위의 언어능력을 보이며, 유창성장애와 언어능력 사이의 관계는 불분명하다.

발달과 경과

아동기 발병 유창성장애 또는 발달성 말더듬의 80~90%는 6세경에 나타나며, 발병 연령대는 2~7세 사이이다. 발병은 서서히 시작되거나 좀 더 갑작스러울 수 있다. 전형적으로 비유창성은 첫 자음, 구의 첫 단어나 긴 단어를 반복하면서 점진적으로 시작된다. 아동은 비유창성을 인식하지 못할 수도 있다. 장애가 진행됨에 따라 비유창성이 좀 더 빈번해지고 방해가 되며, 가장 의미 있는 단어나 구에서도 나타난다. 아동이 말하기 문제를 인식함에 따라, 청중 앞에서 말하는 것을 피하거나 짧고 간단한 말을 하는 것처럼 비유창성과 감정적 반응을 피하기 위한 방법을 개발할 수도 있다. 종단연구에 의하면, 65~85%의 아동이 비유창성으로부터 회복되며, 8세경의 유창성장애의 심각도를 통해 회복될지, 청소년기와 그 이후까지 지속될지를 예측할 수 있다.

위험 및 예후 요인

유전적 · 생리적. 아동기 발병 유창성장애가 있는 사람의 생물학적 일차 친족에서 말더듬의 위험은 일반 인구에 비해 3배 이상 높다.

아동기 발병 유창성장애(말더듬)의 기능적 결과

이러한 특징과 더불어 스트레스나 불안에 의해서도 비유창성이 악화될 수 있다. 사회적 기능의 손상은 이러한 불안으로부터 생길 수 있다.

감별진단

감각 결함. 말하기의 비유창성은 청각 손상이나 다른 감각 결함 또는 언어-운동 결함과 연관이 있을 수 있다. 만약 말하기의 결함이 이러한 문제들의 정도를 넘어서는 경우에는 아동기 발병 유창성장애를 진단할 수 있다.

정상적인 비유창성. 이 장애는 어린 아동에서 자주 발생하는 정상적인 비유창성과 반드시 구별되어야 한다. 이런 경우로는 단어 전체나 구의 반복(예, "난 아이스크림을, 난 아이스크림을 먹고 싶어요."), 불완전한 구, 별안간 내는 소리, 침묵의 말 멈춤, 삽입적인 말이 있다. 만약 아동이 성장함에 따라 이러한 문제의 횟수가 증가하거나 복잡해진다면, 아동기 발병 유창성장애로 진단할 수 있다.

치료약물 부작용. 말더듬은 치료약물 부작용으로 인해 발생할 수도 있고, 치료약물에의 노출과 시간적 연관성이 발견될 수 있다.

성인기 발병 비유창성. 만약 비유창성이 청소년기 또는 그 이후에 시작된다면, 이는 신경발달장애라기보다는 "성인기 발병 비유창성adult-onset dysfluency"이다. 성인기 발병 비유창성은 특정 신경학적 손상과 다양한 의학적 상태, 정신질환과 연관이 있으며, 이러한 항목들과 함께 명시될 수도 있지만 이는 DSM-5 진단은 아니다.

투렛장애. 투렛장애의 음성 틱과 반복적인 발성은 그 양상과 시기를 통해 아동기 발병 유창성장애에서 나타나는 반복적인 소리와 구별해야 한다.

사회적(실용적) 의사소통장애
Social(Pragmatic) Communication Disorder

진단기준 **315.39 (F80.89)**

A. 언어적 · 비언어적 의사소통의 사회적인 사용에 있어서 지속적인 어려움이 있고, 다음과 같은 양상이 모두 나타난다.

1. 사회적 맥락에 적절한 방식으로 인사 나누기나 정보 공유 같은 사회적 목적의 의사소통을 하는 데 있어서의 결함
2. 교실과 운동장에서 각기 다른 방식으로 말하기, 아동과 성인에게 각기 다른 방식으로 말하기, 그리고 매우 형식적인 언어의 사용을 피하는 것과 같이 맥락이나 듣는 사람의 요구에 맞추어 의사소통 방법을 바꾸는 능력에 있어서의 손상
3. 자기 순서에 대화하기, 알아듣지 못했을 때 좀 더 쉬운 말로 바꾸어 말하기, 상호작용을 조절하기 위해 언어적·비언어적 신호를 사용하기와 같이 대화를 주고받는 규칙을 따르는 데 있어서의 어려움
4. 무엇이 명시적 기술이 아닌지(예, 추측하기), 언어의 비문자적 또는 애매모호한 의미(예, 관용구, 유머, 은유, 해석 시 문맥에 따른 다중적 의미)가 무엇인지를 이해하는 데 있어서의 어려움

B. 개별적으로나 복합적으로 결함이 효과적인 의사소통, 사회적 참여, 사회적 관계, 학업적 성취 또는 직업적 수행의 기능적 제한을 야기한다.

C. 증상의 발병은 초기 발달시기에 나타난다(그러나 결함은 사회적 의사소통 요구가 제한된 능력을 넘어설 때까지는 완전히 나타나지 않을 수 있다).

D. 증상은 다른 의학적 또는 신경학적 상태나 부족한 단어구조 영역과 문법능력에 기인한 것이 아니며, 자폐스펙트럼장애, 지적장애(지적발달장애), 전반적 발달지연, 또는 다른 정신질환으로 더 잘 설명되지 않는다.

진단적 특징

사회적(실용적) 의사소통장애는 실용성 또는 언어 및 의사소통의 사회적 사용 문제가 일차적 특징이다. 이러한 특징은 사실적 문맥에서 언어적·비언어적 의사소통의 사회적인 규칙을 이해하고 따르거나, 듣는 사람이나 상황적 요구에 따라 언어를 바꾸며, 대화를 나누고 이야기를 하기 위한 규칙을 따르는 데 결함으로 나타난다. 사회적 의사소통의 결함은 효과적인 의사소통, 사회적 참여, 사회적 관계의 발전, 학업적 성취, 또는 직업적 수행에 있어 기능적인 제한을 야기한다. 이러한 결함은 구조적 언어 영역이나 인지적 영역의 부족한 능력으로는 더 잘 설명되지 않는다.

진단을 뒷받침하는 부수적 특징

사회적(실용적) 의사소통장애의 가장 흔한 부수적 특징은 언어 손상으로, 언어 발달이정표 성취 지연에 대한 과거력, 과거의(현재 이러한 문제가 존재하지 않는다면) 언어문제와 구조적인 언어문제가 특징적으로 나타난다(이 장의 앞 부분에 있는 "언어장애" 참조). 사회적 의사소통의 결함이 있는 경우는 사회적인 상호작용을 피할 수도 있다. ADHD, 행동문제, 특정학습장애 역시 이 장애가 있는 환자들에서 흔히 동반된다.

발달과 경과

사회적(실용적) 의사소통은 말하기와 언어의 적절한 발달과정에 좌우되므로, 사회적(실용적) 의사소통장애의 진단은 4세 미만의 아동에게서는 드물다. 4세 또는 5세경이 되면, 대부분의 아동이 적절한 말하기와 언어 능력을 갖게 되므로 사회적 의사소통의 특정한 결함 여부의 확인이 가능해진다. 보다 경미한 정도의 사회적(실용적) 의사소통장애는 언어적 · 사회적 상호작용이 더욱 복잡해지는 초기 청소년기까지 분명히 나타나지 않을 수도 있다.

사회적(실용적) 의사소통장애의 결과는 다양한데, 일부 아동은 시간이 흐르면 상당한 개선을 보이는 반면, 나머지는 성인까지 문제가 지속되기도 한다. 뚜렷한 개선을 보인 사람들 중에서도, 초기 결함은 사회적 관계와 행동 그리고 다른 연관된 기술(예, 쓰기) 습득에 지속적인 손상을 초래하기도 한다.

위험 및 예후 요인

유전적 · 생리적. 자폐스펙트럼장애, 의사소통장애 또는 특정학습장애의 가족력은 사회적(실용적) 의사소통장애의 위험을 증가시키는 것 같다.

감별진단

자폐스펙트럼장애. 자폐스펙트럼장애는 사회적 의사소통 결함이 있는 경우에 우선적으로 고려해야 하는 진단이다. 자폐스펙트럼장애에서는 제한적이고 반복적인 양상의 행동, 흥미, 활동이 나타나는 반면, 사회적(실용적) 의사소통장애에서는 이러한 특성이 나타나지 않는 점으로 두 장애를 구별할 수 있다. 자폐스펙트럼장애 환자들은 초기 발달시기에 제한적·반복적인 양상의 행동, 흥미, 활동을 보이므로, 포괄적인 과거력에 대한 정보를 얻어야 한다. 만약 과거에 제한적인 흥미와 반복적인 행동들이 존재했다면, 현재 증상이 없다고 하더라도 자폐스펙트럼장애의 진단이 가능하다고 볼 수 있다. 사회적(실용적) 의사소통장애의 진단은 오로지 발달력상 제한적/반복적 양상의 행동, 흥미 또는 활동에 대한 증거를 밝히지 못했을 경우에만 고려할 수 있다.

주의력결핍 과잉행동장애(ADHD). ADHD의 주요 결함은 사회적 의사소통의 손상과 효과적인 의사소통, 사회적 참여, 또는 학업적 성취의 기능적인 제한을 야기할 수 있다.

사회불안장애(사회공포증). 사회적 의사소통장애의 증상들은 사회불안장애의 증상과 겹친다. 이들을 구별하는 특징은 증상의 발병시기다. 사회적(실용적) 의사소통장애가 있는 개인은 효과적인 사회적 의사소통을 경험해 보지 못한 반면, 사회불안장애의 경우에는 사회적 의사소통 기술이 적절히 개발되었음에도 사회적 상호작용에 대한 불안, 공포 또는 고통으로 인해 활용하지 못한다.

지적장애(지적발달장애)·전반적 발달지연. 전반적 발달지연 또는 지적장애가 있는 개인의 경우에 사회적 의사소통 기술이 부족할 수 있지만, 사회적 의사소통의 결함이 지적 제한을 명백히 넘어서는 수준이 아니라면, 별도로 사회적 의사소통장애로 진단할 수는 없다.

명시되지 않는 의사소통장애
Unspecified Communication Disorder

307.9 (F80.9)

이 범주는 사회적 · 직업적, 또는 다른 중요한 기능 영역에서 임상적으로 현저한 고통이나 손상을 일으키는 의사소통장애의 특징적인 증상들이 두드러지지만, 의사소통장애 또는 신경발달장애 진단 부류에 속한 장애 중 어느 것에도 완전한 기준을 만족하지 않는 발현 징후들에 적용된다. 명시되지 않는 의사소통장애 범주는 기준이 의사소통장애 또는 특정 신경발달장애의 기준에 맞지 않은 이유를 명시할 수 없다고 임상가가 선택한 상황들에서 사용되며, 좀 더 특정한 진단을 내리기에는 정보가 불충분한 발현 징후들을 포함한다.

자폐스펙트럼장애

자폐스펙트럼장애
Autism Spectrum Disorder

진단기준 **299.00 (F84.0)**

A. 다양한 분야에 걸쳐 나타나는 사회적 의사소통 및 사회적 상호작용의 지속적인 결함으로 현재 또는 과거력상 다음과 같은 특징으로 나타난다(예시들은 실례이며 증상을 총망라한 것이 아님. 본문을 참조할 것).

1. 사회적-감정적 상호성의 결함(예, 비정상적인 사회적 접근과 정상적인 대화의 실패, 흥미나 감정 공유의 감소, 사회적 상호작용의 시작 및 반응의 실패)
2. 사회적 상호작용을 위한 비언어적인 의사소통 행동의 결함(예, 언어적 · 비언어적 의사소통의 불완전한 통합, 비정상적인 눈 맞춤과 몸짓언어, 몸짓의 이해와 사용의 결함, 얼굴표정과 비언어적 의사소통의 전반적 결함)
3. 관계 발전, 유지 및 관계에 대한 이해의 결함(예, 다양한 사회적 상황에 적합한 적응적 행동의 어려움, 상상 놀이를 공유하거나 친구 사귀기가 어려움, 동료들에 대한 관심 결여)

현재의 심각도를 명시할 것:

심각도는 사회적 의사소통 손상과 제한적이고 반복적인 행동 양상에 기초하여 평가한다(표 2 참조).

B. 제한적이고 반복적인 행동이나 흥미, 활동이 현재 또는 과거력상 다음 항목들 가운데 적어도 2가지 이상 나타난다(예시들은 실례이며 증상을 총망라한 것이 아님. 본문을 참조할 것).

1. 상동증적이거나 반복적인 운동성 동작, 물건 사용 또는 말하기(예, 단순 운동 상동증, 장난감 정렬하기, 또는 물체 튕기기, 반향언어증, 특이한 문구 사용)
2. 동일성에 대한 고집, 일상적인 것에 대한 융통성 없는 집착, 또는 의례적인 언어나 비언어적 행동 양상(예, 작은 변화에 대한 극심한 고통, 변화의 어려움, 완고한 사고방식, 의례적인 인사, 같은 길로만 다니기, 매일 같은 음식 먹기)
3. 강도나 초점에 있어서 비정상적으로 극도로 제한되고 고정된 흥미(예, 특이한 물체에 대한 강한 애착 또는 집착, 과도하게 국한되거나 고집스러운 흥미)
4. 감각 정보에 대한 과잉 또는 과소 반응, 또는 환경의 감각 영역에 대한 특이한 관심(예, 통증/온도에 대한 명백한 무관심, 특정 소리나 감촉에 대한 부정적 반응, 과도한 냄새 맡기 또는 물체 만지기, 빛이나 움직임에 대한 시각적 매료)

현재의 심각도를 명시할 것:

심각도는 사회적 의사소통 손상과 제한적이고 반복적인 행동 양상에 기초하여 평가한다(표 2 참조).

C. 증상은 반드시 초기 발달시기부터 나타나야 한다(그러나 사회적 요구가 개인의 제한된 능력을 넘어서기 전까지는 증상이 완전히 나타나지 않을 수 있고, 나중에는 학습된 전략에 의해 증상이 감춰질 수 있다).

D. 이러한 증상은 사회적, 직업적, 또는 다른 중요한 현재의 기능 영역에서 임상적으로 뚜렷한 손상을 초래한다.

E. 이러한 장애는 지적장애(지적발달장애) 또는 전반적 발달지연으로 더 잘 설명되지 않는다. 지적장애와 자폐스펙트럼장애는 자주 동반된다. 자폐스펙트럼장애와 지적장애를 함께 진단하기 위해서는 사회적 의사소통이 전반적인 발달 수준에 기대되는 것보다 저하되어야 한다.

주의점: DSM-IV의 진단기준상 자폐성장애, 아스퍼거장애 또는 달리 명시되지 않는 광범위성 발달장애로 진단된 경우에서는 자폐스펙트럼장애의 진단이 내려져야 한다. 사회적 의사소통에 뚜렷한 결함이 있으나 자폐스펙트럼장애의 다른 진단항목을 만족하지 않는 경우에는 사회적(실용적) 의사소통장애로 평가해야 한다.

다음의 경우 명시할 것:

지적 손상을 동반하는 경우 또는 동반하지 않는 경우

언어 손상을 동반하는 경우 또는 동반하지 않는 경우

알려진 의학적 또는 유전적 상태 또는 환경적 인자와 연관된 경우
(부호화 시 주의점: 관련된 의학적 또는 유전적 상태를 식별하기 위해 추가적인 부호를 사용할 것)
다른 신경발달장애, 정신장애 또는 행동장애와 연관된 경우
(부호화 시 주의점: 관련된 신경발달장애, 정신장애 또는 행동장애를 식별하기 위해 추가적인 부호를 사용할 것)
긴장증 동반(정의에 대해서는 다른 정신질환과 관련이 있는 긴장증의 기준을 참조할 것)
(부호화 시 주의점: 공존 긴장증이 있는 경우에는 자폐스펙트럼장애와 관련이 있는 긴장증에 대한 추가적인 부호 293.89 [F06.1]을 사용할 것)

표 2. 자폐스펙트럼장애의 심각도 수준

심각도 수준	사회적 의사소통	제한적 · 반복적 행동
3단계 "상당히 많은 지원을 필요로 하는 수준"	언어적 · 비언어적 사회적 의사소통 기술에 심한 결함이 있고, 이로 인해 심한 기능상의 손상이 야기된다. 사회적 상호작용을 맺는 데 극도로 제한적이며, 사회적 접근에 대해 최소한의 반응을 보인다. 예를 들어, 이해할 수 있는 말이 극소수의 단어뿐인 사람으로서, 좀처럼 상호작용을 시작하지 않으며, 만일 상호작용을 하더라도 오직 필요를 충족하기 위해 이상한 방식으로 접근을 하며, 매우 직접적인 사회적 접근에만 반응한다.	융통성 없는 행동, 변화 대처에 극심한 어려움, 다른 제한적 · 반복적 행동이 모든 분야에서의 기능을 뚜렷이 방해한다. 집중 또는 행동 변화에 극심한 고통과 어려움이 있다.
2단계 "많은 지원을 필요로 하는 수준"	언어적 · 비언어적 사회적 의사소통 기술의 뚜렷한 결함, 지원을 해도 명백한 사회적 손상이 있으며, 사회적 의사소통의 시작이 제한되어 있고, 사회적 접근에 대해 감소된 혹은 비정상적인 반응을 보인다. 예를 들어, 단순한 문장 정도만 말할 수 있는 사람으로서, 상호작용이 편협한 특정 관심사에만 제한되어 있고, 기이한 비언어적 의사소통이 뚜렷하게 나타난다.	융통성 없는 행동, 변화 대처에 극심한 어려움, 다른 제한적 · 반복적 행동이 우연히 관찰한 사람도 알 수 있을 정도로 자주 나타나며, 다양한 분야의 기능을 방해한다. 집중 또는 행동 변화에 고통과 어려움이 있다.

1단계 "지원이 필요한 수준"	지원이 없을 때에는 사회적 의사소통의 결함이 분명한 손상을 야기한다. 사회적 상호작용의 시작에 어려움이 있고, 사회적 접근에 대한 비전형적인 반응이나 성공적이지 않은 반응을 보인다. 사회적 상호작용에 대한 흥미가 감소된 것처럼 보일 수 있다. 예를 들어, 완전한 문장을 말할 수 있는 사람으로서 의사소통에 참여하지만, 다른 사람들과 대화를 주고받는 데에는 실패할 수 있으며, 친구를 만들기 위한 시도는 괴상하고 대개 실패한다.	융통성 없는 행동이 한 가지 또는 그 이상의 분야의 기능을 확연히 방해한다. 활동 전환이 어렵다. 조직력과 계획력의 문제가 독립을 방해한다.

기록절차

알려진 의학적 또는 유전적 상태나 환경적 인자와 연관이 있는 자폐스펙트럼장애 또는 다른 신경발달장애나 정신질환 또는 행동장애와 연관이 있는 자폐스펙트럼장애인 경우에는 특정 상태나 장애 또는 인자와 연관된 자폐스펙트럼장애라고 기록한다(예, 레트증후군과 연관된 자폐스펙트럼장애). 심각도는 표 2에 나온 2가지 정신병리 영역에 각각 필요한 지원 등급에 따라 기록해야 한다(예, "사회적 의사소통 결함에 대해 매우 상당한 지원을 필요로 하며, 제한적이고 반복적인 행동에 대해 상당한 지원을 필요로 하는 정도"). "지적 손상을 동반하는 경우" 또는 "지적 손상을 동반하지 않는 경우"에 대한 세부진단은 그다음에 기록해야 한다. 그 뒤에 언어 손상에 대한 세부진단을 기록한다(예, "언어 손상을 동반하는 경우–이해 가능한 말하기의 부재" 또는 "언어 손상을 동반하는 경우–문구 말하기"). 만약 긴장증이 존재할 경우, "자폐스펙트럼장애와 연관된 긴장증"이라고 따로 기록해야 한다.

명시자

심각도 수준에 대한 명시자(표 2 참조)는 현재의 증후군(1단계 이하의 수준일 수 있음)을 간결하게 기술하기 위해 사용된다. 이는 심각도 수준이 상황에 따라 달라질 수 있고, 시간에 따라 변동된다는 것을 인식하게 해 준다. 사회적 의사소통의 어려움과 제한적이고 반복된 행동에 대한 심각도는 분리해서 평가되어야 한다. 심각도 수준의 범주는 서비스에 대한 적합성이나 서비스 공급을 결정하기 위해 사용되어서는 안 된다. 심각도는 오직 개인적 수준, 우선순위와 목표에 대한 논의를 통해 개발되어야 한다.

"지적 손상을 동반하는 경우 또는 동반하지 않는 경우"라는 명시자에 대해 살펴보면, 자폐스펙트럼장애 아동이나 성인의 지적인 측면(보통 균일하지 않음)을 이해하는 것은 진단적 특징을 해석하는 데 있어 필수적이다. 언어적 기술과 비언어적 기술에 대한 분리된 평가가 필수적이다(예, 제한된 언어를 보이는 개인의 잠재능력을 측정하기 위해 시간 제한이 없는 비언어적 검사 시행).

"언어 손상을 동반하는 경우 또는 동반하지 않는 경우"에 대한 명시자를 사용하기 위해서는 언어 기능의 현 수준에 대한 평가와 기술이 이루어져야 한다. "언어 손상을 동반하는 경우"에 대한 명시의 기술 예로는 알아들을 수 없는 말(비언어적), 한 단어 수준, 또는 문구 말하기가 포함된다. "언어 손상을 동반하지 않는 경우"에서 개인의 언어 수준은 완전한 문장을 구사할 수 있는 경우나 유창한 언어를 구사하는 경우라고 추가적으로 기술할 수 있다. 자폐스펙트럼장애에서 수용성 언어는 표현성 언어의 발달에 비해 뒤처질 수 있기 때문에, 수용성 언어기술과 표현성 언어기술은 반드시 분리해야 한다.

"알려진 의학적 또는 유전적 상태나 환경적 요인과 연관된 경우"라는 명시자는 알려진 유전 장애(예, 레트증후군, 취약X증후군, 다운증후군), 의학적 장애(예, 뇌전증) 또는 환경적 노출의 과거력(예, 발프로에이트valproate, 태아알코올증후군fetal alcohol syndrome, 극소 저체중 출생very low birth weight)이 있는 경우에 사용할 수 있다.

추가적인 신경발달, 정신 또는 행동 상태에 대해서도 언급해야 한다(예, ADHD, 발달성 협응장애, 파괴적 행동, 충동조절 또는 품행장애, 불안장애, 우울 또는 양극성장애, 틱장애 또는 투렛장애, 자해, 섭식장애, 배설장애 또는 수면장애).

진단적 특징

자폐스펙트럼장애의 필수적인 특징은 상호 간의 사회적 의사소통과 사회적 상호작용의 지속적인 손상(진단기준 A), 제한적이고 반복적인 양식의 행동, 관심 분야 또는 활동이다(진단기준 B). 이러한 증상들은 아동기 초기부터 나타나며, 일상의 기능에 있어 제한이나 손상을 일으킨다(진단기준 C, D). 기능적 손상이 명확히 나타나는 시기는 개인의 특징과 개인이 처한 환경에 따라 다르다. 핵심적인 진단적 특징은 발달시기에 분명히 나타나지만, 개입, 보상, 현재의 지원을 통해 적어도 몇 가지 방면에서는 문제를 감출 수 있다. 장애의 발현 역시 자폐 상태의 심각도 수준, 발달단계, 연령에 따라 매우 달라서 스펙트럼이라는 용어를 사용한다. 자폐스펙트럼장애는 과거에 조기 유아 자폐증early infantile autism, 아동기 자폐childhood autism, 카너 자폐Kanner's autism, 고기능 자폐high-functioning autism, 비전형적 자폐atypical autism, 달리 명시되지 않는 전반적 발달장애pervasive developmental disorder not otherwise specified, 아동기 붕괴성장애childhood disintegrative disorder, 아스퍼거장애Asperger's disorder로 불렸던 장애들을 아우르는 진단이다.

진단기준 A에 명시된 의사소통과 사회적 상호작용의 손상은 광범위하고 지속적이다. 진단은 임상가의 관찰, 보호자의 과거 정보, 그리고 가능하다면 자기보고 등의 다양한 출처의 자료가 기반이 되었을 때 가장 타당하고 신뢰할 수 있다. 사회적 의사소통에서 언어적 · 비언어적 결함은 치료 경력 및 현재의 지원과 같은 인자뿐 아니라 개인의 연령, 지적 수준, 언어 능력과 같은 여러 인자에 따라 다양하게 나타난다. 많은 경우에서 언어 결함을 가지고 있으며, 그 범위는 말을 전혀 못하는 경우에서부터 언어 지연, 말에 대한 이해력 부족, 반향언어증echolalia, 또는 부자연스럽고 지나치게 문자 그대로인 언어에 이르고 있다. 형식적 언어기술(예, 어휘, 문법)이 손상되지 않았다고 하더라도 상호적인 사회적 의사소통에서 사용하는 언어는 손상되어 있다.

사회적-감정적 상호성(즉, 타인과 관계를 맺고 생각과 감정을 공유하는 능력)의 결함은 이 장애가 있는 어린 아동에게서 뚜렷이 드러난다. 이들은 사회적 상호작용을 거의 또는 전혀 시작하지 않으며, 감정을 공유하지 않고, 타인의 행동을 모방하는 행동도 저하되어 있거나 나타나지 않는다. 이들의 언어는 대개 일방적이며, 사회적 상호성이 결여되어 있고, 견해를 밝히거나 감정을 공유하거나 대화를 나누기보다는 요구를 하는 용도로 사용된다. 지적 손상이나 언어 지연이 없는 성인의 경우, 사회적-감정적 상호성의 결함은 복잡한 사회적 신호(예, 대화에 언제, 어떻게 참여할지, 무엇을 말해서는 안 되는지)를 처리하고 반응하는 문제에서 극명하게 나타난다. 사회적 도전에 대한 보상 전략이 발달한 일부 성인의 경우에도 새로운 상황이나 지원이 없는 상황에서는 어려움을 겪고, 무엇이 사람들의 사회적인 직관인지 의식하며 계산해야 하는 노력과 불안으로 인해 고통을 받는다.

사회적 상호작용을 위한 비언어적 의사소통 행동의 결함은 눈 마주침이 없거나, 적고 이상하며(문화 규범에 관련된), 몸짓, 얼굴표정, 신체 정위body orientation, 말하는 억양의 특이함으로 나타난다. 자폐스펙트럼장애의 초기 양상은 합동 주시joint attention의 손상으로, 타인과 관심사를 공유하기 위해 물건을 가리키거나 보여 주고 가져오는 행동, 또는 다른 사람이 손가락으로 가리키거나 바라보고 있는 것을 함께 바라보는 행동이 나타나지 않는다. 몇 가지의 기능적 몸짓을 학습할 수는 있으나 레퍼토리가 적고, 의사소통에 있어서 표현적 몸짓을 자발적으로 사용하지 못한다. 유창한 언어를 구사하는 성인 중에는 말과 함께 조화로운 비언어적 의사소통을 사용하는 데 어려움이 있어서 이상하고 경직되거나 과장된 "몸짓 언어"를 사용한다는 인상을 주는 경우도 있다. 손상은 개인적 방식에 따라 상대적으로 미묘하게 나타날 수 있으나(예, 어떤 사람은 말할 때 상대적으로 원활한 눈 마주침을 보일 수 있다), 사회적 의사소통을 위해 눈 마주침, 몸짓, 자세, 운율, 표정 등을 통합하는 능력은 매우 빈약하다.

관계를 발전 · 지속 · 이해하는 능력의 결핍은 연령과 성별, 문화적 기준에 근거하여 평가해야 한다. 사회적 흥미가 부재, 감소되어 있거나 비전형적 양상으로 나타날 수 있으며, 타인에 대한 거부, 수동성, 그리고 공격적이거나 파괴적으로 보일 수 있는 부적절한 접근을 보일 수 있다. 이러한 어려움은 특히 어린 아동에게서 뚜령이 나타나는데, 이들은 자주 사회적 놀이나 모방(예, 연령에 적합한 유연한 가상 놀이) 공유가 결여되어 있고, 이후에는 매우 고정된 규칙을 따르는 놀이만 고집한다. 성인의 경우, 어떤 행동이 한 가지 상황에서는 적절하지만 다른 상황에서는 그렇지 않다는 것을 이해하는 데 어려움을 겪거나(예, 구직 면접 시 격식 없는 행동), 의사소통을 위해 언어를 다른 방식으로 사용하는 것(예, 역설, 악의 없는 거짓말)을 이해하는 데에도 어려움을 겪을 수 있다. 혼자 하는 활동이나 자신보다 연령이 어리거나 더 많은 사람들과의 교류를 선호한다. 우정이 무엇을 수반하는지에 대한 완전한 또는 현실적인 생각이 없음에도 우정을 쌓고자 하는 욕구를 보이는 경우가 빈번하다(예, 일방적 우정 또는 오로지 특별한 관심사만 공유하는 우정). 형제, 동료, 보호자와의 관계 또한 (상호성의 측면에서) 중요하게 고려해야 한다.

자폐스펙트럼장애는 또한 제한적·반복적 패턴의 행동, 흥미 또는 활동으로 정의되는데(진단기준 B), 연령과 능력, 개입, 그리고 현재의 지원에 따라 다양한 정도로 나타난다. 상동적이거나 반복적인 행동에는 단순 운동 상동증(예, 손 퍼덕거리기, 손가락 끝으로 가볍게 튀기기), 물체의 반복적 사용(예, 동전 돌리기, 장난감 줄 세우기) 그리고 반복적인 언어(예, 언어증, 들었던 말을 즉각 또는 뒤늦게 앵무새처럼 따라하기, 자신에 대해 "너"라고 칭하기, 단어, 문구 또는 운율의 상동적 사용) 등이 포함된다. 일상에 대한 과도한 고수와 제한적인 행동패턴은 변화에 대한 저항(예, 좋아하는 음식의 포장 변화와 같은 사소한 변화에 대한 고통, 규칙에 대한 고수를 강조함, 경직된 사고)이나 의례적인 방식의 언어적·비언어적 행동(예, 반복적인 질문, 주변을 서성임)으로 나타날 수 있다. 자폐스펙트럼장애의 고도로 제한적이고 고정된 흥미는 그 강도나 초점이 비정상적으로 나타나는 경향이 있다(예, 냄비에 강한 애착을 보이는 유아, 진공청소기에 몰입된 아동, 시간표를 작성하는 데 많은 시간을 보내는 성인). 강한 흥미와 통상적인 방법의 고수는 과반응성 또는 저반응성 감각 입력과 연관이 있으며, 이는 특정 소리나 질감에 대한 과도한 반응, 과도하게 물건의 냄새를 맡거나 만지기, 빛이나 회전하는 물체에 대한 매료, 때로는 통증, 열기heat 또는 차가움cold에 대한 명백한 무관심으로 나타난다. 미각, 후각, 촉각 또는 음식의 외형에 대한 과도한 반응이나 의례적 행동 또는 과도한 편식이 흔하며, 이는 자폐스펙트럼장애를 나타내는 특징일 수 있다.

자폐스펙트럼장애가 있는 많은 성인들 중 지적 손상이나 언어 손상이 동반되지 않은 경우에는 대중들 앞에서 반복적인 행동을 억제하는 법을 배운다. 특별한 흥미는 즐거움과 동기부여의 원천이 될 수 있고, 교육을 받거나 고용될 수 있는 방안을 제시해 준다. 비록 현 시점에서는 더 이상 증상이 나타나지 않는다 하더라도 아동기 혹은 과거의 일부 시기 동안 제한적이고 반복적인 양식의 행동, 흥미 또는 활동이 나타났다면, 진단기준에 부합할 수 있다.

진단기준 D는 임상적으로 뚜렷한 사회적, 직업적, 또는 현재 다른 중요한 기능 영역의 손상을 야기할 것을 요구하고 있다. 진단기준 E에서는 사회적 의사소통의 결함을 명시하고 있는데, 자주 지적장애(지적발달장애)와 동반된다고 하더라도 사회적 의사소통의 결함이 발달단계를 기반으로 예상보다 훨씬 어려움이 커야 한다. 보호자와의 면담, 설문지, 임상가의 관찰평가, 타당성이 우수한 표준화된 행동 진단 도구를 사용할 수 있으며, 이를 통해 시간의 흐름과 임상가들 간에 진단적 신뢰도를 개선시킬 수 있다.

진단을 뒷받침하는 부수적 특징

자폐스펙트럼장애의 많은 경우에서 지적 손상 혹은 언어 손상 역시 가지고 있다(예, 대화에 느리게 반응, 언어 표현에 비해 뒤떨어지는 언어 이해력). 평균 혹은 높은 지능을 가진 경우에도 고르지 못한 능력을 보인다. 지적기능과 적응기능 기술 간의 차이는 대개 큰 편이다. 기이한 걸음걸이, 서투름, 기타 비정상적 운동 징후(예, 까치발로 걷기)를 포함하는 운동 결함도 자주 나타난다. 자해(예, 머리 박기, 손목 물기)가 나타날 수 있고, 파괴적/저항적 행동은 지적장애와 같은 다른 장애에 비해 자폐스펙트럼장애의 아동·청소년에서 좀 더 흔하다. 자폐스펙트럼장애 청소년이나 성인의 경우에는 불안해지고 우울해지기 쉽다. 일부의 경우에는 긴장성 유사 운동행동(느리고 얼어붙은 것 같은 중간 동작)이 생기지만, 이는 일반적으로 긴장성 삽화의 수준은 아니다. 그러나 자폐스펙트럼장애 환자의 경우, 운동 증상의 뚜렷한 악화를 경험하고, 함구증, 자세 취하기, 찡그리기, 납굴증 같은 증상을 보이는 완전한 긴장성 삽화를 보이는 경우가 있을 수 있다. 긴장증이 동반될 수 있는 위험은 청소년기에 가장 높다.

유병률

최근에 미국과 다른 나라에서 보고된 자폐스펙트럼장애의 빈도는 인구의 1%에 달하며, 이는 아동이나 성인 표본에서 비슷하게 측정된다. 이런 높은 비율이 역치하 사례들을 포함하는 DSM-IV 진단기준의 확장, 증가된 인식, 연구방법의 차이를 반영하는지, 아니면 실제로 자폐스펙트럼장애의 빈도 증가를 반영하는지는 불분명하다.

발달과 경과

자폐스펙트럼장애의 발병 연령이나 양상에도 주목해야 한다. 증상은 보통 생후 2년 내에 인식된다(생후 12~24개월). 그러나 만약 발달지연이 심각해서 생후 12개월 이전에 증상이 미묘한 경우에는 24개월 이후에 인식될 수도 있다. 발병 양상에 대한 내용에는 초기 발달지연에 대한 정보나 사회적·언어적 기술의 소실 등이 포함될 수 있다. 만약 기술이 소실된 경우에는 부모나 보호자가 사회적 행동이나 언어 기술이 점진적 또는 상대적으로 급격히 악화되었는지에 대한 정보를 제공할 수 있다. 일반적으로 이러한 양상은 생후 12개월에서 24개월 사이에 나타나며, 최소 2년가량의 정상적 발달 후에 드물게 나타나는 발달적 퇴행(종전에는 아동기 붕괴성 장애[childhood disintegrative disorder]로 기술되었음)과는 구별된다.

자폐스펙트럼장애의 행동적 특징은 아동기 초기에 처음으로 명확해지며, 일부의 경우에는 생후 첫해에 사회적 상호작용에 대한 흥미 결핍으로 나타난다. 자폐스펙트럼장애가 있는 일부 아동들은 발달 정체 또는 퇴행을 경험하는데, 사회적 행동이나 언어 사용의 점진적 또는 상대적인 급격한 악화가 동반되며, 이는 대개 생애 첫 2년 동안 나타난다. 이러한 소실은 다른 장애에서는 드물게 나타나므로, 자폐스펙트럼장애에 대한 유용한 "위험 신호[red flag]"가 될 수 있다. 사회적 의사소통을 벗어나는 기술의 소실(예, 자기관리, 용변 가리기, 운동기술의 소실)이 있거나 2세 이후에 발병한 경우(이 장애의 감별진단에 있는 "레트증후군" 참조)에는 드물고 광범위한 의학적 조사가 필요하다.

자폐스펙트럼장애의 첫 번째 증상으로는 언어 발달의 지연이 흔히 나타나며, 자주 사회적 관심의 결핍이나 특이한 사회적 상호작용(예, 사람들을 쳐다보려는 시도를 하지 않은 채 손으로 잡아당기는 것), 이상한 놀이 방식(예, 장난감을 가지고 다니지만 가지고 놀지는 않음), 특이한 의사소통 방식(예, 알파벳을 알고 있지만 자기 이름에 반응하지는 않음)이 동반된다. 청력 소실을 의심해 볼 수 있으나, 대개의 경우에는 배제된다. 생후 2년 동안 이상하고 반복적인 행동과 전형적인 놀이행동의 부재가 더욱 분명해진다. 일반적인 발달 경과를 보이는 많은 수의 아동이 특정한 선호가 강하고 반복을 즐기기 때문에(예, 같은 음식을 먹기, 같은 비디오를 여러 번 반복해서 보기), 학령전기 아동에서 자폐스펙트럼장애의 진단과 연관된 제한적이고 반복적인 행동을 구별하는 것은 어려울 수 있다. 임상적인 구분은 행동의 유형, 빈도와 강도를 기준으로 한다(예, 매일 수시간에 걸쳐 물건을 줄 세우고 하나라도 흐트러지면 고통스러워하는 아이).

자폐스펙트럼장애는 퇴행성 질환이 아니며, 삶을 살면서 계속 배우고 보완해야 하는 장애다. 증상은 대개 아동기 초기와 초기 학령기에 가장 두드러지며, 아동기 후기에는 최소 몇 가지 영역에서 발달 개선을 보인다(예, 사회적 상호작용에 대한 흥미 증가). 소수의 경우에는 청소년기에 행동적 퇴행을 보이는 반면, 대부분의 경우에는 행동의 호전을 보인다. 자폐스펙트럼장애가 있는 환자의 소수만이 성인기에 독립적인 생활과 직업활동이 가능하다. 이들은 우수한 언어능력과 지적능력을 갖고 있는 경향이 있으며, 그들의 특별한 흥미와 기술에 적합한 일자리를 찾을 수 있다. 일반적으로, 손상의 수준이 낮은 경우에는 독립적인 기능을 더 잘 할 수 있다. 그러나 이러한 환자들도 사회적으로 순진하고 취약한 상태로 남을 수 있고, 도움

없이는 실제적인 요구를 조직화하는 데 어려움을 겪으며, 불안이나 우울을 경험하기 쉽다. 많은 성인들의 경우, 사람들 앞에서는 그들의 어려움을 감추기 위해 보상 전략과 대응기제를 사용하지만, 사회적으로 수용되는 모습을 유지하기 위한 노력과 스트레스로 인해 고통을 받는다. 자폐스펙트럼장애의 노년에 관해서는 거의 알려진 바가 없다.

일부 환자는 성인기에 처음으로 진단받는 경우가 있는데, 이는 아마도 가족 중 아이가 자폐 진단을 받았거나, 직장이나 가정에서의 관계가 무너지면서 촉발되는 경우다. 이런 사례에서는 세부적인 발달력에 대한 정보수집뿐 아니라 자기보고도 어려울 수 있음을 고려하는 것이 중요하다. 임상 관찰에서 진단기준에 부합하고, 아동기에 적절한 사회적 · 의사소통 기술이 있었다는 증거가 없다면, 자폐스펙트럼장애의 진단을 내릴 수 있다. 예를 들어, 아동기 동안 일상적이고 지속적인 상호적 교우관계가 있었고 적절한 비언어적 의사소통 기술을 획득했다는 부모나 다른 친척의 보고가 있다면, 자폐스펙트럼장애의 진단을 배제할 수 있다. 그러나 발달력에 대한 정보가 없는 경우에는 배제할 수 없다.

자폐스펙트럼장애를 정의하는 사회적 · 의사소통적 손상과 제한적이고 반복적인 행동의 발현은 발달시기에 명확히 나타난다. 그 이후에는 현재의 지원과 더불어 개입, 보상을 통해 최소 몇 가지 맥락에서는 이러한 어려움을 감출 수 있다. 그러나 현재의 사회적, 직업적, 또는 기타 중요한 기능상의 영역에 손상을 초래하는 증상은 충분히 남아 있다.

위험 및 예후 요인

자폐스펙트럼장애 내에서 나타나는 결과 중 가장 잘 확립된 예후 요인은 지적장애와 언어 손상(예, 5세가 되었을 때 기능적 언어가 가능한 것은 좋은 예후의 징후임), 그리고 추가적인 정신건강 문제의 동반 유무다. 동반질환으로서 뇌전증은 지적장애 및 언어능력 저하와 연관이 있다.

환경적. 부모의 고령, 출생 시 저체중, 또는 태아기의 발프로에이트 노출 등과 같은 다양한 비특이적 위험 요인은 자폐스펙트럼장애의 위험 원인이 될 수 있다.

유전적·생리적. 쌍생아 일치율에 근거한 자폐스펙트럼장애의 유전성은 37%에서 90% 이상이다. 무려 15% 정도의 자폐스펙트럼장애가 이 장애와 연관된 특정 유전자의 복제수 변이나 돌연변이와 같은 유전적 변이와 연관되어 있다고 알려져 있다. 그러나 자폐스펙트럼장애가 유전적 변이와 연관이 있다고 하더라도, 완전한 침투율을 보이지는 않는다. 나머지 경우의 위험은 아마도 상대적으로 적은 영향을 미치는 수백 개의 유전자좌^genetic loci^에 의한 다유전성의 특징을 갖는 것으로 보인다.

문화와 관련된 진단적 쟁점

사회적 상호작용, 비언어적 의사소통, 관계의 표준에 대한 문화적 차이는 존재하지만, 자폐스펙트럼장애 환자는 사회적 맥락에 기초한 표준에서 뚜렷한 손상을 보인다. 문화, 사회경제적 인자가 장애가 인지되거나 진단되는 연령에 영향을 미칠 수 있다. 예를 들어, 미국에서는 아프리카계 미국인 아동에서 자폐스펙트럼장애의 진단이 늦거나 적게 진단될 수 있다.

성별과 관련된 진단적 쟁점

자폐스펙트럼장애는 여성에 비해 남성에서 4배 이상 더 자주 진단된다. 임상 표본에 따르면, 여성에서는 지적장애가 동반되기 쉬운 경향이 있으며, 이는 지적 손상이나 언어 지연이 동반되지 않은 여성의 경우에는 사회적 어려움과 의사소통 문제가 미묘하게 발현되기 때문에 자폐스펙트럼장애가 과소 인식될 수 있다는 것을 시사한다.

자폐스펙트럼장애의 기능적 결과

자폐스펙트럼장애가 있는 어린 아동의 경우 사회적 · 의사소통 능력의 결핍은 학습, 특히 사회적 상호작용이나 또래들과 함께하는 환경을 통해 학습하는 것을 방해할 수 있다. 가정에서는 감각 과민성뿐만 아니라 규칙적으로 하는 일과에 대한 고집과 변화에 대한 혐오가 식사나 수면을 방해할 수 있고, 정기적인 관리(예, 이발, 치아 관리)를 극도로 어렵게 만들 수 있다. 적응기술은 일반적으로 측정된 지능에 비해 낮은 수준이다. 계획, 조직화, 변화에 대한 대처능력의 어려움은 학업적 성취에 부정적인 영향을 끼치며, 이는 평균 이상의 지능을 가진 학생에게서도 나타날 수 있다. 성인기 동안에도 지속적으로 경직되어 있고 새로움에 적응하기 어렵기 때문에 독립하는 데 어려움을 겪을 수 있다.

자폐스펙트럼장애 환자 중, 심지어 지적장애가 없는 경우에도 독립적인 생활과 돈벌이가 되는 직장생활과 같은 평가로 측정되는 성인의 심리사회적 기능은 좋지 못하다. 노년에서의 기능적 결과는 알려진 바가 없지만 사회적 고립과 의사소통의 문제(예, 도움 추구 행동의 감소)는 노년기의 건강에 영향을 끼칠 수 있다.

감별진단

레트증후군. 사회적 상호작용의 파탄이 레트증후군의 퇴행기(일반적으로 1~4세 사이)에 관찰될 수 있다. 따라서 이환된 상당수의 어린 여자아이에서 자폐스펙트럼장애의 진단기준을 충족하는 양상을 보일 수 있다. 그러나 이 시기가 지나면 대부분의 레트증후군 환자는 사회적 의사소통 기술을 향상시키며, 자폐적 특징들은 더 이상 주요 관심사가 되지 않는다. 따라서 자폐스펙트럼장애의 진단은 모든 진단기준에 부합했을 때에만 내릴 수 있도록 고려해야 한다.

선택적 함구증. 선택적 함구증은 전형적으로 초기 발달시기에 장애를 보이지 않는다. 이환된 아동은 대개 특정 상황에서는 적절한 의사소통 기술을 보인다. 아동이 함구증을 보이는 상황에서도 사회적 상호성의 손상과 제한되거나 반복적인 행동 양상은 나타나지 않는다.

언어장애 · 사회적(실용적) 의사소통장애. 언어장애의 일부 형태에서 의사소통의 문제와 이차적인 사회적 어려움이 있을 수 있다. 그러나 특정 언어장애에서는 대개 비정상적인 비언어적 의사소통과는 연관이 없으며, 제한적이고 반복적인 행동, 관심, 활동 양상도 나타나지 않는다. 사회적 의사소통과 사회적 상호성에 손상을 보이지만 제한적이고 반복적인 행동이나 관심을 보이지 않을 때에는 자폐스펙트럼장애 대신 사회적(실용적) 의사소통장애의 진단을 고려할 수 있다. 자폐스펙트럼장애의 진단은 그 진단기준을 충족하는 경우에 사회적(실용적) 의사소통장애의 진단을 대신할 수 있는데, 과거 또는 현재의 제한적이고 반복적인 행동에 대해 신중히 물어봐야 한다.

자폐스펙트럼장애를 동반하지 않는 지적장애(지적발달장애). 매우 어린 아동에서는 자폐스펙트럼장애를 동반하지 않는 지적장애와 자폐스펙트럼장애를 구별하는 것이 어려울 수 있다. 언어나 상징적 기술이 발달하지 않은 지적장애의 경우에는 반복적인 행동이 자주 나타나기 때문에 감별진단이 어렵다. 지적장애가 있는 경우에 사회적 의사소통과 상호작용이 개인의 비언어적 기술(예, 미세운동 기술, 비언어적 문제해결)의 발달 수준에 비해 상당한 손상이 있을 때 자폐스펙트럼장애의 진단이 적절할 수 있다. 그와 반대로, 사회적 의사소통 기술과 다른 지적 기술 사이에 눈에 띄는 차이가 없을 때에는 지적장애로 진단하는 것이 적절하다.

상동증적 운동장애. 운동 상동증은 자폐스펙트럼장애의 진단적 특징이므로, 반복적인 행동이 자폐스펙트럼장애로 더 잘 설명이 된다면 상동증적 운동장애 추가 진단은 내리지 않는다. 그러나 상동증이 자해를 야기하여 치료의 초점이 된다면 두 진단 모두 적절할 수 있다.

주의력결핍 과잉행동장애(ADHD). 주의력 이상(과도하게 집중되거나 쉽게 산만해짐)은 자폐스펙트럼장애의 경우에 흔히 나타나며, 과잉행동 역시 마찬가지다. 주의력의 어려움이나 과잉행동이 비슷한 정신연령을 지닌 경우에 보이는 일반적인 정도를 초과하여 나타났을 때, ADHD 진단을 고려해야 한다.

조현병. 아동기에 발병하는 조현병은 대개 정상 또는 거의 정상에 근접한 발달시기 후에 나타난다. 전구기에는 사회성의 손상, 비특이적인 흥미와 믿음이 나타나며, 이러한 증상은 자폐스펙트럼장애에서 나타나는 사회적 결핍과 혼동될 수 있다. 조현병을 정의하는 특징인 환각과 망상은 자폐스펙트럼장애의 특징이 아니다. 그러나 임상가는 자폐스펙트럼장애 환자가 조현병의 핵심적 특징에 대한 질문을 구체적으로 해석할 가능성을 반드시 고려해야 한다(예, "아무도 없는데 어떤 소리가 들린 적이 있나요?" "네, 라디오에서요.").

동반이환

자폐스펙트럼장애는 지적 손상 및 구조적 언어장애(적절한 문법으로 문장을 이해하거나 구성하지 못함)와 흔히 연관되며, 이 경우에 적용되는 적절한 항목이 있는 경우 명시자를 기록해야 한다. 자폐스펙트럼장애를 겪는 많은 사람들은 이 장애의 진단기준의 일부에 포함되지 않는 정신과적 증상을 가지고 있다(자폐스펙트럼장애 환자의 약 70%가 한 가지의 동반된 정신질환을 가지고 있으며, 40%에서는 2가지 이상의 동반된 정신질환을 갖는다). ADHD와 자폐스펙트럼장애의 진단기준을 모두 충족한다면, 두 진단을 모두 내려야 한다. 이러한 원칙은 자폐스펙트럼장애와 동반하는 발달성 협응장애, 불안장애, 우울장애, 그리고 다른 동반 진단들에도 적용된다. 말을 할 수 없거나 언어 결함을 가지고 있는 경우에는 수면이나 식이의 변화, 도전적 행동의 증가와 같은 관찰 가능한 징후에 의해 불안이나 우울을 평가할 수 있다. 특정 영역의 학습 어려움(읽기 · 쓰기 능력과 산술능력)이 흔하며, 발달성 협응장애도 마찬가지다. 자폐스펙트럼장애에서 흔하게 동반되는 의학적 상태에 대해서는 "알려진 의학적 또는 유전적 상태나 환경적/후천적 인자와 연관된 경우"라고 명시해야 한다. 이러한 의학적 상태로는 뇌전증, 수면문제, 변비가 있다. 회피적/제한적 음식섭취장애는 자폐스펙트럼장애에서 상당히 자주 나타나는 특징이며, 극도의 편식이 지속될 수 있다.

주의력결핍 과잉행동장애

주의력결핍 과잉행동장애
Attention-Deficit/Hyperactivity Disorder

진단기준

A. 기능 또는 발달을 저해하는 지속적인 주의력결핍 및/또는 과잉행동-충동성 패턴이 다음의 (1) 및/또는 (2)의 특징이 있다.

1. **주의력결핍:** 다음 9개 증상 가운데 6개 이상이 적어도 6개월 동안 발달 수준에 적합하지 않고 사회적 · 학업적/직업적 활동에 직접적으로 부정적인 영향을 미칠 정도로 지속됨
주의점: 이러한 증상은 단지 반항적 행동, 적대감 또는 과제나 지시 이해의 실패로 인한 양상이 아니어야 한다. 후기 청소년이나 성인(17세 이상)의 경우에는 적어도 5가지의 증상을 만족해야 한다.

a. 자주 세부적인 면에 대해 면밀한 주의를 기울이지 못하거나, 학업, 작업 또는 다른 활동에서 부주의한 실수를 저지름(예, 세부적인 것을 못 보고 넘어가거나 놓침, 작업이 부정확함)
b. 자주 과제를 하거나 놀이를 할 때 지속적으로 주의집중을 할 수 없음(예, 강의, 대화 또는 긴 글을 읽을 때 계속해서 집중하기가 어려움)
c. 자주 다른 사람이 직접 말을 할 때 경청하지 않는 것처럼 보임(예, 명백하게 주의집중을 방해하는 것 이 없는데도 마음이 다른 곳에 있는 것처럼 보임)
d. 자주 지시를 완수하지 못하고, 학업, 잡일 또는 작업장에서의 임무를 수행하지 못함(예, 과제를 시작하지만 빨리 주의를 잃고 쉽게 곁길로 샘)
e. 자주 과제와 활동을 체계화하는 데 어려움이 있음(예, 순차적인 과제를 처리하는 데 어려움, 물건이나 소지품을 정리하는 데 어려움, 지저분하고 체계적이지 못한 작업, 시간관리를 잘 하지 못함, 마감시간을 맞추지 못함)
f. 자주 지속적인 정신적 노력을 요구하는 과제에 참여하기를 기피하고, 싫어하거나 저항함(예, 학업 또는 숙제, 후기 청소년이나 성인의 경우에는 보고서 준비하기, 서류 작성하기, 긴 서류 검토하기)
g. 과제나 활동에 꼭 필요한 물건들(예, 학습 과제, 연필, 책, 도구, 지갑, 열쇠, 서류 작업, 안경, 휴대폰)을 자주 잃어버림
h. 자주 외부 자극(후기 청소년과 성인의 경우에는 관련이 없는 생각들이 포함될 수 있음)에 의해 쉽게 산만해짐

   i. 자주 일상적인 활동을 잊어버림(예, 잡일하기, 심부름하기, 후기 청소년과 성인의 경우에는 전화 회답하기, 청구서 지불하기, 약속 지키기)

2. **과잉행동－충동성:** 다음 9개 증상 가운데 6개 이상이 적어도 6개월 동안 발달 수준에 적합하지 않고 사회적, 학업적/직업적 활동에 직접적으로 부정적인 영향을 미칠 정도로 지속됨

   주의점: 이러한 증상은 단지 반항적 행동, 적대감 또는 과제나 지시 이해의 실패로 인한 양상이 아니어야 한다. 후기 청소년이나 성인(17세 이상)의 경우, 적어도 5가지의 증상을 만족해야 한다.

   a. 자주 손발을 만지작거리며 가만두지 못하거나 의자에 앉아서도 몸을 꿈틀거림
   b. 자주 앉아 있도록 요구되는 교실이나 다른 상황에서 자리를 떠남(예, 교실이나 사무실 또는 다른 업무 현장, 또는 자리를 지키는 게 요구되는 상황에서 자리를 이탈)
   c. 자주 부적절하게 지나치게 뛰어다니거나 기어오름(주의점: 청소년 또는 성인에서는 주관적으로 좌불안석을 경험하는 것에 국한될 수 있다)
   d. 자주 조용히 여가활동에 참여하거나 놀지 못함
   e. 자주 "끊임없이 활동하거나" 마치 "태엽 풀린 자동차처럼" 행동함(예, 음식점이나 회의실에 장시간 동안 가만히 있을 수 없거나 불편해함, 다른 사람에게 가만히 있지 못하는 것처럼 보이거나 가만히 있기가 어려워 보일 수 있음)
   f. 자주 지나치게 수다스럽게 말함
   g. 자주 질문이 끝나기 전에 성급하게 대답함(예, 다른 사람의 말을 가로챔, 대화 시 자신의 차례를 기다리지 못함)
   h. 자주 자신의 차례를 기다리지 못함(예, 줄 서 있는 동안)
   i. 자주 다른 사람의 활동을 방해하거나 침해함(예, 대화나 게임, 활동에 참견함, 다른 사람에게 묻거나 허락을 받지 않고 다른 사람의 물건을 사용하기도 함, 청소년이나 성인의 경우 다른 사람이 하는 일을 침해하거나 꿰찰 수 있음)

B. 몇 가지의 주의력결핍 또는 과잉행동－충동성 증상이 12세 이전에 나타난다.
C. 몇 가지의 주의력결핍 또는 과잉행동－충동성 증상이 2가지 또는 그 이상의 환경에서 존재한다(예, 가정, 학교나 직장, 친구들, 또는 친척들과의 관계, 다른 활동에서).
D. 증상이 사회적, 학업적, 또는 직업적 기능의 질을 방해하거나 감소시킨다는 명확한 증거가 있다.
E. 증상이 조현병 또는 기타 정신병적 장애의 경과 중에만 발생되지는 않으며, 다른 정신질환(예, 기분장애, 불안장애, 해리장애, 성격장애, 물질중독 또는 금단)으로 더 잘 설명되지 않는다.

다음 중 하나를 명시할 것:

314.01 (F90.2) 복합형: 지난 6개월 동안 진단기준 A1(주의력결핍)과 진단기준 A2(과잉행동-충동성)를 모두 충족한다.

314.00 (F90.0) 주의력결핍 우세형: 지난 6개월 동안 진단기준 A1(주의력결핍)은 충족하지만 A2(과잉행동-충동성)는 충족하지 않는다.

314.01 (F90.1) 과잉행동/충동 우세형: 지난 6개월 동안 진단기준 A2(과잉행동-충동성)는 충족하지만 A1(주의력결핍)은 충족하지 않는다.

다음의 경우 명시할 것:

부분 관해 상태: 과거에 완전한 진단기준을 충족하였고, 지난 6개월 동안에는 완전한 진단기준을 충족하지는 않지만 여전히 증상이 사회적 · 학업적 또는 직업적 기능에 손상을 일으키는 상태다.

현재의 심각도를 명시할 것:

경도: 현재 진단을 충족하는 수준을 초과하는 증상은 거의 없으며, 증상으로 인한 사회적 · 학업적 또는 직업적 기능의 손상은 경미한 수준을 넘지 않는다.

중등도: 증상 또는 기능적 손상이 "경도"와 "고도" 사이에 있다.

고도: 진단을 충족하는 수준을 초과하는 다양한 증상 또는 특히 심한 몇 가지 증상이 있다. 혹은 증상이 사회적 또는 직업적 기능에 뚜렷한 손상을 야기한다.

진단적 특징

ADHD 필수 증상은 기능 또는 발달을 저해하는 지속적인 양상의 주의력결핍 또는 과잉행동-충동성이다. 주의력결핍은 ADHD의 행동적 측면에서 과제를 수행하지 않고 돌아다니기, 인내심 부족, 지속적인 집중의 어려움, 무질서함과 같은 모습으로 발현되며, 이는 반항이나 이해의 부족에 기인한 것이 아니다. 과잉행동은 적절하지 않은 상황에서 과도한 운동활동(아이들이 여기저기 뛰어다니는 것과 같은)이나 과도하게 꼼지락거리거나 두드리는 행동 또는 수다스러운 말과 연관이 있다. 성인에서 과잉행동은 과도한 좌불안석이나 그들의 행동으로 인해 다른 사람을 지치게 하는 식으로 나타날 수 있다. 충동성은 심사숙고 없이 순간적으로 일어나는 성급한 행동과 연관이 있으며, 이러한 행동은 타인에게 해를 끼칠 가능성이 높다(예, 주위를 둘러보지 않고 차도로 뛰어들기). 충동성은 즉각적인 보상 욕구나 만족을 지연시키지 못하는 것에 영향을 준다. 충동적 행동은 사회적 참견(예, 타인에 대한 지나친 방해)과 장기적 결과를 고려하지 않고 중요한 결정을 내리는 것(예, 적절한 정보 없이 취직하기)과 같은 양상으로 나타날 수 있다.

ADHD는 아동기에 시작된다. 몇 가지 증상이 12세 이전에 나타나야 한다는 요건은 아동기 동안 상당한 임상적 증상이 나타나는 것에 대한 중요성을 말하는 것이다. 동시에 조기 발병에 대해서는 명시하지 않는데, 이는 후향적으로는 정확한 발병시기에 대해 입증하기 어렵기 때문이다. 성인의 경우에는 아동기의 증상을 기억해 내는 것은 신뢰도가 떨어질 수 있으므로 보조적인 정보를 얻는 것이 좋다.

장애의 발현은 한 가지 이상의 환경에서 나타나야 한다(예, 가정, 학교, 직장). 다양한 환경에서 증상이 나타나는지 정확히 확인하기 위해서는 이러한 환경에서 개인을 관찰하는 사람에게 자문을 구해야 한다. 증상은 보통 주어진 환경적 특성에 따라 다양한 모습을 보인다. 장애의 징후는 적절한 행동에 대한 빈번한 보상을 받을 때, 세심한 감독하에 있을 때, 새로운 환경에 있을 때, 특별히 흥미로운 활동에 참여할 때, 지속적인 외부 자극이 있을 때(예, 전자식 화면), 혹은 일대일 상황에 있을 때(예, 임상가의 진료실) 최소한으로 나타나거나 나타나지 않을 수 있다.

진단을 뒷받침하는 부수적 특징

언어, 운동, 사회적 발달의 경미한 지연은 ADHD의 진단에 특징적인 증상은 아니지만, 흔히 동반된다. 부수적 특징에는 좌절에 대한 낮은 내성, 과민성 또는 불안정한 기분이 포함될 수 있다. 특정학습장애가 없다고 하더라도, 학업적 또는 직업적 수행에 자주 손상이 있을 수 있다. 부주의한 행동은 기저의 다양한 인지적 과정과 연관이 있고, ADHD의 개인에서 주의력, 수행기능 또는 기억력 검사를 시행했을 때, 이 검사들이 진단적 지표가 될 만큼 민감하거나 특이적이지는 않더라도 검사결과상 인지적 문제가 나타날 수 있다. 성인기 초기에 ADHD는 자살시도의 위험성 증가와 연관이 있으며, 이는 주로 기분장애, 품행장애 또는 물질사용장애가 동반된 경우에 나타난다.

ADHD에 진단적인 생물학적 표지자는 없다. ADHD 집단을 또래와 비교했을 때, ADHD 아동에서 뇌파검사상 서파가 증가되어 있고, 자기공명영상 검사상 낮은 뇌 용적을 보이며, 뇌의 뒤쪽에서 앞쪽으로 이어지는 피질 성숙의 지연을 보이기도 하지만, 이러한 결과들이 진단적인 것은 아니다. 알려진 유전적 원인이 있는 드문 사례에서도(예, 취약X증후군, 22q11 결손증후군^deletion syndrome^) ADHD의 양상을 보일 때에는 이에 대한 진단을 내려야 한다.

유병률

인구조사 결과, ADHD는 대부분의 문화권에서 아동의 약 5%, 성인의 약 2.5%에서 나타난다.

발달과 경과

많은 부모가 걸음마기에 처음으로 과도한 운동활동을 관찰하지만, 4세 이전에는 정상적인 행동과 이를 구별해 내기는 어렵다. ADHD는 초등학교 기간에 가장 흔히 식별되며, 주의력결핍이 더욱 뚜렷해지고 손상을 유발하게 된다. 장애는 초기 청소년기를 지나면서 상대적으로 안정되나, 일부의 경우에는 반사회적 행동이 새로이 나타나면서 경과가 악화될 수 있다. 대부분의 경우, 과잉행동 증상은 청소년기와 성인기 동안에 약해지지만 좌불안석, 주의력결핍, 계획성 부족과 충동성은 지속된다. 상당수의 ADHD 아동은 성인기까지 비교적인 손상된 상태를 유지한다.

학령전기에 보이는 주요 발현 양상은 과잉행동이다. 주의력결핍은 초등학생 시기에 더욱 두드러진다. 청소년기에는 과잉행동의 징후(예, 뛰기, 기어오르기)는 덜 흔하게 나타나며, 만지작거림이나 내적인 신경과민, 좌불안석 또는 참을성 부족과 같은 증상으로 한정된다. 성인기에 과잉행동은 감소되나, 주의력결핍과 좌불안석에 더불어 충동성이 문제가 된다.

위험 및 예후 요인

기질적. ADHD는 행동 억제의 감소, 애를 써야 하는 조절이나 통제, 부정적 정서성, 새로운 것을 추구하는 행동 증가와 연관이 있다. 일부 ADHD 아동이 이러한 성향을 갖지만 장애에 특이적인 것은 아니다.

환경적. 극소 저체중 출생(1,500g 미만)에서 ADHD의 위험이 2~3배 증가하지만, 대부분의 극소 저체중 출생아가 ADHD가 되는 것은 아니다. 비록 ADHD가 임신 중 흡연과 연관이 있다고 알려져 있지만, 이러한 연관성 중 일부는 공통된 유전적 위험을 반영하는 것이다. 소수의 경우에서는 다이어트와도 관련이 있을 수 있다. 아동 학대, 방임, 다수의 위탁양육, 신경 독성물질에 대한 노출(예, 납), 감염(예, 뇌염), 또는 태아기 알코올 노출의 과거력과 관련이 있을 수 있다. 환경 독성물질에 대한 노출은 노출 이후에 발생하는 ADHD와 상관관계가 있지만, 직접적인 원인 인지에 대한 인과관계는 알려진 바가 없다.

유전적 · 생리적. ADHD는 생물학적 일차 친족에서 흔하다. ADHD의 유전성은 높은 편이다. 필수불가결하고 충분한 인과 인자는 아니나 특정 유전자가 ADHD와 연관이 있는 것으로 밝혀졌다. 시각 또는 청각 손상, 대사이상, 수면장애, 영양결핍, 그리고 뇌전증이 ADHD 증상에 영향을 줄 수 있음을 고려해야 한다. 드문 외형적 기형이 있는 경우(예, 양안격리증, 구개궁, 낮은 귀)가 상대적으로 증가하기는 하나, ADHD가 특정한 신체적 외형과 연관되어 있는 것은 아니다. 약간의 운동 지연과 연성 신경학적 징후가 나타날 수 있다(확연하게 서투른 동작과 운동 지연이 동반된 경우에는 개별적으로 기록해야 한다[예, 발달성 협응장애]).

경과의 변경인자. 아동기 초기 때 가족 간의 상호작용 양상이 ADHD를 야기하는 것은 아니지만 ADHD의 경과에 영향을 주거나 품행문제의 발생에 이차적으로 기여할 수 있다.

문화와 관련된 진단적 쟁점

지역에 따른 ADHD 유병률의 차이는 주로 서로 다른 진단적 · 방법론적 실제에 기인하는 것으로 보인다. 또한 아동의 행동에 대한 태도나 해석에 있어 문화적 차이가 존재할 수 있다. 미국에서는 아프리카계와 라틴계 인구에서 백인Caucasians 인구보다 임상적 발견율이 낮은 경향이 있다. 정보제공자를 통한 증상평가는 아동과 정보제공자가 속한 집단의 문화에 영향을 받을 수 있으므로, 문화적으로 적합한 방법을 통해 ADHD를 평가하는 것이 적절하다.

성별과 관련된 진단적 쟁점

ADHD는 일반 인구 집단에서 여성보다 남성에서 더 흔하며, 남녀비는 아동에서는 약 2:1, 성인에서는 약 1.6:1이다. 여성은 남성에 비해 주로 주의력결핍 증상을 보인다.

ADHD의 기능적 결과

ADHD는 학업수행, 학업적 성취를 저하시키며, 사회적 거부와도 연관이 있다. 성인에서는 낮은 직업적 수행, 성취, 참여를 보이며, 대인관계에서의 갈등뿐 아니라 무직의 가능성도 증가시킨다. ADHD가 있는 아동은 ADHD가 없는 또래에 비해 청소년기에 품행장애, 성인기에 반사회성 성격장애가 나타날 가능성이 더 높고, 그 결과 물질사용장애와 투옥의 가능성도 증가한다. 특히 품행장애나 반사회성 성격장애로 진행될 경우, 물질사용장애의 위험이 증가한다. ADHD가 있는 경우, 또래에 비해 부상을 입을 확률, 교통사고와 법규 위반, 비만의 가능성이 증가한다.

지속적인 노력이 필요한 과제에 대한 부적절하고 다양한 노력은 자주 다른 사람들에게 나태하고 책임감이 부족하며 협동심이 없는 것처럼 보이기도 한다. 가족 간의 불화, 부정적 상호작용이 가족관계의 특징이다. 또래관계에서도 배척, 무시, 놀림을 당하는 식으로 방해를 받는다. 평균적으로 ADHD가 있는 경우에는 학교 교육을 덜 받으며, 부족한 직업적 성취를 얻고, 또래에 비해 지능지수가 낮으나 개인차가 매우 크다. 심한 경우, 장애로 인해 사회적 · 가족적 · 학문적/직업적 적응에 뚜렷한 손상이 있다.

학업적 결함, 학교 관련 문제와 또래들의 무시는 주의력결핍 증상과 강한 연관이 있고, 또래들의 배척과, 그 정도가 심하지는 않더라도 우발적인 가해는 과잉행동 또는 충동성 증상이 있을 때 가장 두드러진다.

감별진단

적대적 반항장애. 적대적 반항장애가 있는 개인의 경우, 다른 사람의 요구에 따르는 것에 저항하기 때문에 자기가 해야 할 필요한 작업이나 학교 과제에도 저항할 수 있다. 그들의 행동은 부정적이고 적대적이며 반항적인 특징이 있다. 이러한 증상들은 ADHD가 있는 아동이 정신적 노력을 지속적으로 유지하기 어렵고, 지시사항을 잊어버리고, 충동성을 보임으로 인해 생기는 학교 과제에 대한 혐오와는 구별되어야 한다. 감별진단이 복잡한 이유는 일부 ADHD가 있는 아동들에서 이러한 과제에 대해 이차적으로 반항적 태도를 보이고, 과제의 중요성을 평가 절하하는 경우가 있기 때문이다.

간헐적 폭발장애. ADHD와 간헐적 폭발장애는 높은 수준의 충동적 행동이 나타난다는 특징을 공유한다. 그러나 간헐적 폭발장애가 있는 경우, 타인에 대한 심한 공격성을 보이지만, 이는 ADHD의 특징적 증상이 아니다. 간헐적 폭발장애가 있는 경우, ADHD에서 보이는 것과 같은 지속적인 주의력의 문제를 경험하지 않는다. 게다가, 간헐적 폭발장애는 아동기에 매우 드물다. ADHD가 있는 경우에도 간헐적 폭발장애로 진단될 수 있다.

기타 신경발달장애. ADHD에서 보일 수 있는 운동활동의 증가는 상동증적 운동장애와 일부 자폐스펙트럼장애에서 특징적으로 나타나는 반복적인 운동행동과 반드시 구별되어야 한다. 상동증적 운동장애에서 운동행동은 일반적으로 고정되어 있고 반복적(예, 몸 흔들기, 자기 물어뜯기)인 데 반해, ADHD에서 나타나는 안절부절못함fidgetiness과 좌불안석restlessness은 전형적으로 광범위하며, 반복적인 상동증적 운동으로 특징지어지지 않는다. 투렛장애에서 보이는 빈번하고 복합적인 틱도 ADHD의 안절부절못하는 증상으로 오인될 수 있다. 구별을 위해서는 장기적인 관찰이 필요하다.

특정학습장애. 특정학습장애가 있는 아동은 좌절, 흥미 감소 또는 능력의 제한으로 인해 주의력결핍이 나타날 수 있다. 그러나 ADHD 없이 특정학습장애만 있는 아동에서 보이는 주의력결핍은 학업 성적 이외의 영역에서는 손상을 초래하지 않는다.

지적장애(지적발달장애). ADHD 증상은 지적 수준에 부적합한 학습환경에 놓인 아동에서 흔하게 나타난다. 이러한 경우 비학습적 과제를 하는 동안에는 증상이 눈에 띄지 않는다. 지적장애가 있는 경우에 ADHD 진단을 내리기 위해서는 주의력결핍 또는 과잉행동이 정신연령에 비해 과도해야 한다.

자폐스펙트럼장애. ADHD와 자폐스펙트럼장애에서는 주의력결핍, 사회적 기능이상과 다루기 힘든 행동이 나타난다. ADHD에서 보이는 사회적 기능이상과 또래의 배척은 자폐스펙트럼장애에서 보이는 사회적 이탈, 고립, 표정이나 음색을 통한 의사소통 신호에 대한 무관심과 반드시 구별되어야 한다. 자폐스펙트럼장애가 있는 아동은 어떤 사건이 기대하던 경과로부터 변화하는 것에 대한 인내력이 부족하여 분노발작을 보일 수 있다. 반대로, ADHD 아동은 충동성과 빈약한 자기조절 때문에 주요 과도기 동안에 비행 또는 분노발작을 보일 수 있다.

반응성 애착장애. 반응성 애착장애가 있는 아동은 사회적 탈억제를 보일 수 있으나, ADHD의 모든 증상군을 보이지는 않으며, ADHD의 특징과는 다르게 지속적인 관계유지 능력부족 증상들을 보인다.

불안장애. ADHD와 불안장애는 주의력결핍이라는 증상을 공유한다. ADHD가 있는 경우에는 외부 자극과 새로운 활동에 대한 흥미 또는 즐거운 활동에 대한 집착 때문에 부주의하게 된다. 이는 불안장애에서 걱정과 되새김 때문에 주의력결핍이 나타나는 것과는 구별이 된다. 불안장애에서도 좌불안석이 나타날 수 있다. 그러나 ADHD에서 나타나는 좌불안석은 걱정이나 되새김과는 연관이 없다.

우울장애. 우울장애가 있는 경우 집중력 문제를 보일 수 있다. 그러나 우울장애에서의 집중력 문제는 우울 삽화 기간에만 뚜렷하게 나타난다.

양극성장애. 양극성장애가 있는 경우 활동 증가, 집중력 문제, 충동성 증가를 보일 수 있으나, 이러한 증상은 삽화적이며, 며칠 동안만 나타난다. 양극성장애에서 충동성 증가나 주의력결핍은 고양된 기분, 심하게 과장된 자신감, 그리고 기타 양극성장애의 특징과 동반된다. ADHD 아동에서도 뚜렷한 기분 변화를 보일 수 있지만 이러한 불안정성은 조증 삽화와는 구별되며, 아동의 경우에도 증상이 4일 혹은 그 이상의 기간에 지속되어야 양극성장애의 임상 지표가 된다. 청소년기 이전에는 심한 과민성과 분노가 두드러지는 경우에도 양극성장애는 매우 드문 반면, 과도한 분노와 과민성을 보이는 아동·청소년에서 ADHD가 흔하게 나타난다.

파괴적 기분조절부전장애. 파괴적 기분조절부전장애는 전반적인 과민성과 좌절에 대한 참을성 결여가 특징이지만, 충동성과 와해된 주의력은 필수적인 특징이 아니다. 그러나 이 장애가 있는 대부분의 아동·청소년에서 ADHD의 진단기준을 충족하는 증상들을 가지고 있으며, 이 경우 개별적으로 진단해야 한다.

물질사용장애. 만약 ADHD 증상이 물질남용이나 물질의 빈번한 사용 후에 처음 발현되는 경우에는 ADHD와 물질사용장애의 구별이 어려울 수 있다. 감별진단을 위해서는 정보제공자나 과거 기록을 통해 물질 오용 전에 ADHD가 있었다는 명백한 증거가 필수적이다.

성격장애. 청소년과 성인에서는 ADHD와 경계성 성격장애, 자기애성 성격장애, 기타 성격장애를 구별하기가 어려울 수 있다. 이러한 장애들은 분열, 사회적 참견, 정서적 및 인지적 조절곤란의 특징을 공유하는 경향이 있다. 그러나 ADHD에서는 버림받을 것에 대한 두려움, 자해, 극심한 양가감정이나 성격장애의 다른 특징이 나타나지 않는다. 자세한 임상적 관찰, 정보제공자와의 면담 또는 자세한 병력 청취를 통해 충동성, 사회적 참견 또는 부적절한 행동과 자기애적이고 공격적이며 군림하려는 행동을 구별하여 감별진단을 해야 한다.

정신병적 장애. 정신병적 장애의 경과 중에만 주의력결핍과 과잉행동의 증상이 나타날 경우에는 ADHD로 진단하지 않는다.

약물치료로 유발된 ADHD 증상. 치료약물(예, 기관지 확장제, 이소니아지드, 좌불안석을 야기하는 신경이완제, 갑상선 약물) 사용에 의한 주의력결핍, 과잉행동 또는 충동성 증상은 달리 명시된 또는 명시되지 않는 기타(또는 미상의) 물질관련장애로 진단된다.

신경인지장애. 초기의 주요신경인지장애(치매)나 경도 신경인지장애는 ADHD와 연관이 있다고 알려져 있지는 않으나 비슷한 임상적 특징을 보일 수 있다. 이러한 상태는 늦게 발병하는 ADHD와 구별되어야 한다.

동반이환

임상에서 ADHD의 진단기준에 부합하는 증상을 보이는 경우에 동반질환이 흔하다. 일반 인구 집단에서 적대적 반항장애는 ADHD 복합형 아동들의 약 1/2, 주의력결핍 우세형의 약 1/4에서 함께 나타난다. 품행장애는 ADHD 복합형 아동・청소년의 약 1/4에서 나타나는데, 연령과 환경에 따라 다르다. 파괴적 기분조절부전장애가 있는 대부분의 아동・청소년에서 ADHD의 진단기준을 충족하는 증상을 보인다. ADHD 아동에서는 파괴적 기분조절부전장애의 진단기준을 충족하는 비율이 더 적다. 특정학습장애는 ADHD와 흔하게 동반된다. 불안장애와 주요우울장애도 소수의 ADHD에서 나타나지만, 일반 인구 집단에 비해서는 더 흔하게 나타난다. 간헐적 폭발장애도 성인 ADHD의 소수에서 나타나지만, 그 비율은 일반 인구 수준 이상이다. 물질사용장애는 일반 인구 집단 내의 ADHD 성인의 경우에 상대적으로 더 흔하나, ADHD 성인 중 소수만이 물질사용장애를 갖고 있다. 성인의 경우, 반사회성 성격장애, 기타 성격장애가 ADHD와 함께 나타날 수 있다. ADHD와 함께 나타날 수 있는 기타 장애로는 강박장애, 틱장애, 그리고 자폐스펙트럼장애가 있다.

달리 명시된 주의력결핍 과잉행동장애
Other Specified Attention-Deficit/Hyperactivity Disorder

314.01 (F90.8)

이 범주는 사회적, 직업적, 또는 다른 중요한 기능 영역에서 임상적으로 현저한 고통이나 손상을 일으키는 주의력결핍 과잉행동장애의 특징적인 증상들이 두드러지지만, 주의력결핍 과잉행동장애 또는 신경발달장애의 진단 부류에 속한 장애 중 어느 것에도 완전한 기준을 만족하지 않는 발현 징후들에 적용된다. 달리 명시된 주의력결핍 과잉행동장애 범주는 발현 징후가 주의력결핍 과잉행동장애 또는 어떤 특정 신경발달장애의 기준에 맞지 않은 특정한 이유에 대해 소통하기 위해 임상가가 선택한 상황들에서 사용된다. 이는 "달리 명시된 주의력결핍 과잉행동장애"를 기록하고, 이어서 특정한 이유(예, "불충분한 주의력결핍 증상이 있는 경우")를 기록한다.

명시되지 않는 주의력결핍 과잉행동장애
Unspecified Attention-Deficit/Hyperactivity Disorder

314.01 (F90.9)

이 범주는 사회적, 직업적, 또는 다른 중요한 기능 영역에서 임상적으로 현저한 고통이나 손상을 일으키는 주의력결핍 과잉행동장애의 특징적인 증상들이 두드러지지만, 주의력결핍 과잉행동장애 또는 신경발달장애 진단 부류에 속한 장애 중 어느 것에도 완전한 기준을 만족하지 않는 발현 징후들에 적용된다. 명시되지 않는 주의력결핍 과잉행동장애 범주는 기준이 주의력결핍 과잉행동장애 또는 특정 신경발달장애의 기준에 맞지 않은 이유를 명시할 수 없다고 임상가가 선택한 상황들에서 사용되며, 좀 더 특정한 진단을 내리기에는 정보가 불충분한 발현 징후들을 포함한다.

특정학습장애

특정학습장애
Specific Learning Disorder

진단기준

A. 학습기술을 배우고 사용하는 데 있어서의 어려움. 이러한 어려움에 대한 적절한 개입을 제공함에도 불구하고 아래에 열거된 증상 중 적어도 한 가지가 최소 6개월 이상 지속된다.

1. 부정확하거나 느리고 힘겨운 단어 읽기(예, 단어를 부정확하거나 느리며 더듬더듬 소리 내어 읽기, 자주 추측하며 읽기, 단어를 소리 내어 읽는 데 어려움이 있음)
2. 읽은 것의 의미를 이해하기 어려움(예, 본문을 정확하게 읽을 수 있으나 읽은 내용의 순서, 관계, 추론 또는 깊은 의미를 이해하지 못함)
3. 철자법의 어려움(예, 자음이나 모음을 추가하거나 생략 또는 대치하기도 함)
4. 쓰기의 어려움(예, 한 문장 안에서 다양한 문법적・구두점 오류, 문단 구성이 엉성함, 생각을 글로 표현하는 데 있어서 명료성이 부족함)
5. 수 감각, 단순 연산값 암기 또는 연산절차의 어려움(예, 숫자의 의미, 수의 크기나 관계에 대한 빈약한 이해, 한 자리 수 덧셈을 할 때 또래들처럼 단순 연산값에 대한 기억력을 이용하지 않고 손가락을 사용함, 연산을 하다가 진행이 안 되거나 연산과정을 바꿔 버리기도 함)
6. 수학적 추론의 어려움(예, 양적 문제를 풀기 위해 수학적 개념, 암기된 연산값 또는 수식 적용에 심한 어려움이 있음)

B. 보유한 학습기술이 개별적으로 실시한 표준화된 성취도 검사와 종합적인 임상평가를 통해 생활연령에 기대되는 수준보다 현저하게 양적으로 낮으며, 학업적 또는 직업적 수행이나 일상생활의 활동을 현저하게 방해한다는 것이 확인되어야 한다. 17세 이상인 경우 학습의 어려움에 대한 과거 병력이 표준화된 평가를 대신할 수 있다.

C. 학습의 어려움은 학령기에 시작되지만, 해당 학습기술을 요구하는 정도가 개인의 능력을 넘어서는 시기가 되어야 분명히 드러날 수도 있다(예, 주어진 시간 안에 시험 보기, 길고 복잡한 리포트를 촉박한 마감 기한 내에 읽고 쓰기, 과중한 학업 부담).

D. 학습의 어려움은 지적장애, 교정되지 않은 시력이나 청력 문제, 다른 정신적 또는 신경학적 장애, 심리사회적 역경, 수업에 사용되는 언어의 능통성 결여, 또는 부적절한 교육적 가르침으로 더 잘 설명되지 않는다.

주의점: 4가지의 진단항목은 개인의 과거력(발달력, 의학적 병력, 가족력, 교육력), 학교의 보

고와 심리교육적 평가결과를 임상적으로 통합하여 판단한다.

부호화 시 주의점: 손상된 모든 학업 영역과 보조기술에 대해 세부화할 것. 한 가지 이상의 영역에 손상이 있는 경우 다음의 세부진단에 따라 개별적으로 부호화할 것

다음의 경우 명시할 것:

315.00 (F81.0) 읽기 손상 동반:

단어 읽기 정확도

읽기 속도 또는 유창성

독해력

주의점: 난독증dyslexia은 정확하거나 유창한 단어 인지의 어려움, 해독 및 철자 능력의 부진을 특징으로 하는 학습장애의 한 종류를 일컫는 또 다른 용어다. 이러한 특정 패턴의 어려움을 난독증이라고 명명한다면, 독해나 수학적 추론과 같은 부수적인 어려움이 동반되었는지 살펴보고 명시하는 것이 중요하다.

315.2 (F81.81) 쓰기 손상 동반:

철자 정확도

문법과 구두점 정확도

작문의 명료도와 구조화

315.1 (F81.2) 수학 손상 동반:

수 감각

단순 연산값의 암기

계산의 정확도 또는 유창성

수학적 추론의 정확도

주의점: 난산증dyscalculia은 숫자 정보 처리, 단순 연산값의 암기와 계산의 정확도와 유창도 문제의 어려움을 특징으로 하는 또 다른 용어다. 만일 이러한 특정 패턴의 수학적 어려움을 난산증으로 명명한다면, 수학적 추론이나 단어 추론의 정확성과 같은 부수적인 어려움이 동반되었는지 살펴보고 명시하는 것이 중요하다.

현재의 심각도를 명시할 것:

경도: 한 가지 또는 2가지 학업 영역의 학습기술에 있어 약간의 어려움이 있으나 적절한 편의나 지원 서비스가 제공된다면(특히 학업 기간에), 개인이 이를 보상할 수 있고 적절히 기능할 수 있을 정도로 경미한 수준이다.

중등도: 한 가지 또는 2가지 학업 영역의 학습기술에 있어 뚜렷한 어려움이 있으며, 그로 인해 학업 기간에 일정한 간격을 두고 제공되는 집중적이고 특수화된 교육 없이는 능숙해지기 어렵다. 활동을 정확하고 효율적으로 완수하기 위해서는 적어도 학교, 직장, 또는 가정

에서 보내는 시간의 일부 동안이라도 편의와 지원 서비스가 제공되어야 한다.

고도: 여러 학업 영역에 영향을 끼치는 학습기술의 심한 어려움이 있으며, 그로 인해 대부분의 학업 기간에 집중적이고 개별적이며 특수화된 교육이 지속되지 않는다면 이러한 기술을 습득하기 어렵다. 가정, 학교, 직장에서 일련의 적절한 편의와 서비스를 제공받았음에도 불구하고 모든 활동을 효율적으로 수행하지 못할 수도 있다.

기록절차

각각의 손상된 학업 영역과 특정학습장애의 하위기술에 대해 기록해야 한다. ICD 부호화 기준에서는 읽기 손상, 쓰기 손상, 수학 손상과 그에 상응하는 하위 기술 손상을 개별적으로 반드시 기록해야 한다. 예를 들어, 읽기 및 수학 손상이 있고 읽기 속도나 유창성, 독해력, 계산의 정확도나 유창성, 수학적 추론의 정확도 같은 하위 기술에 손상이 있는 경우에는 315.00 (F81.0) 특정학습장애, 읽기 손상 동반, 읽기 속도 또는 유창성과 독해력 손상 동반, 315.1 (F81.2) 특정학습장애, 수학 손상 동반, 계산의 정확도 또는 유창성과 수학적 추론의 정확도 손상 동반이라고 부호화하고 기록해야 한다.

진단적 특징

특정학습장애는 생물학적 근원이 있는 신경발달장애이며, 인지적 수준 이상이 이 장애의 행동 징후와 연관이 있다. 생물학적 근원에는 언어적·비언어적 정보를 효과적이고 정확하게 인지·처리하는 뇌의 능력에 영향을 줄 수 있는 유전적·후생적epigenetic·환경적 인자의 상호작용이 포함된다.

특정학습장애의 필수적인 특징 한 가지는 핵심적 학업기술의 학습에 있어서 지속적인 어려움(진단기준 A)을 경험하는 것으로, 정규 학교교육 기간(즉, 발달 기간) 중 시작된다. 핵심적 학업기술에는 단어를 정확하고 유창하게 읽기, 독해력, 쓰기와 철자, 산술적 계산, 수학적 추론(수학적 문제 풀기)이 포함된다. 말하기나 걷기처럼 뇌 발달에 따라 획득되는 발달이정표와는 다르게 학업기술(예, 읽기, 철자, 쓰기,

산술)은 가르침을 받아야 하고 정확히 배워야 한다. 특정학습장애는 정상적 형태의 학업기술의 습득을 방해한다. 단순히 학습 기회가 부족하거나 부적합한 교육에 따른 결과가 아니다. 이러한 핵심적 학업기술을 획득하지 못하는 문제로 인해 다른 과목(예, 역사, 과학, 사회)의 학습도 방해를 받게 되나, 이는 기저의 학업기술 습득의 어려움으로부터 기인하는 것이다. 말소리와 인쇄된 단어를 연결 짓는 어려움(보통 난독증이라고 불림)은 특정학습장애의 가장 흔한 발현 양상 중 하나다. 학습의 어려움은 관찰 및 묘사 가능한 행동과 증상으로 나타난다(진단기준 A1~A6). 이러한 임상 증상은 관찰, 임상적 면담에 의한 조사, 또는 학교 기록, 척도, 과거의 교육적 평가나 심리평가 기록을 통해 확인할 수 있다. 학습의 어려움은 지속적이며, 일시적인 것이 아니다. 아동·청소년에서 '지속적persistent'이라는 것의 의미는 가정이나 학교에서 추가적인 지원을 제공했음에도 최소 6개월 이상 학습 경과에 제약이 있는 것을 말한다(즉, 급우들을 따라잡는다는 증거가 없음). 예를 들어, 음운 능력과 단어 식별 전략을 알려 주어도 단어를 읽지 못하는 문제가 완전히 또는 빠르게 완화되지 않는다면, 이는 특정학습장애를 나타내는 것일 수 있다. 지속적인 학습 어려움에 대한 증거는 축적된 학교 기록부, 아동 평가 포트폴리오, 교육과정 중심 평가나 임상적 면담을 통해 얻을 수 있다. 성인의 경우, 지속적인 어려움은 아동기나 청소년기에 나타난 읽기와 쓰기, 수학 기술의 장애가 지속되는 것과 연관이 있고, 이 역시 학교 보고, 업무평가 포트폴리오나 이전의 평가와 같은 축적된 증거를 통해 알 수 있다.

두 번째 핵심적 특징은 보유한 학업기술에 대한 개인의 수행이 연령 평균보다 낮다는 것이다(진단기준 B). 연령에 비해 낮은 학업적 성취 혹은 매우 높은 수준의 노력과 지지에 의해서만 평균 수준의 성취가 지속 가능한 것은 학업기술 습득의 어려움에 대한 강력한 임상적 지표다. 아동에서 낮은 학업기술은 학업수행에 있어 커다란 방해가 된다(숙제 보고, 교사 평가를 통해 나타남). 특히 성인에서 나타나는 또 다른 임상적 지표는 학업기술이 요구되는 활동을 회피하는 것이다. 또한 성인기에는 낮은 학업기술 때문에 해당 기술을 요구하는 직업적 수행이나 일상활동이 방해를 받는다(자기보고나 타인의 보고를 통해 나타남). 그러나 이러한 기준에는 심리검사상의 증거도 필요한데, 검사는 개별적으로 실시되어야 하며, 심리평가상 안정적이고 문화적으로 적합하게 학업적 성취에 대한 절대적 또는 상대적 평가가 가능해야 한다. 학업기술은 연속적으로 분포되기 때문에 특정학습장애의 유무를 감별할 수 있는 자연적 절단점은 없다. 따라서 어떤 역치에 따라 학업적 성취의 뚜렷한 저하(예, 연령에 기대되는 수준에 비해 낮은 학업기술)를 특정 짓는 것은 대단히 임의적인 것이다. 진단적 확실성을 최대화하기 위해서는 한 가지 또는 그 이상의 표준화된 검사나 학업 영역에 대한 소검사에서 낮은 성취도(즉, 연령 평균에서 적어도 1.5 표준편차 이하, 이는 표준점수상 78점 이하로 해석되며 7번째 백분위수 이하에 해당함)가 요구된다. 그러나 사용되는 특정 표준화 검사에 따라 정확한 점수가 다를 수 있다. 학습의 어려움이 임상적 평가, 학업 과거력, 학교 보고나 검사점수 등 여러 방면의 증거를 통해 뒷받침되는 경우에는 임상적 판단에 기초하여 좀 더 관대한 역치가 사용된다(연령 평균보다 1.0~2.5 표준편차 이하). 표준화된 검사가 모든 언어에서 사용 가능한 것이 아니므로, 이러한 경우에는 사용 가능한 검사로 측정한 점수에 대한 임상적 판단에 기초하여 진단을 내릴 수 있다.

세 번째 핵심적 특징은 대부분의 경우 학습문제가 저학년 때 분명해진다는 것이다(진단기준 C). 그러나 일부에서는 학습 요구가 개인의 능력을 넘어서는 시기가 되는 고학년이 되기 전까지는 학습문제가 완전히 나타나지 않을 수 있다.

또 다른 핵심적인 진단적 특징은 학습의 어려움이 다음 4가지 이유에 있어 특징지어진다는 것이다. ① 학습의 어려움은 지적장애(지적발달장애), 전반적 발달지연, 청각장애나 시각장애 또는 신경학적 장애나 운동장애에 의한 것이 아니어야 한다(진단기준 D). 특정학습장애는 학습의 어려움이 없었더라면 정상 수준의 지적 기능(일반적으로 지능지수는 70[측정 오류에 따라 ±5]점 이상으로 측정됨)을 보여 줬을 것이다. "예상 밖의 학업부진unexpected academic underachievement"이라는 표현은 특정학습장애의 진단적 특징으로 간주되는데, 특정학습장애가 지적장애나 전반적 발달장애에서 나타나는 좀 더 일반적인 학습 어려움의 일부가 아니라는 것을 의미한다. 특정학습장애는 지적으로 '재능이 뛰어난' 사람에서도 발생할 수 있다. 이러한 개인에서는 그들이 발휘하는 학습 또는 과제 성취 수준을 벗어나는 학습적 요구나 평가과정(예, 시간제한을 두고 평가하는 시험)에 다다르기 전까지는 보상 전략을 사용하거나, 엄청난 노력과 도움을 통해서 적절한 학업적 기능을 지속할 수 있다. ② 둘째, 학습의 어려움은 경제적·환경적으로 불리한 조건이나 만성적인 무단결석, 교육의 부족과 같은 일반적인 외부 인자에 의한 것이 아니어야 한다. ③ 셋째, 학습의 어려움은 신경학적 장애(예, 소아 뇌졸중pediatric stroke)나 운동장애 또는 시각장애나 청각장애에 의한 것이 아니어야 한다. 이러한 장애에서는 학업기술 습득의 문제가 자주 동반되지만 신경학적 징후의 존재로 감별할 수 있다. ④ 학습의 어려움은 한 가지 학업기술이나 학업 영역에 국한되어 있을 수 있다(예, 단어 읽기, 단순 연산값의 재인이나 계산).

포괄적인 평가가 필요하다. 특정학습장애는 정규 교육과정이 시작된 후에만 진단될 수 있으나, 정규 교육과정(즉, 발달 기간) 동안 발병한 증거를 제시할 수 있다면 아동·청소년기, 성인기의 어느 시점에서나 진단할 수 있다. 어떠한 출처라도 단일 자료로는 특정학습장애를 진단할 수 없다. 좀 더 정확히 말하자면, 특정학습장애는 개인의 의학력, 발달력, 교육력과 가족력, 학습 어려움에 대한 과거력과 현 시점의 발현, 학업적·직업적·사회적 기능에 대한 영향, 과거와 현재의 학교 보고, 학업기술이 요구되는 작업에 대한 포트폴리오, 교육과정 중심 평가, 과거나 현 시점의 학업적 성취도에 대한 표준화된 검사 결과 등을 종합하여 내리는 임상적 진단이다. 만일 지능, 감각, 신경학적 또는 운동장애가 의심된다면, 이러한 장애에 적합한 방법을 포함하여 특정학습장애에 대한 임상적 평가를 실시해야 한다. 따라서 특정학습장애와 심리학적/인지적 평가에 전문성이 있는 전문가가 포괄적인 평가를 실시해야 한다. 전형적으로, 특정학습장애는 성인기까지 지속되기 때문에 학습문제의 뚜렷한 변화가 나타나거나(향상 또는 악화) 특별한 목적이 있는 경우를 제외하고는 재평가는 거의 필요하지 않다.

진단을 뒷받침하는 부수적 특징

학령전기에는 특정학습장애와 동반되어 나타날 수 있는 주의집중, 언어 또는 운동 기술의 지연이 자주 특정학습장애에 선행하여 나타나나, 반드시 그런 것은 아니다. 그리기, 형태 만들기와 그 밖의 시공간 능력은 평균 이상이지만 느리고 부자연스러우며, 부정확한 읽기, 독해력과 쓰기 부족과 같은 잠재능력의 불균등한 분포가 흔히 나타난다. 특정학습장애가 있는 경우에는 항상 그런 것은 아니지만 전형적으로 인지과정에 대한 심리적 평가 수행이 저조하다. 그러나 이러한 인지적 이상이 학습문제를 야기하는지, 아니면 연관이 있는지, 또는 학습문제의 결과로 나타나는지는 불분명하다. 또한 인지적 결함이 읽기 습득의 어려움과 연관이 있다는 증거가 많기는 하지만, 인지적 결함과 특정학습장애의 다른 발현 양상(예, 독해력, 산술 계산, 쓰기)과의 연관성은 덜 특징적이거나 알려진 바가 없다. 더욱이, 이와 비슷한 행동 증상이나 검사점수를 보이는 경우에도 다양한 인지적 결함이 나타나는 것으로 밝혀졌고, 이러한 과정의 결함은 다른 신경발달장애(예, ADHD, 자폐스펙트럼장애, 의사소통장애, 발달성 협응장애)에서도 나타난다. 따라서 진단적 평가 시 인지과정 결함에 대한 평가가 필요하지는 않다. 특정학습장애는 아동 · 청소년, 성인에서 자살사고와 자살시도의 위험 증가와 연관이 있다.

특정학습장애의 생물학적 표지자는 알려진 바 없다. 학습장애군에서는 인지과정 및 뇌 구조와 기능상의 국한적인 변화를 보인다. 장애군 수준에서의 유전적 차이도 명확하다. 그러나 현 시점에서 인지기능 검사, 뇌영상학 또는 유전적 검사는 진단에 유용하지는 않다.

유병률

읽기, 쓰기, 수학의 학습 영역에 따른 특정학습장애의 유병률은 학령기 아동에서는 서로 다른 언어, 문화권에 걸쳐 5~15% 정도로 나타난다. 성인에서의 유병률은 알려진 바 없으나, 약 4% 정도로 추정된다.

발달과 경과

특정학습장애의 발병 및 발견, 진단은 아동이 읽기, 철자법, 쓰기, 산술을 습득해야 하는 초등학생 때 이루어진다. 그러나 언어 지연이나 언어 결함, 운율이나 숫자 세기의 어려움 또는 쓰기에 요구되는 미세운동 기술의 어려움과 같은 전구기 증상은 보통 정규 교육과정을 시작하기 전인 아동기 초기 때 나타난다. 행동적인 증상 발현이 있을 수도 있다(예, 학습 참여를 꺼림, 반항적 행동). 특정학습장애는 일생 동안 지속되지만 장애의 경과와 임상적 발현은 환경적으로 요구되는 과제, 개인이 겪고 있는 학습문제의 범위와 심각도 수준, 개인의 학습능력, 동반질환, 가능한 지원체계나 개입의 상호작용에 따라 다양하게 나타난다. 그럼에도 불구하고 일상생활에서의 읽기 유창성과 독해력, 철자법, 쓰기, 수리 능력의 문제는 보통 성인기까지 지속된다.

증상 발현은 연령에 따라 달라지므로, 학습문제는 평생에 걸쳐 지속되거나 변화할 수 있다.

학령전기 아동에서 관찰되는 증상으로는 말소리로 하는 놀이(예, 반복, 운율)에 대한 흥미 부족, 동요 습득의 어려움이 있다. 특정학습장애를 가진 학령전기 아동은 흔히 아기말baby talk을 사용하는 빈도가 높고, 단어를 잘못 발음하며, 글자, 숫자나 요일의 이름을 기억하는 데 문제를 보일 수 있다. 자신의 이름에 있는 문자를 인식하지 못할 수 있고, 숫자 세는 것을 습득하는 것에도 문제가 있을 수 있다. 특정학습장애가 있는 유치원생들은 문자를 인식하거나 쓰지 못할 수 있고, 자신의 이름을 쓰지 못하거나 자기 멋대로 만든 철자로 쓸 수도 있다. 이들은 단어를 음절로 나누는 데 어려움을 겪기도 하며(예, "cowboy"를 "cow"와 "boy"로 나누기), 음조가 비슷한 단어를 인식하는 데 문제가 있을 수 있다(예, cat, bat, hat). 또한 소리를 글자와 연결 짓는 것에 어려움을 보일 수 있고(예, 글자 b를 소리 /b/로 발음하는 것), 음소 인식을 못할 수도 있다(예, "dog, man, car" 중 "cat"과 같은 소리로 시작되는 단어를 모른다).

초등학생 연령의 아동에서 특정학습장애는 대개(특히 영어를 사용하는 아동에서)

글자-소리의 관련성, 유창한 단어 해독, 철자 또는 단순 연산값 습득의 뚜렷한 어려움으로 나타나며, 소리 내어 읽는 것이 느리고, 부정확하며, 힘들게 읽는다. 일부 아동들은 수의 규모를 말이나 글로 표현한 것을 이해하는 데 어려움을 겪는다. 초등학교 1~3학년의 아동은 음소 인식과 처리의 어려움이 계속될 수 있고, 흔히 사용되는 한 음절의 단어를 읽지 못할 수도 있으며(예, mat 또는 top), 흔히 사용되는 불규칙한 철자의 단어를 인식하지 못할 수 있다(예, said, two). 소리와 글자를 연결하는 문제를 시사하는 읽기 오류를 범할 수도 있고(예, "got"을 "big"으로), 숫자나 글자를 차례로 배열하는 데 어려움을 보일 수 있다. 또한 초등학교 1~3학년의 아동은 단순 연산값이나 덧셈, 뺄셈 등의 연산과정을 기억하는 데 어려움을 겪을 수 있고, 읽기나 수학이 어렵다고 불평하며 이를 피하려고 할 수 있다. 특정학습장애가 있는 초등학교 4~6학년의 아동은 긴 단어나 다음절 단어의 일부분을 빼먹거나 잘못 발음할 수도 있고(예, "convertible"을 "conible"로 발음하거나, "animal"을 "amimal"로 발음), 발음이 비슷한 소리가 나는 단어를 헷갈릴 수 있다(예, "volcano"를 "tornado"로). 이들은 날짜, 이름, 전화번호를 기억하는 데 문제를 보일 수 있고, 숙제나 과제를 정해진 시간 내에 마치는 것에도 문제가 있을 수 있다. 중학년의 아동도 부족한 독해력을 보이는데, 느리고 부자연스러우며 부정확한 읽기가 동반되거나 동반되지 않을 수도 있다. 작은 기능어(예, that, the, an, in)를 읽는 데도 문제가 있을 수 있다. 철자가 매우 서툴고 졸필이다. 단어의 첫 부분은 정확히 인지하나 나머지 부분은 터무니없는 추측을 하며(예, "clover"를 "clock"이라고 읽음), 소리 내어 읽는 것을 두려워하거나 아예 거부할 수도 있다.

이에 비해, 청소년들은 단어 해독을 습득할 수 있으나 읽기는 여전히 느리고 부자연스러우며, 독해나 쓰기(서툰 철자법 포함), 단순 연산값이나 수학적 문제해결 방법을 습득하는 데 있어 뚜렷한 문제를 보이는 경향이 있다. 청소년기와 성인기로 접어드는 기간에 특정학습장애가 있는 개인에서는 철자 오류가 지속되고, 단어나 본문을 느리게 읽거나 많은 노력을 들이며, 다음절 단어를 발음하는 데 어려움이 지속된다. 그들은 내용을 이해하거나 핵심을 파악하기 위해서 자료를 다시 읽는 경우가 많고, 기록된 문서로부터 의미를 추론하는 데 어려움을 겪는다. 청소년과 성인은 읽기 혹은 산수가 요구되는 활동을 피할 수도 있다(취미를 위한 독서, 설명서 읽기). 특정학습장애가 있는 성인의 경우, 철자법 문제와 느리고 부자연스러운 읽기, 또는 업무와 관련된 문서상의 수치 정보로부터 중요한 추론을 하는 데 어려움이 있다. 읽기나 쓰기가 요구되는 여가활동이나 업무 관련 활동을 피할 수 있고, 활자에 접근하는 대안적 방법(예, 글과 말을 서로 변환하는 소프트웨어, 오디오북, 시청각 미디어)을 사용할 수도 있다.

다른 임상 양상은 기본적인 수 감각(예, 수나 점의 쌍 중 어떤 것이 더 큰 규모인지를 아는 것)을 이해하지 못하거나, 단어 인식이나 철자법의 미숙과 같은 국한된 학습 문제가 일생 동안 지속되는 것이다. 학습기술이 요구되는 활동을 피하거나 마지 못해 하는 경우가 아동, 청소년, 성인 모두에서 흔하다. 신체 증상이나 공황발작을 포함하는 심한 불안 삽화 또는 불안장애가 일생에 걸쳐 흔하게 나타나며, 국한된 학습문제와 전반적인 학습문제 둘 다 동반한다.

위험 및 예후 요인

환경적. 조산, 극소 저체중 출생, 태아기 니코틴 노출은 특정학습장애의 위험을 증가시킨다.

유전적·생리적. 특히 읽기, 수학, 철자법에 대한 특정학습장애는 가족 내에서 응집되어 나타난다. 특정학습장애가 있는 사람의 일차 친족과 장애가 없는 사람의 일차 친족을 비교해 보았을 때 장애가 있는 사람의 일차 친족 내에서 읽기나 수학에 대한 특정학습장애의 상대 위험도가 상당히 높게 나타났다(각각 4~8배, 5~10배 높음). 난독증의 가족력과 부모의 읽기·쓰기 기술은 자녀의 읽기·쓰기의 문제나 특정학습장애를 예측하며, 이는 유전적 인자와 환경적 인자가 장애에 복합적인 영향을 끼친다는 것을 의미한다. 알파벳 사용 언어와 비알파벳 사용 언어에서는 읽기능력과 읽기장애 모두 높은 유전성을 보이며, 학습능력과 학습장애의 발현 양상 대부분도 높은 유전성을 보인다(예, 유전성은 0.6 이상으로 추정됨). 학습문제에서는 다양한 발현 양상 간의 공변이가 높은데, 이는 한 가지 양상과 연관된 유전자는 다른 발현 양상과 연관된 유전자와 높은 상관관계가 있다는 것을 시사하는 것이다.

경과의 변경인자. 학령전기에 나타나는 주의력결핍 행동의 뚜렷한 문제는 추후의 읽기, 산술문제(반드시 특정학습장애 수준이어야 하는 것은 아님) 및 효과적인 학습 중재에 대한 반응이 없음을 예측하는 인자다. 학령전기의 말이나 언어의 지연이나 장애, 인지 처리(예, 음성학적 인식, 작업기억, 빠른 순차적 명명) 손상은 이후의 읽기 · 쓰기 영역에서의 특정학습장애를 예측한다. ADHD가 동반된 경우는 ADHD가 동반되지 않은 경우에 비해 정신건강상의 나쁜 결과를 예측한다. 일부의 경우에서는 근거 기반의 중재요법을 이용한 체계적이고 집중적이며 개별적인 가르침을 통해 학습문제를 호전시키거나 개선시킬 수 있으며, 다른 경우에는 보상 전략의 사용을 촉진함으로써 나쁜 결과를 경감시킬 수 있다.

문화와 관련된 진단적 쟁점

특정학습장애는 다양한 언어, 문화, 인종, 사회경제적 지위에 걸쳐서 나타나지만 고유의 구어나 문어의 상징체계와 문화적 · 교육적 관습에 따라 발현 양상이 다양할 수 있다. 예를 들어, 읽기와 숫자 사용 시에 요구되는 인지처리는 표기법에 따라 매우 다르다. 영어를 사용하는 경우, 읽기와 관련된 학습문제에서 관찰 가능한 특징적인 임상 증상은 단어를 부정확하고 느리게 읽는 것이며, 소리와 글자 간에 좀 더 직접적인 연결이 있는 다른 알파벳 언어(예, 스페인어, 독일어)와 비알파벳 언어(예, 중국어, 일본어)에서의 특징은 느리지만 정확한 읽기다. 영어를 배우는 사람을 평가할 때에는 읽기문제의 근원이 영어에 대한 숙달 정도에 국한된 것인지, 아니면 특정학습장애 수준인지를 반드시 고려해야 한다. 영어를 배우는 사람에서 특정학습장애의 위험 인자로는 영어 학습 시의 어려움과 또래의 수준을 따라잡지 못하는 것뿐 아니라 모국어에서의 특정학습장애나 언어 지연의 가족력이 포함된다. 만약 약간의 문화적 또는 언어적 차이가 있다면(예, 영어를 배우는 사람의 경우), 특정학습장애에 대한 평가 시에는 제2언어(이 예의 경우에는 영어)뿐 아니라 처음으로 배운 언어 또는 모국어에 대한 개인의 숙련도 역시 고려해야 한다. 또한 그들 고유의 문화와 언어적 배경에서의 교육력과 학습력뿐 아니라 개인이 생활하는 언어적 · 문화적 배경에 대해서도 고려해야 한다.

성별과 관련된 진단적 쟁점

특정학습장애는 여성보다 남성에서 더 흔한데(성비는 2:1에서 3:1 정도), 이는 확인 편향ascertainment bias[***역자 주**. 'sampling bias' 즉 편향된 표집의 의미를 지님], 정의상의 차이나 측정 차이, 언어, 인종 또는 사회경제적 지위와 같은 인자에 기인한 것이 아니다.

특정학습장애의 기능적 결과

특정학습장애는 일생에 걸쳐 낮은 학업적 성취, 높은 고교 자퇴율, 낮은 고등교육과정 참여율, 높은 심리적 스트레스와 전반적으로 낮은 수준의 정신건강, 높은 무직률과 불완전 취업률, 적은 수입과 같은 부정적인 결과를 초래할 수 있다. 학교 중퇴와 동반되어 나타나는 우울 증상은 자살사고와 같은 나쁜 정신건강 결과의 위험을 증가시키는 요소인 반면, 높은 수준의 사회적 · 정서적 지지는 더 나은 정신건강을 예측하는 요소다.

감별진단

학업적 성취의 정상 변이. 특정학습장애는 외부 인자(예, 교육 기회 부족, 서투른 가르침 지속, 제2언어로의 학습)에 의한 학업적 성취에서의 정상 변이와 구별된다. 왜냐하면 특정학습장애는 적절한 교육 기회를 제공받고, 또래 집단과 동일한 지도에 노출되고, 가르침을 받은 언어가 비록 처음으로 배운 언어와 다르지만 해당 언어를 능숙하게 사용할 수 있는 경우에도 학습문제가 지속되기 때문이다.

지적장애(지적발달장애). 특정학습장애에서 나타나는 학습문제는 정상 수준의 지적기능(즉, 적어도 지능지수가 70 ± 5)을 가진 경우에 나타나기 때문에, 지적 손상과 관련이 있는 전반적인 학습 어려움과는 다르다. 만약 지적장애가 있는 경우, 특정학습장애는 학습문제가 지적 손상과 연관된 수준보다 과도할 때에만 진단할 수 있다.

신경학적 또는 감각 장애로 인한 학습의 어려움. 신경학적 또는 감각 장애(예, 소아 뇌졸중, 외상성 뇌손상, 청각 손상, 시각 손상)에 의한 학습문제가 있는 경우에는 신경학적 검사상 이상 소견이 있다는 점에서 특정학습장애와 구별된다.

신경인지장애. 특정학습장애에서 나타나는 학습문제의 임상적 양상은 발달 주기 동안에 나타나며, 이전과 비교하여 학습문제의 뚜렷한 저하가 나타나지 않는다는 점에서 신경인지장애와 연관된 학습문제와 구별될 수 있다.

주의력결핍 과잉행동장애(ADHD). 특정학습장애는 ADHD와 연관된 저조한 학업수행과 구별되는데, 후자의 경우에는 특정 학업기술을 학습하는 데 있어서 특징적인 어려움이 있다기보다는 이러한 기술을 수행하는 데 어려움이 있다. 그러나 특정학습장애와 ADHD가 동반된 경우는 예상보다 더 흔하다. 만약 두 장애의 진단기준을 모두 충족할 경우에는 두 진단을 모두 내려야 한다.

정신병적 장애. 특정학습장애는 조현병이나 정신병과 연관된 학업적 어려움 및 인지과정의 어려움과 구별해야 한다. 후자의 경우, 이러한 기능적 영역이 대개 빠른 저하를 보인다.

동반이환

특정학습장애는 신경발달장애(예, ADHD, 의사소통장애, 발달성 협응장애, 자폐스펙트럼장애)나 다른 정신질환(예, 불안장애, 우울장애, 양극성장애)과 흔히 동반된다. 이러한 동반질환이 특정학습장애의 진단을 배제하는 것은 아니나, 각각의 동반질환은 독립적으로 학습을 포함한 일상생활의 수행을 방해하기 때문에 검사나 감별진단을 더 어렵게 만들 수 있다. 만약 다른 진단으로 특정학습장애의 진단기준 A에 기술된 핵심적 학업기술의 학습문제를 설명할 수 있다면, 특정학습장애로 진단해서는 안 된다.

운동장애

발달성 협응장애

Developmental Coordination Disorder

진단기준 **315.4 (F82)**

A. 협응된 운동의 습득과 수행이 개인의 생활연령과 기술 습득 및 사용 기회에 기대되는 수준보다 현저하게 낮다. 장애는 운동기술 수행(예, 물건 잡기, 가위나 식기 사용, 글씨 쓰기, 자전거 타기 또는 스포츠 참여)의 지연과 부정확성뿐만 아니라 서투른 동작(예, 물건 떨어뜨리기 또는 물건에 부딪히기)으로도 나타난다.

B. 진단기준 A의 운동기술 결함이 생활연령에 걸맞은 일상생활의 활동(예, 자기 관리 및 유지)에 현저하고 지속적인 방해가 되며, 학업/학교생활의 생산성, 직업활동, 여가, 놀이에 영향을 미친다.

C. 증상은 초기 발달시기에 시작된다.

D. 운동기술의 결함이 지적장애(지적발달장애)나 시각 손상으로 더 잘 설명되지 않으며, 운동에 영향을 미치는 신경학적 상태(예, 뇌성마비, 근육위축증muscular dystropy, 퇴행성 질환)에 기인한 것이 아니어야 한다.

진단적 특징

발달성 협응장애의 진단은 과거력(발달력과 의학적 과거력), 신체검진, 학교 또는 직장에서의 보고, 안정적이고 문화 수준에 적합한 표준화된 심리검사들을 임상적으로 통합하여 진단할 수 있다. 운동 협응을 요구하는 기술의 손상은 연령에 따라 다르게 나타난다(진단기준 A). 어린 아동기에는 많은 아동이 전형적으로 운동 발달이정표를 성취하는 반면, 이 장애가 있는 경우에는 운동 발달이정표의 성취가 지연된다(즉, 앉기, 기어 다니기, 걷기). 또한 계단 오르내리기, 페달 밟기, 단추 잠그기, 퍼즐 맞추기와 지퍼 사용하기 같은 발달기술도 지연될 수 있고, 그 기술을 익히더라도 또래에 비해 움직임이 서투르고 느리거나 정확성이 부족할 수 있다. 나이 든 아동이나 성인에서는 퍼즐 맞추기, 모형 만들기, 팀을 짜서 공놀이하기, 글씨 쓰기, 타자 치기, 운전하기 또는 자조기술 수행과 같은 활동의 운동 영역에서 속도가 느리거나 부정확한 움직임을 보일 수 있다.

발달성 협응장애는 운동기술의 손상이 가정, 사회, 학교 또는 공동체에서의 일상적 활동의 수행이나 참여에 상당한 방해를 줄 때에만 진단할 수 있다(진단기준 B). 일상적 활동의 예로는 옷 입기, 연령에 적합한 식기를 이용하고 어지럽히지 않으며 식사하기, 다른 사람과 함께 신체적 게임에 참여하기, 수업시간에 자와 가위 같은 특정 도구를 사용하기, 학교에서 팀을 이루는 운동에 참여하기가 있다. 이러한 행동의 수행에 손상이 있을 뿐 아니라 수행 시 뚜렷한 속도 지연도 흔하다. 능숙하게 손으로 글씨 쓰는 기술이 자주 영향을 받으며, 결과적으로 글씨를 또렷하게 쓰거나 빨리 쓰는 능력과 학업적 성취도 영향을 받는다(이러한 영향은 쓰기기술의 운동적 요소가 더 강조된다는 점에서 특정학습장애와 구별된다).

진단기준 C에서는 발달성 협응장애의 증상 발병이 초기 발달시기에 시작되어야 한다고 기술하고 있다. 그러나 전형적으로 발달성 협응장애는 5세 이전에는 진단되지 않는다. 그 이유는 다양한 운동기술을 습득하는 연령에 상당한 편차가 있고, 아동기 초기에서는 측정방법의 진단 지속성도 부족하기 때문이다(예, 일부 아동은 따라잡는다). 또는 운동 지연을 야기하는 기타 장애가 완전히 발현되지 않았을 수도 있기 때문이다.

진단기준 D에서는 운동 협응의 어려움이 시각 손상으로 더 잘 설명되지 않고 신경학적 상태에 기인한 것이 아닐 때 발달성 협응장애로 진단할 수 있다고 명시하고 있다. 만약 지적장애(지적발달장애)가 있다면, 운동문제가 정신연령에 기대되는 수준보다 더 과도해야 하나, 지능지수의 절단점이나 일치하지 않는 기준에 대해서는 명시하지 않고 있다.

발달성 협응장애는 별개의 아형은 없지만, 대근육 기술의 손상이 우세한 경우 또는 글씨쓰기를 포함한 소근육 기술의 손상이 우세한 경우가 있을 수 있다.

발달성 협응장애를 설명하기 위한 다른 용어로는 아동기 실행곤란dyspraxia, 특정 운동기능 발달장애specific developmental disorder of motor function, 둔한아동증후군clumsy child syndrome이 있다.

진단을 뒷받침하는 부수적 특징

발달성 협응장애가 있는 일부 아동은 힘을 가하지 않는unsupported 팔다리의 무도형choreiform 운동이나 거울상 움직임mirror movements과 같은 추가적인(대개 억제된) 운동활동을 보인다. 이러한 "넘치는overflow" 움직임은 신경학적 이상이라기보다는 신경 발달적 미숙함 혹은 신경학적 연성 징후neurological soft sign라고 불린다. 현재의 문헌이나 임상 상황 모두에서 진단에 대한 이들의 역할은 여전히 명확하지 않으며, 추가적인 평가가 필요하다.

유병률

발달성 협응장애의 유병률은 5~11세 아동에서 5~6%다(7세 아동의 1.8%는 고도 발달성 협응장애로 진단받으며, 3%는 이 장애의 가능성이 있다). 여성에 비해 남성에서 더 흔하며, 남녀 성비는 2:1에서 7:1 사이다.

발달과 경과

발달성 협응장애의 경과는 다양하나, 적어도 1년간의 추적 관찰에서는 안정적이다. 장기적으로는 호전을 보일 수 있다 하더라도, 아동의 50~70%에서 운동 협응 문제가 청소년기까지 지속된다. 발병은 아동기 초기에 시작된다. 처음으로 나타나는 징후는 운동 발달 과제의 지연일 수 있고, 혹은 아동이 칼과 포크를 쥐기, 옷 단추 잠그기 또는 공놀이와 같은 동작을 시도할 때 처음으로 장애를 인식하는 경우도 있다. 중기 아동기에는 퍼즐 맞추기, 모형 만들기, 공놀이하기, 손글씨 쓰기, 소지품 정리하기와 같은 운동 순서와 협응이 요구되는 운동 영역에서 어려움을 보일 수 있다. 성인기 초기에는 운전이나 도구 사용과 같은 복잡하고 자동적인 운동 기술이 요구되는 새로운 과제를 학습하는 것에 대한 계속되는 어려움이 있다. 필기를 하거나 손글씨를 빨리 쓰는 것에 대한 어려움은 직장에서의 수행능력에 영향을 미칠 수 있다. 다른 장애(동반이환 부분을 참조할 것)와 동반될 경우 임상적 양상, 경과, 예후에 있어서 추가적인 영향이 있다.

위험 및 예후 요인

환경적. 발달성 협응장애는 태아기 알코올 노출, 조산, 저체중 출생아인 경우에서 더 흔하다.

유전적 · 생리적. 기저의 신경 발달과정—특히 시각운동 기술, 시각운동 인지 및 공간 지각—의 손상이 발견되는데, 이는 움직임이 복잡해짐에 따라 빠르게 운동 협응이 요구되는 능력에 영향을 미친다. 소뇌 기능이상도 제기되어 왔으나, 발달성 협응장애의 신경 기반은 분명하지 않다. ADHD, 특정학습장애나 자폐스펙트럼장애와 동반된 경우, 질환 간에 공유되는 유전적 영향에 대해서도 제기되었다. 그러나 쌍생아 일치율은 증상이 심한 경우에만 높게 나타났다.

경과의 변경인자. ADHD 및 발달성 협응장애가 있는 개인에서 이 장애가 없는 ADHD의 경우보다 더 많은 손상을 보인다.

문화와 관련된 진단적 쟁점

발달성 협응장애는 문화, 인종, 그리고 사회경제적 지위 전체에 걸쳐 발생한다. 정의에 따르면, "일상생활 활동"이라는 것에는 개개인의 아동이 이러한 활동을 학습하고 실행할 수 있는 적절한 기회를 갖고 있는가에 대한 것뿐 아니라, 그들이 생활하는 배경에 대한 고려가 필요하다는 문화적 차이를 암시하고 있다.

발달성 협응장애의 기능적 결과

발달성 협응장애는 일상생활 활동에서의 기능적 수행에 손상을 야기하며(진단기준 B), 동반질환의 상태에 따라 이러한 손상은 심해진다. 발달성 협응장애의 결과에는 팀 운동이나 스포츠에 저조한 참여, 자존감과 자기가치감의 저하, 감정적 또는 행동적 문제, 학업적 성취 손상, 빈약한 체력, 신체활동 저하 및 비만이 포함된다.

감별진단

다른 의학적 상태로 인한 운동 손상. 협응문제는 시각기능 손상과 특정 신경학적 장애(예, 뇌성마비, 소뇌의 진행성 병변, 신경근육장애)와 연관이 있다. 이러한 경우에 신경학적 검사상 추가적인 소견이 관찰된다.

지적장애(지적발달장애). 지적장애가 있는 경우, 지적장애에 부합되는 운동능력 손상이 나타날 수 있다. 그러나 만약 운동문제가 지적장애로 설명될 수 있는 것보다 과도하고, 발달성 협응장애의 진단기준을 충족한다면, 이 장애로 진단될 수 있다.

주의력결핍 과잉행동장애(ADHD). ADHD가 있는 개인은 넘어지거나 물체에 부딪히고, 또는 물건을 쓰러뜨릴 수 있다. 운동능력의 결핍이 발달성 협응장애보다는 주의산만과 충동성에 기인한 것이라면 여러 상황에 걸친 주의 깊은 관찰이 필요하다. 만약 ADHD와 발달성 협응장애의 진단기준을 모두 충족한다면 두 진단을 모두 내릴 수 있다.

자폐스펙트럼장애. 자폐스펙트럼장애가 있는 개인은 구기 종목과 같이 복합적인 협응기술이 요구되는 일에 흥미가 없을 수 있으며, 이는 수행과 기능 평가에 영향을 줄 수 있으나 핵심적인 운동능력을 반영하지는 않는다. 발달성 협응장애와 자폐스펙트럼장애의 공존은 흔하다. 만약 두 장애의 진단기준을 모두 충족한다면 모두 진단할 수 있다.

관절 과운동성hypermorbidity **증후군.** 관절의 과신전(신체검진상 발견되고 대개 통증을 호소함)을 야기하는 증후군이 있는 사람들은 발달성 협응장애에서 나타나는 것과 비슷한 증상을 보일 수 있다.

동반이환

발달성 협응장애와 흔히 동반되는 장애에는 언어장애, 특정학습장애(특히 읽기와 쓰기), ADHD를 포함한 주의력 문제(가장 흔하게 동반되며, 약 50%에서 동반됨), 자폐스펙트럼장애, 파괴적·감정적 행동문제, 관절 과운동성 증후군이 있다. 다른 군의 동반장애도 있을 수 있다(예, 심한 읽기장애, 미세운동 문제와 글씨 쓰기 문제가 있는 군, 운동 조절과 운동 계획에 손상이 있는 다른 군). 기타 장애의 존재가 발달성 협응장애를 배제할 수는 없으나, 검사를 더욱 어렵게 할 수 있고 일상생활 활동의 수행을 독립적으로 방해할 수 있으므로, 손상이 운동기술에 기인한 것인지에 대한 검사자의 판단이 요구된다.

상동증적 운동장애

Stereotypic Movement Disorder

진단기준 **307.3 (F98.4)**

A. 반복적이고, 억제할 수 없는 것처럼 보이고, 목적이 없는 것 같은 운동 행동(예, 손 흔들기, 손장난하기, 몸 흔들기, 머리 흔들기, 물어뜯기, 자기 몸 때리기)

B. 반복적인 운동행동이 사회적·학업적 또는 기타 활동을 방해하고, 자해의 원인이 될 수 있다.

C. 초기 발달시기에 발병한다.

D. 반복적 운동행동은 물질의 생리적 효과나 신경학적 상태로 인한 것이 아니며, 다른 신경발달장애나 정신질환(예, 발모광[털뽑기장애], 강박장애)으로 더 잘 설명되지 않는다.

다음의 경우 명시할 것:

자해행동을 동반하는 경우(또는 예방 조치가 없다면 부상을 초래할 수 있는 행동)

자해행동을 동반하지 않는 경우

다음의 경우 명시할 것:

알려진 의학적 · 유전적 상태, 신경발달장애 또는 환경적 인자와 연관된 경우(예, 레쉬-니한 증후군, 지적장애[지적발달장애], 태아 알코올 노출)

부호화 시 주의점: 연관된 의학적 또는 유전적 조건이나 신경발달장애를 식별하기 위해 추가적 부호를 사용한다.

현재의 심각도를 명시할 것:

경도: 감각 자극이나 주의 전환에 의해 증상이 쉽게 억제된다.

중등도: 증상에 대한 확실한 방어책과 행동 조정이 필요하다.

고도: 심한 부상을 예방하기 위해 지속적인 관찰과 예방책이 필요하다.

기록절차

알려진 의학적 · 유전적 상태, 신경발달장애 또는 환경적 인자와 연관이 있는 상동증적 운동장애는 ○○상태, 장애 또는 인자와 연관이 있는 상동증적 운동장애라고 기록한다(예, 레쉬-니한 증후군과 연관이 있는 상동증적 운동장애).

명시자

비자해적인 상동증적 운동의 심각도는 감각 자극이나 관심 전환으로 증상이 쉽게 억제되는 가벼운 정도에서부터 일상생활의 모든 활동을 현저히 반응하는 지속적인 움직임에 이르기까지 다양하다. 자해행동은 그 빈도, 적응기능에 미치는 영향, 신체 손상의 심각성에 따라 심각도가 다양하다(손으로 몸을 때리는 행동으로 인한 가벼운 멍이나 홍반에서부터 손가락 열상 또는 절단, 머리 흔들기로 인한 망막 박리).

진단적 특징

상동증적 운동장애의 필수적 증상은 반복적이고, 억제할 수 없는 것처럼 보이며, 목적 없어 보이는 운동행동이다(진단기준 A). 이러한 행동은 흔히 뚜렷한 목적이 결여되어 있는 머리, 손 또는 몸의 율동적 운동으로 나타난다. 이러한 운동은 멈추려는 노력에 반응할 수도 있고 반응하지 않을 수도 있다. 일반적으로 아이들에서는 반복행동에 주의를 집중하거나 아동의 주의를 분산시켰을 때 그 행동이 중단될 수도 있다. 신경발달장애가 있는 아동들은 이러한 노력에 대한 반응이 적다. 어떤 경우는 자기억제적 행동을 보이기도 한다(예, 손을 깔고 앉기, 팔을 옷으로 감싸기, 보호 장비 탐색).

행동 레퍼토리는 다양하다. 각자의 고유한 패턴의 행동을 보인다. 비자해적 상동증적 운동의 예로는 몸 흔들기, 양손 퍼덕거리기 또는 회전하기, 얼굴 앞에서 손가락 튕기기 또는 펄럭이기, 팔 흔들거나 퍼덕거리기, 고개 끄덕이기가 포함된다. 상동적인 자해적 행동의 예로는 반복적인 머리 박기, 얼굴 때리기, 눈 찌르기, 손, 입술 또는 기타 신체 부위를 물어뜯기가 포함된다. 눈 찌르기는 특히 주의가 필요한데, 시각 손상이 있는 아동에서 더 흔히 나타난다. 다양한 운동이 복합되어 나타날 수 있다(예, 머리를 뒤로 젖히기, 몸통 흔들기, 얼굴 앞에서 실가닥을 반복적으로 흔들기).

상동증적 운동은 하루에도 여러 차례 나타날 수 있고, 몇 초에서 수분 혹은 그 이상 지속될 수도 있다. 빈도는 하루에 여러 차례 나타나는 경우에서부터 삽화 사이에 수주가 경과되는 것까지 다양하게 나타난다. 다른 활동에 몰두되어 있는 경우, 흥분하거나 스트레스를 받는 상황, 피곤하거나 지루한 상황에 따라 다양한 행동이 나타난다. 진단기준 A에서는 운동이 목적 없어 보여야 한다는 것을 요구하고 있다. 그러나 일부 기능은 이러한 행동을 통해 혜택을 받을 수 있다. 예를 들어, 상동증적 운동은 외부 스트레스에 대한 불안 반응을 감소시킬 수 있다.

진단기준 B에는 상동증적 운동이 사회적, 학업적 또는 기타 활동을 방해하고, 일부 아동에서는 자해를 유발할 수도 있다(또는 예방책이 없을 경우 자해가 나타날 수 있다)고 명시되었다. 만약 자해가 발생했다면, 세부진단을 사용하여 부호화해야 한다. 상동증적 운동은 초기 발달시기에 시작된다(진단기준 C). 진단기준 D에서는 반복적인 상동적 행동이 물질의 생리적 효과나 신경학적 상태에 기인한 것이 아니며, 다른 신경발달장애나 정신질환으로 더 잘 설명되지 않아야 한다는 점을 기술하고 있다. 특히, 1~3세의 아동의 경우, 상동증적 운동의 존재는 발견되지 않은 신경발달 문제를 나타내는 것일 수도 있다.

유병률

단순한 상동증적 운동(예, 흔들기)은 전형적으로 발달하는 어린 아동들에게서 흔하다. 복합적 상동증적 운동은 훨씬 드물다(약 3~4%에서 일어난다). 지적장애(지적발달장애)가 있는 사람의 4~16%가 상동증과 자해를 보인다. 심한 정도의 지적장애가 있는 경우 위험성이 더 크다. 시설에 거주하는 지적장애가 있는 사람의 10~15%에서 자해를 동반한 상동증적 운동장애를 보일 수 있다.

발달과 경과

상동증적 운동은 대개 생후 첫 3년 내에 시작된다. 단순한 상동증적 운동은 영아기에 흔하며 운동 숙달의 습득에 관여할 수 있다. 복합 운동 상동증을 보이는 아동의 약 80%가 24개월 이전에 증상을 보이며, 약 12%는 24개월에서 35개월 사이, 8%는 36개월 이후에 증상을 보인다. 전형적인 발달과정을 보이는 아동의 대부분에서 이러한 움직임은 시간이 지나면 해소되거나 억제될 수 있다. 복합 운동 상동증은 영아기에 시작되거나 그 이후의 발달시기에 시작될 수 있다. 지적장애가 있는 경우, 상동적·자해적 행동은 수년간 지속될 수 있는데, 자해의 양상이나 유형은 달라질 수 있다.

위험 및 예후 요인

환경적. 사회적 고립은 자기자극의 위험 인자로 반복적인 자해를 동반하는 상동증적 운동으로 진행할 수 있다. 사회적 스트레스는 상동증적 행동을 촉발시킬 수 있다. 공포는 생리적 상태를 변화시킬 수 있고, 이로 인해 상동증적 행동의 빈도가 증가할 수 있다.

유전적 · 생리적. 저하된 인지기능은 상동증적 행동의 높은 위험성과 중재에 대한 낮은 반응과 연관이 있다. 상동증적 운동은 상동증의 위험이 높을 것으로 여겨지는 특정 증후군(예, 레트증후군)이나 환경적 인자(예, 상대적으로 불충분한 자극이 있는 환경)에 노출된 중등도, 고도/최고도의 지적장애를 가진 환자에서 더 흔하다. 반복적인 자해적 행동은 신경유전성 증후군의 행동적 표현형일 수도 있다. 예를 들어, 레쉬-니한 증후군에서는 환자를 결박하지 않을 시, 상동증적 근육긴장이상 행동 및 손가락 절단, 입술 물어뜯기 등의 자해행동이 동시에 나타날 수 있다. 레트증후군과 코넬리아 디란지 증후군Cornelia de Lange syndrome[***역자 주**. 1933년 네덜란드의 의학자가 발견한 웃거나 울면 기도가 막혀 죽게 되는 선천성 희귀병으로, 후천적으로는 걸리지 않음]에서는 손에서 입으로 이어지는 상동증으로부터 비롯된 자해가 나타날 수 있다. 상동증적 행동은 고통스러운 의학적 상태에 기인할 수 있다(예, 중이염, 치과적 문제, 위식도 역류).

문화와 관련된 진단적 쟁점

상동증적 운동장애는 자해 동반 여부와 관계없이 모든 인종과 모든 문화에 걸쳐 나타난다. 특이한 행동에 대한 문화적 태도는 진단의 지연을 야기할 수 있다. 상동증적 운동에 대한 문화적 관용과 태도는 다양하며, 이에 대한 신중한 고려가 필수적이다.

감별진단

정상 발달. 단순한 상동증적 운동은 영아기와 아동기 초기에 흔하게 나타난다. 몸 뒤흔들기는 수면 상태로부터 막 깨어나는 과정에서 나타날 수 있으며, 대개 나이가 들어 감에 따라 해소된다. 복합적인 상동증은 정상적으로 발달하는 아동에서는 드물며, 보통 주의 분산이나 감각 자극에 의해 억제될 수 있다. 개인의 규칙적인 일상은 거의 영향을 받지 않으며, 이러한 운동이 아동에게 고통을 야기하지도 않는다. 이러한 경우에 진단을 내리는 것은 적절치 않다.

자폐스펙트럼장애. 상동증적 운동은 자폐스펙트럼장애의 표면적 증상 중 하나일 수 있으며, 반복적 운동과 행동에 대한 평가 시 이 점을 반드시 고려해야 한다. 자폐스펙트럼장애에서 발현되는 사회적 의사소통과 상호성의 결함은 상동증적 운동장애에서는 대체로 나타나지 않으므로, 사회적 상호성, 사회적 의사소통, 융통성 없는 반복적 행동과 흥미는 감별적 특징이 된다. 자폐스펙트럼장애가 있을 때에는 자해가 있거나 상동증적 행동이 치료의 초점이 될 정도로 충분히 심한 경우에만 상동증적 운동장애가 진단될 수 있다.

틱장애. 전형적으로, 틱이 평균 5~7세에 시작되는 것에 비해 상동증은 더 이른 나이에 시작된다(3세 이전). 다양한 양상을 보이는 틱에 비해 상동증은 지속적이고 고정된 양식이나 유형을 보인다. 틱은 주로 눈, 얼굴, 머리와 어깨에 나타나지만, 상동증은 팔, 손 또는 몸 전체에 나타날 수 있다. 일반적으로 단기간에 빠르고 무작위로 나타나며 변동을 보이는 틱에 비해 상동증은 더 고정되고 율동적이며 오랜 기간 지속된다. 틱과 상동증적 운동 모두 주의 분산에 의해 감소된다.

강박 및 관련 장애. 상동증적 운동장애는 반복적 행동의 특성뿐 아니라 강박사고가 없다는 점에서 강박장애와 구별된다. 강박장애가 있는 개인은 강박사고 또는 엄격히 지켜야 하는 규칙에 대한 반응으로 반복적인 행동을 억제할 수 없다고 느끼는 데 반해, 상동증적 운동장애에서의 행동은 표면적으로 억제할 수 없는 것처럼 보이나 실상은 목적성이 없는 행동이다. 발모광과 피부뜯기장애excoriation(skin-picking) disorder는 신체에 집중된 반복적 행위로서 표면적으로는 억제할 수 없는 것처럼 보이나, 실제로 목적성이 있으며 특정 유형이나 율동성이 없다. 게다가 발모광trichotillomania과 피부뜯기장애는 전형적으로 초기 발달시기에 나타나지 않으며, 사춘기 무렵이나 그 이후에 나타난다.

기타 신경학적 · 의학적 상태. 상동증적 운동을 진단하기 위해서는 습관, 매너리즘, 발작성 운동이상paroxysmal dyskinesia, 양성 유전성 무도병benign hereditary chorea을 배제해야 한다. 신경학적 병력과 검사를 통해 간대성 근경련myoclonus, 근육긴장이상dystonia, 틱, 무도병chorea과 같은 기타 장애를 시사하는 특징을 평가해야 한다. 신경학적 상태와 연관된 불수의적인 운동은 증상과 징후를 통해 구별할 수 있다. 예를 들어, 지연성 운동이상tardive dyskinesia에서 보이는 반복적인 상동증적 운동은 만성적인 신경이완제 복용력과 특징적인 구강 또는 안면의 운동이상 또는 불규칙한 복부나 사지 움직임으로 구별될 수 있다. 이러한 종류의 운동은 자해를 야기하지 않는다. 암페타민 중독이나 남용과 연관된 반복적인 피부뜯기나 긁힘(예, 환자는 물질/약물치료로 유발된 강박 및 관련 장애로 진단됨)과 기타 신경학적 장애와 연관된 반복적인 무도아테토이드choreoathetoid 운동을 보이는 경우 상동증적 운동장애를 진단하는 것은 적절하지 않다.

동반이환

상동증적 운동장애는 일차적 진단일 수도 있고, 다른 장애에 의해 이차적으로 발생하는 것일 수도 있다. 예를 들어, 상동증은 레쉬-니한 증후군, 레트증후군, 취약X 증후군, 넬리아 디란지 증후군, 스미스-마제니스 증후군Smith-Magenis syndrome과 같은 다양한 신경유전학적 장애에서 흔히 나타나는 징후다. 상동증적 운동장애가 다른 의학적 상태와 동반될 때는 두 장애 모두 기록해야 한다.

틱장애

Tic Disorders

진단기준

주의점: 틱은 갑작스럽고 빠르며 반복적이고 비율동적인 동작이나 음성 증상을 말한다.

투렛장애 **307.23 (F95.2)**

A. 여러 가지 운동 틱과 한 가지 또는 그 이상의 음성 틱이 질병 경과 중 일부 기간에 나타난다. 2가지 틱이 반드시 동시에 나타날 필요는 없다.

B. 틱 증상은 자주 악화와 완화를 반복하지만 처음 틱이 나타난 시점으로부터 1년 이상 지속

된다.

C. 18세 이전에 발병한다.

D. 장애는 물질(예, 코카인)의 생리적 효과나 다른 의학적 상태(예, 헌팅턴병Huntington's disease, 바이러스성 뇌염)로 인한 것이 아니다.

지속성(만성) 운동 또는 음성 틱장애 **307.22 (F95.1)**

A. 한 가지 또는 여러 가지의 운동 틱 또는 음성 틱이 장애의 경과 중 일부 기간 존재하지만, 운동 틱과 음성 틱이 모두 나타나지는 않는다.

B. 틱 증상은 자주 악화와 완화를 반복하지만 처음 틱이 나타난 시점으로부터 1년 이상 지속된다.

C. 18세 이전에 발병한다.

D. 장애는 물질(예, 코카인)의 생리적 효과나 다른 의학적 상태(예, 헌팅턴병, 바이러스성 뇌염)로 인한 것이 아니다.

E. 투렛장애의 진단기준에 맞지 않아야 한다.

다음의 경우 명시할 것:

운동 틱만 있는 경우

음성 틱만 있는 경우

잠정적 틱장애 **307.21 (F95.0)**

A. 한 가지 또는 다수의 운동 틱 또는 음성 틱이 존재한다.

B. 틱은 처음 틱이 나타난 시점으로부터 1년 미만으로 나타난다.

C. 18세 이전에 발병한다.

D. 장애는 물질(예, 코카인)의 생리적 효과나 다른 의학적 상태(예, 헌팅턴병, 바이러스성 뇌염)로 인한 것이 아니다.

E. 투렛장애나 지속성(만성) 운동 또는 음성 틱장애의 진단기준에 맞지 않아야 한다.

명시자

"운동 틱만 있는 경우" "음성 틱만 있는 경우"라는 명시자는 지속성(만성) 운동 틱장애 또는 지속성(만성) 음성 틱장애에만 적용된다.

진단적 특징

틱장애는 ① 투렛장애, ② 지속성(만성) 운동 또는 음성 틱장애, ③ 잠정적 틱장애,

④ 달리 명시된 또는 명시되지 않는 틱장애의 4가지 진단 범주로 구성된다. 틱장애는 운동 틱 또는 음성 틱의 존재(진단기준 A), 틱 증상의 기간(진단기준 B), 발병연령(진단기준 C)에 근거하여 진단할 수 있고, 다른 의학적 상태나 물질 사용과 같은 어떠한 알려진 원인이 없어야 한다(진단기준 D). 틱장애는 그 순서(즉, 투렛장애, 그다음으로 지속성[만성] 운동 틱장애 또는 지속성[만성] 음성 틱장애, 그다음으로 잠정적 틱장애, 그다음으로 달리 명시된 틱장애, 그리고 명시되지 않는 틱장애)에 따른 계층구조가 있어서, 한번 어떤 단계의 진단이 내려졌다면 그보다 낮은 단계의 진단은 내릴 수 없다(진단기준 E).

틱은 갑작스럽고, 빠르며, 반복적이고, 비율동적인 운동 또는 음성이 나타나는 것이다. 틱이 있는 개인은 시간이 흐름에 따라 다양한 틱 증상을 경험할 수 있으나, 특정 시점에서부터 틱 레퍼토리는 특징적 방식에 따라 반복된다. 비록 틱 증상이 거의 모든 근육과 음성에서 나타날 수 있다고 하더라도 눈 깜빡임이나 헛기침과 같은 특정한 틱 증상이 환자들에서 흔하게 나타난다. 틱은 대개 불수의적인 것으로 경험되기도 하지만, 다양한 시간 동안 자발적으로 억제될 수도 있다.

틱은 단순 틱이나 복합 틱으로 나타날 수 있다. 단순 운동 틱은 짧은 시간(1/1000초 단위) 동안 지속되며, 눈 깜빡임, 어깨 움츠리기, 팔다리 뻗기가 여기에 포함된다. 단순 음성 틱에는 헛기침하기, 킁킁거리기, 꿀꿀거리기가 포함되는데, 이는 주로 횡격막이나 구강 인두 근육의 수축에 의해 발생한다. 복합 운동 틱은 긴 시간(초 단위) 동안 지속되며, 대개 머리 돌리기와 어깨 움츠리기가 동시에 나타나는 것과 같은 복합적인 단순 틱으로 나타난다. 복합 틱은 성적이고 외설적인 몸짓(외설행동^copropraxia^)이나 타인의 행동 모방(반향운동증^echopraxia^)처럼 목적이 있는 행동처럼 보이기도 한다. 이와 비슷하게 복합 음성 틱은 소리나 단어 반복(동어반복증^palilalia^), 마지막에 들은 단어나 구 반복(반향언어증^echolalia^), 또는 민족, 인종 혹은 종교적 비방이나 외설을 포함하는 사회적으로 용납되지 않는 단어 말하기(욕설증^coprolalia^)를 포함한다. 욕설증은 갑작스럽고, 날카롭게 짖거나 꿀꿀거리듯 소리를 내는 것이며, 인간 상호작용에서 사용되는 부적절한 말에서 보이는 운율은 없다.

운동 또는 음성 틱은 4가지 틱장애에 따라 다양하게 나타난다(진단기준 A). 투렛장애는 운동 틱과 음성 틱이 모두 나타나야 하는 반면, 지속성(만성) 운동 또는 음성 틱장애는 운동 틱이나 음성 틱 중 하나만 있으면 된다. 잠정적 틱장애는 운동 틱 또는 음성 틱이 있었으면 진단할 수 있다. 기타 특정형/불특정형 틱장애는 운동장애 증상이 틱으로 가장 잘 설명되지만, 비전형적인 양상이나 발병 연령, 또는 알려진 의학적 원인이 있는 경우에 진단할 수 있다.

최소 1년의 기간이라는 기준(진단기준 B)은 투렛장애나 지속성(만성) 운동 또는 음성 틱장애를 진단받은 사람이 지속적인 증상을 경험한다는 것을 확인하는 것이다. 틱 증상의 심각도는 악화와 완화를 반복하고, 일부에서는 틱이 없는 기간이 수주에서 수개월간 지속되기도 한다. 그러나 처음 틱이 시작된 시점으로부터 1년 이상 틱 증상이 지속된다면 중간에 틱이 없었던 기간에 관계없이 지속적인 증상을 보이는 것으로 간주한다. 처음 틱이 시작된 시점으로부터 1년 미만 동안 운동 또는 음성 틱이 있다면 잠정적 틱장애의 진단을 고려할 수 있다. 달리 명시된/명시되지 않는 틱장애는 기간에 대한 세부 기준이 없다. 틱은 반드시 18세 이전에 시작되어야 한다(진단기준 C). 틱장애는 전형적으로 사춘기 전에 시작되며, 대개 4~6세 사이에 시작되고, 10대 때에는 새로운 틱장애의 발생 빈도가 줄어든다. 성인기에 새로운 틱 증상이 나타나는 것은 극히 드물며, 이러한 경우는 대개 약물에 노출(예, 코카인 과다 사용)되거나 또는 중추신경계가 손상(예, 바이러스성 뇌염)된 것과 관련이 있다. 비록 10대와 성인에서 틱이 시작되는 경우는 드물지만, 처음 진단적 평가를 받는 청소년이나 성인에서 틱이 발견되는 경우는 드물지 않으며, 면밀한 평가를 한다면 아동기 때부터 경미한 증상이 지속되어 왔음을 알 수 있다. 틱을 시사하는 비정상적인 운동이 틱의 통상적인 발병 연령대를 벗어난 시기에 새로이 나타난다면 다른 운동장애나 특정한 원인에 대한 평가가 필요하다.

틱 증상은 물질의 생리적 효과나 다른 의학적 상태로 인한 것이 아니어야 한다(진단기준 D). 병력, 신체검진 및/또는 검사 소견상 틱장애에 타당하고 개연성 있는 원인에 대한 강력한 증거가 있는 경우에는 기타 특정형 틱장애로 진단할 수 있다.

이전에 투렛장애의 진단기준을 충족했던 경우에는 지속성(만성) 운동 또는 음성 틱장애를 진단하는 것이 불가능하다(진단기준 E). 이와 유사하게, 이전에 지속성(만성) 운동 또는 음성 틱장애를 진단받은 적이 있으면 잠정적 틱장애나 달리 명시된/명시되지 않는 틱장애라고 진단할 수 없다(진단기준 E).

유병률

틱은 아동기에서 흔하나 대부분의 경우 일시적으로 나타난다. 투렛장애의 추정 유병률은 학령기 아동 1,000명당 3~8명이다. 남성이 여성보다 더 흔하여 남녀비는 2:1에서 4:1 정도다. 미국에서 시행한 국가적 연구에 따르면, 임상적으로 확인된 사례에서의 유병률은 1,000명당 3명으로 측정되었다. 아프리카계 미국인이나 히스패닉계 미국인에서는 빈도가 더 낮았는데, 이는 의료 접근성의 차이와 관련된 것으로 보인다.

발달과 경과

틱은 전형적으로 4~6세 사이에 시작된다. 증상은 10~12세 사이에서 가장 심하며, 청소년기에 약해진다. 틱장애를 가진 성인 중 다수가 증상의 경감을 경험한다. 성인기에도 증상이 지속적으로 심각하거나 악화되는 확률은 낮다.

틱 증상은 모든 연령군과 전 생애에 걸쳐 비슷하게 발현된다. 틱은 악화와 완화를 반복하며, 영향을 받는 근육군이나 음성이 시간에 따라 변화하기도 한다. 아동이 성장함에 따라 틱이 나타나기 전에 전조 충동premonitory urge(틱이 발생하기 전의 체성 감각somatic sensation)을 느끼며, 틱이 나타난 후에는 긴장이 완화되는 것을 느낀다고 한다. 전조 충동과 연관이 있는 틱은 충동과 틱에 저항할 수 있다는 점에서 완전히 "불수의적acquired"이라고 여겨지지 않을 수 있다. 어떤 사람은 특정한 방식으로 틱을 해야 한다거나 "이제 됐다" 는 느낌이 들 때까지 반복해야 할 필요가 있다고 느낄 수 있다.

다양한 동반이환 질환의 위험성이 연령에 따라 달라진다. 예를 들어, 틱장애가 있는 사춘기 이전의 아이들은 ADHD, 강박장애, 분리불안장애를 경험할 가능성이 10대와 성인들보다 높고, 10대와 성인의 경우에는 새롭게 발병하는 주요우울장애, 물질사용장애 또는 양극성장애를 겪을 가능성이 높다.

위험 및 예후 요인

기질적. 틱은 불안, 흥분, 탈진에 의해 악화되고, 차분하며 활동에 집중할 때에는 호전된다. 방과 후 집에서 휴식을 취할 때나 저녁시간보다는 학교 공부나 과제를 할 때 틱이 덜 발생할 수 있다. 스트레스가 쌓이는 일이나 신나는 일(예, 시험 치르기, 흥미로운 활동에 참여하기)은 대개 틱을 악화시킨다.

환경적. 틱장애 환자들은 다른 사람의 행동이나 소리를 관찰하고 이와 비슷한 행동이나 소리를 낼 수 있는데, 이로 인해 다른 사람들로부터 의도적으로 따라 한다는 오해를 살 수도 있다. 특히 권위적인 인물(예, 교사, 감독관, 경찰)을 대할 때 복잡한 문제가 발생할 수 있다.

유전적 · 생리적. 유전적 · 환경적 인자는 틱 증상의 표현과 강도에 영향을 준다. 투렛장애의 중요한 위험대립 유전자와 틱장애 가족 내의 드문 유전자 변이가 발견되었다. 산과적 합병증, 고령의 아버지, 저체중 출생, 산모의 임신 중 흡연이 틱의 악화와 연관이 있다.

문화와 관련된 진단적 쟁점

틱장애는 인종, 민족, 문화에 따른 임상적 특징, 경과, 병인의 차이가 나타나지 않는다. 그러나 인종, 민족과 문화는 틱장애가 가족과 공동체 내에서 어떻게 인식 · 관리되는지뿐만 아니라 도움 추구 행동의 유형 및 치료 선택에 영향을 미친다.

성별과 관련된 진단적 쟁점

남성이 여성보다 더 흔하게 영향을 받지만, 틱 유형, 발병시기, 경과에 대한 성차는 없다. 지속성 틱장애가 있는 여성은 불안과 우울을 경험할 가능성이 더 높다.

틱장애의 기능적 결과

경도, 중등도 정도의 틱장애 중 많은 사람이 기능적인 면에서 고통이나 손상을 경험하지 않으며, 그들의 틱에 대해 의식조차 하지 않기도 한다. 더 심한 증상이 있는 경우에는 일반적으로 일상생활에서 더 많은 손상을 갖지만, 중등도나 심지어 고도의 틱장애가 있는 사람들도 기능적으로 잘 지낼 수 있다. ADHD나 강박장애와 같은 동반질환이 있을 경우, 기능상 커다란 영향을 받을 수 있다. 약간 드문 경우에 틱은 일상활동의 기능을 방해하여 사회적 고립, 대인관계 갈등, 또래들의 괴롭힘을 야기하고, 업무나 학업을 수행하는 것을 불가능하게 하며, 삶의 질도 저하시키고, 상당한 심리적 고통을 경험할 수 있다. 투렛장애의 드문 합병증으로(스스로 얼굴을 쳐서 생기는) 안구 손상과 정형외과적·신경학적 손상(예, 머리, 목의 무리한 움직임으로 인한 디스크 질환)과 같은 신체적인 손상이 있을 수 있다.

감별진단

다른 의학적 상태나 상동증적 운동장애와 동반될 수 있는 비정상적 운동. 운동 상동증 motor stereotypies은 불수의적인 율동성, 반복성이 있는 움직임으로 정의되며, 목적이 있는 것처럼 보이나 뚜렷한 적응기능이나 목적이 없고, 주의 분산에 의해 중단된다. 그 예로는 반복적인 손 흔들기/돌리기, 팔 퍼덕이기, 손가락 꼼지락거리기를 들 수 있다. 운동 상동증은 틱보다 더 일찍(3세 이전) 발생한다는 점, 좀 더 오랫동안 지속된다는 점(초 단위에서 분 단위), 고정된 방식과 장소에서 끊임없이 반복된다는 점과 활동에 몰두할 때 악화되며, 전조 충동이 없다는 점, 그리고 주의 분산(예, 누군가 이름을 부르거나 만질 때)에 의해 중단된다는 점에서 틱과의 감별이 가능하다. 무도병chorea은 빠르고 무작위적이고 지속적이며 갑작스럽고 불규칙적이고 예측 불가능하며 비상동적인 동작으로 대개 좌우 대칭적이며 몸 전체에 영향을 끼친다(예, 얼굴, 몸통, 팔다리). 움직임의 시기, 방향 및 분포는 매 순간 다르고, 대개 움직임은 수의적인 행동을 하려고 할 때 악화된다. 근육긴장이상dystonia은 작동근과 길항근이 동시에 수축하여, 기형적 자세나 몸의 부분적 움직임을 야기하는 것이다. 근육긴장이상 자세는 수의적 운동을 시도할 때 발생하며, 수면 시에는 나타나지 않는다.

물질로 유발된 경우와 발작성 운동이상. 발작성 운동이상paroxysmal dyskinesia은 보통 근육긴장이상 또는 무도아테토이드choreoathetoid 운동으로 나타나며, 수의적 운동이나 노력에 의해 촉발 되고 정상적 배경활동에서 나타나는 경우는 드물다.

간대성 근경련. 간대성 근경련myoclonus은 급작스러운 한 방향 움직임으로 흔히 비율동적인 것이 특징이다. 움직임에 의해 악화될 수 있고 수면 중에 나타날 수 있다. 간대성 근경련은 급속히 나타나고, 제어할 수 없으며, 전조 충동이 없다는 점에서 틱과 감별할 수 있다.

강박 및 관련 장애. 강박적인 행동을 틱과 감별하는 것은 매우 어렵다. 강박적인 행동임을 나타내는 단서로는 인지 기반의 충동(예, 감염에 대한 두려움) 및 특정한 방식의 행동을 특정 횟수만큼 몸의 양쪽 모두에서 동일하게 수행하거나, "이제 됐다just right"는 느낌이 들 때까지 수행하는 것이 있다. 충동 조절 문제 및 집요하게 머리 뽑기, 피부뜯기, 손톱 물어뜯기와 같은 기타 반복행동은 틱보다 목표 지향적이며, 더 복잡하다.

동반이환

많은 의학적·정신의학적 상태가 틱장애와 공존한다고 알려져 있으며, 특히 ADHD와 강박 및 관련 장애가 흔하다. 틱장애에서 나타나는 강박 관련 증상은 지나치게 대칭성과 순서를 따지는 증상이 특징적이며, 선택적 세로토닌 재흡수 억제제와 같은 치료약물에 대한 반응이 좋지 않은 경향이 있다. ADHD가 있는 아동은 파괴적 행동을 보이고, 사회적으로 미성숙하며, 학습문제로 인해 학업적 경과와 대인관계에 방해를 받는데, 이는 틱장애로 인한 정도보다 더 큰 손상을 초래한다.

또한 틱장애가 있는 사람은 기타 운동장애와 우울장애, 양극성장애, 물질사용장애와 같은 다른 정신질환이 있을 수 있다.

달리 명시된 틱장애
Other Specified Tic Disorder

307.20 (F95.8)

이 범주는 사회적, 직업적, 또는 다른 중요한 기능 영역에서 임상적으로 현저한 고통이나 손상을 일으키는 틱장애의 특징적인 증상들이 두드러지지만, 주의력결핍 과잉행동장애 또는 신경발달장애의 진단 부류에 속한 장애 중 어느 것에도 완전한 기준을 만족하지 않는 발현 징후들에 적용된다. 달리 명시된 틱장애 범주는 발현 징후가 틱장애 또는 어떤 특정 신경발달장애의 기준에 맞지 않은 특정한 이유에 대해 교감하기 위해 임상가가 선택한 상황들에서 사용된다. 이는 "달리 명시된 틱장애"를 기록하고, 이어서 특정한 이유(예, "18세 이후에 발병한 경우")를 기록한다.

명시되지 않는 틱장애
Unspecified Tic Disorder

307.20 (F95.9)

이 범주는 사회적, 직업적, 또는 다른 중요한 기능 영역에서 임상적으로 현저한 고통이나 손상을 일으키는 틱장애의 특징적인 증상들이 두드러지지만, 틱장애 또는 신경발달장애 진단 부류에 속한 장애 중 어느 것에도 완전한 기준을 만족하지 않는 발현 징후들에 적용된다. 명시되지 않는 틱장애 범주는 기준이 틱장애 또는 특정 신경발달장애의 기준에 맞지 않은 이유를 명시할 수 없다고 임상가가 선택한 상황들에서 사용되며, 좀 더 특정한 진단을 내리기에는 정보가 불충분한 발현 징후들을 포함한다.

기타 신경발달장애

달리 명시된 신경발달장애

Other Specified Neurodevelopmental Disorder

315.8 (F88)

이 범주는 사회적, 직업적, 또는 다른 중요한 기능 영역에서 임상적으로 현저한 고통이나 손상을 일으키는 신경발달장애의 특징적인 증상들이 두드러지지만, 신경발달장애의 진단 부류에 속한 장애 중 어느 것에도 완전한 기준을 만족하지 않는 발현 징후들에 적용된다. 달리 명시된 신경발달장애 범주는 발현 징후가 어느 특정한 신경발달장애의 기준에 맞지 않은 특정한 이유에 대해 소통하기 위해 임상가가 선택한 상황들에서 사용된다. 이는 "달리 명시된 신경발달장애"를 기록하고, 이어서 특정한 이유(예, "태아기 알코올 노출과 연관된 신경발달장애")를 기록한다.

"달리 명시된"이라는 지정 문구를 사용해 분류될 수 있는 발현 징후들의 예는 다음과 같다.

태아기 알코올 노출과 연관된 신경발달장애: 이 장애는 자궁 내에서 알코올에 노출된 후에 발달장애를 보이는 것이 특징이다.

명시되지 않는 신경발달장애

Unspecified Neurodevelopmental Disorder

315.9 (F89)

이 범주는 사회적, 직업적, 또는 다른 중요한 기능 영역에서 임상적으로 현저한 고통이나 손상을 일으키는 신경발달장애의 특징적인 증상들이 두드러지지만, 신경발달장애의 진단 부류에 속한 장애 중 어느 것에도 완전한 기준을 만족하지 않는 발현 징후들에 적용된다. 명시되지 않는 신경발달장애 범주는 기준이 특정한 신경발달장애의 기준에 맞지 않은 이유를 명시할 수 없다고 임상가가 선택한 상황들에서 사용되며, 좀 더 특정한 진단을 내리기에는 정보가 불충분한(예, 응급실 상황) 발현 징후들을 포함한다.

02

신경발달장애 DSM-5® 가이드북

지적장애

	지적장애(지적발달장애)
317 (F70)	경도
318.0 (F71)	중등도
318.1 (F72)	고도
318.2 (F73)	최고도
315.8 (F88)	전반적 발달지연
319 (F79)	명시되지 않는 지적장애(지적발달장애)

의사소통장애

315.32 (F80.2)	언어장애
315.39 (F80.0)	말소리장애
315.35 (F80.81)	아동기 발병 유창성장애(말더듬)
315.39 (F80.89)	사회적(실용적) 의사소통장애
307.9 (F80.9)	명시되지 않는 의사소통장애

자폐스펙트럼장애

299.00 (F84.0)	자폐스펙트럼장애

주의력결핍 과잉행동장애

	주의력결핍 과잉행동장애
314.01 (F90.2)	복합형
314.00 (F90.0)	주의력결핍 우세형
314.01 (F90.1)	과잉행동/충동 우세형
314.01 (F90.8)	달리 명시된 주의력결핍 과잉행동장애
314.01 (F90.9)	명시되지 않는 주의력결핍 과잉행동장애

특정학습장애

	특정학습장애
315.00 (F81.0)	읽기 손상 동반
315.2 (F81.81)	쓰기 손상 동반
315.1 (F81.2)	수학 손상 동반

운동장애

315.4 (F82)	발달성 협응장애
307.3 (F98.4)	상동증적 운동장애

틱장애

307.23 (F95.2)	투렛장애
307.22 (F95.1)	지속성(만성) 운동 또는 음성 틱장애
307.21 (F95.0)	잠정적 틱장애
307.20 (F95.8)	달리 명시된 틱장애
307.20 (F95.9)	명시되지 않는 틱장애

기타 신경발달장애

315.8 (F88)	달리 명시된 신경발달장애
315.9 (F89)	명시되지 않는 신경발달장애

이 장은 DSM-IV의 "유아기, 아동기 또는 청소년기에 보통 처음 진단되는 장애" 장을 재편성한 것이다. 이 범주는 DSM-III에서 처음 포함된 것으로, 지적장애("정신지체"라는 명칭하에), 주의력결핍 과잉행동장애, 품행장애, 아동기 불안장애, 섭식장애, 상동증적 운동장애, 그리고 몇몇 다른 장애들이 함께 수록되었다. 이 범주는 이전 판들에 비해 앞선 면모를 보였는데, 지적장애는 인정을 받았으나 다른 아동기 발병 장애들은 거의 주목받지 못하였다. DSM-I에서 아동기 장애들은 각각 정신결함mental deficiency, 일과성 상황성 성격장해transient situational personality disturbances, 유아기 적응반응adjustment reaction of infancy, 청소년기 적응반응adjustment reaction of adolescence, 그리고 아동기 적응반응adjustment reaction of childhood 범주에 포함되었다. 아동기 적응반응 범주에는 습관장해habit disturbances(예, 손톱 물어뜯기, 엄지손가락 빨기, 유뇨증, 자위, 분노발작, 틱, 습관 경련habit spasms, 몽유병somnambulism, 과활동증overactivity, 공포증)가 포함되었다.

정신지체라는 용어는 DSM-II(American Psychiatric Association 1968)에서 **정신결함**mental deficiency이라는 말을 대체할 목적으로 소개되었고, 그 범주는 확대되어 다양한 신체적, 전염성이 있는, 그리고 다른 원인의 지체로 인한 장애들을 포함하게 되었다. "아동기 · 청소년기의 행동장애" 범주가 "일과성 상황적 장해에 비해 안정적이고, 내현화되며, 치료에 저항적이지만 정신병, 신경증, 성격장애에 비해서는 덜한 아동기 · 청소년기에 발현되는"(pp. 49-50) 장애들이 한데 묶여서 소개되었다. 여기에는 과활동반응hyperkinetic reaction, 위축반응withdrawing reaction, 과불안반응overanxious reaction, 도주반응runaway reaction, 비사회화 공격반응unsocialized aggressive reaction, 집단비행반응group delinquent reaction이 포함되어 있다.

DSM-III의 저자들은 유아기, 아동기, 또는 청소년기에 근원을 두고 있는 지적 · 행동적 · 정서적 · 신체적 · 발달적 장애들을 함께 묶었다. 이들의 중요한 공헌은 광범위성 발달장애pervasive developmental disorder를 소개한 것으로, 눈에 띄는 예는 유아 자폐증infantile autism인데, 이 장애는 수십 년이 지나도록 한 가지 형태 또는 다른 형태로 인식되었을 뿐, 정식으로 분류된 적은 단 한 번도 없었다. 또한 다축체계가 새롭게 도입되면서 정신지체는 축 II에 부호화되었다. [가이드북의] 제2장 "DSM-5의 사용과 DSM-IV로부터의 주요 변화"에서 논의된 것처럼, 다축체계는 DSM-5에서 삭제되었다. DSM-III-R과 DSM-IV에서는 더 많은 수정이 이루어졌지만(예, 섭식장애를 위한 새로운 장을 만듦), 초기에 개발된 장애 범주는 대부분 이렇다 할 변화 없이 남아 있었다.

개정된 주요 내용은 이 장에 정리되어 있다. 첫째, DSM-5의 가장 앞 부분에 이 장애가 배치된 것은 편람의 메타구조의 반영인 동시에 장애의 발달 궤도를 강조하고 있음을 나타낸 것이다. 둘째, **정신지체**라는 용어는 **지적장애(지적발달장애)**로 대체되었다. 개정된 진단명은 이전에 정신지체로 진단되었던 사람들에게 적용될 것이다. 그러나 이 범주에의 포함여부를 결정짓는 요인으로 더 이상 IQ에 의존하지 않는다. 대신, 개인을 심각도 수준에 따라 분류하기 위해 경도, 중등도, 고도, 최고도의 아형이 사용된다. 신경발달장애 작업집단Neurodevelopmental Disorders Work Group은 **정신지체**라는 용어가 개인에게 낙인을 찍게 되어 더 이상 도움이 되지 않는다고 여겼다. 더욱이, **지적장애**라는 용어는 2010년 미국 법률(로사법Rosa's Law)에 채택된 용어를 반영하고 있고, 전문학술지에서 사용되고 있으며, 몇몇 환자 후원단체들로부터 지지받은 바 있다. **지적발달장애**라는 용어는 ICD-11에서 제안된 언어와 일치하고 있다. 작업집단에 의해 표출된 또 다른 염려는 지적장애를 정의하는 특징으로 IQ에 대한 임의적 의존에 대한 것이었다. 그 이유는 지적 결함이 있는 사람에 대해 보다 미묘한 차이를 구분할 수 있게 하는 다른 기능 영역들(사회적, 개념적/지적, 실행적)을 고려하고 있지 않기 때문이다.

DSM-5에서의 또 다른 주요 변화는 DSM-IV의 자폐장애, 레트장애, 아동기 붕괴장애, 아스퍼거장애, 그리고 달리 분류되지 않는 전반적 발달장애 범주들을 통합하는 총괄적 범주, 즉 자폐스펙트럼장애를 창안하기로 한 결정이었다. 이러한 변화는 이 장애들이 한때 믿었던 것만큼 분리되어 있지도 독립적이지도 않고, 임상가들이 장애들을 구별하는 데 어려움을 겪고 있다는 연구결과에 의해 이루어졌다. 이전에 이러한 장애로 진단받았던 모든 사람들은 새로운 진단범주를 충족시켜야 한다. 그리고 각 장애의 세부요소들 역시 심각도 명시자에 부합되어야 한다. 이러한 변화는 임상가, 이들의 환자, 그리고 환자의 부모들에 의해 비판받아 왔다. 부모들은 개정된 범주가 자신의 자녀들로 하여금 교육적 또는 다른 혜택을 받을 수 없게 할 수 있다는 우려를 표한 반면, 아스퍼거장애가 있는 사람으로 정체감을 발달시켜 온 사람들은 자신들의 권리를 박탈당했다고 느끼게 되었다.

범주에 대한 다른 변화로는 적대적 반항장애와 품행장애를 "파괴적, 충동조절 및 품행 장애" 장으로 옮긴 것이다. 배설장애(유분증 · 유뇨증)는 이제 이들만의 장에 배치되었다. 그리고 급식장애(이식증, 되새김장애, 유아기 또는 아동기 초기 급식장애)는 섭식장애와 결합되어, 문제가 있는 섭식행동에 관한 보다 포괄적인 장이 되었다. 분리불안장애와 선택적 함구증은 "불안장애" 장으로 옮겨졌다. 반응성 애착장애는 사회적 방치와의 관계가 명백하다는 점에서 "외상 및 스트레스 관련 장애" 장으로 옮겨졌다.

의사소통장애에는 언어장애, 말소리장애, 아동기 발병 유창성장애(말더듬), 그리고 사회적(실용적) 의사소통장애가 포함된다. **학습장애**라는 용어는 **특정학습장애**로 개칭되었고, 종전의 학습장애 유형들(읽기장애, 수학장애, 쓰기장애)은 더 이상 포함되지 않는다. 이들 장애는 이제 읽기, 쓰기, 수학에 있어서의 결함에 대한 부호화된 명시자가 있는 단일장애로 제시된다. 끝으로, 달리 명시된 주의력결핍 과잉행동장애와 명시되지 않는 주의력결핍 과잉행동장애 진단이 추가되었다 (표 1 참조).

표 1. DSM-5 신경발달장애

- 지적장애
    - 지적장애(지적발달장애)
    - 전반적 발달지연
    - 명시되지 않는 지적장애(지적발달장애)
- 의사소통장애
    - 언어장애
    - 말소리장애(종전의 조음장애)
    - 아동기 발병 유창성장애(말더듬)
    - 사회적(실용적) 의사소통장애
    - 명시되지 않는 의사소통장애
- 자폐스펙트럼장애
- 주의력결핍 과잉행동장애
    - 주의력결핍 과잉행동장애
    - 달리 명시된 주의력결핍 과잉행동장애
    - 명시되지 않는 주의력결핍 과잉행동장애
- 특정학습장애
- 운동장애
    - 발달성 협응장애
    - 상동증적 운동장애
    - 틱장애
        - 투렛장애
        - 지속성(만성) 운동 또는 음성 틱장애
        - 잠정적 틱장애
        - 달리 명시된 틱장애
        - 명시되지 않는 틱장애
- 기타 신경발달장애
    - 달리 명시된 신경발달장애
    - 명시되지 않는 신경발달장애

지적장애

지적장애(지적발달장애)

지적장애(지적발달장애)의 필수적인 특징은 연령, 성별, 사회문화적 배경이 일치하는 또래들에 비해 전반적인 정신능력의 결함(진단기준 A)과 일상의 적응기능에 손상(진단기준 B)을 보이는 것이며, 이러한 손상은 발달시기 동안에 시작된다(진단기준 C). 지적발달장애가 있는 사람들은 또한 대인관계에서 자신의 행동과 정서 조절, 그리고 학습과정에서 동기 유지에 어려움이 있다.

진단은 임상적 평가와 표준화된 지능검사를 기반으로 이루어진다. **지능**intelligence은 실행적 이해와 물체 조작뿐 아니라 학업수행 및 사회적 이해에 적용되는 추론, 문제해결, 계획, 추상적 사고, 복합적 사고 이해, 판단, 학업수행, 그리고 경험으로부터의 학습이 포함된 일반 정신능력으로 정의되어 왔다.

IQ는 전형적으로 표준화된 검사로 측정된다. 이러한 검사로 지적장애의 범주는 측정오차 범위(일반적으로 +5점)를 포함해서 모집단 평균에서 약 2 표준편차 이하로 간주된다. 이는 표준편차가 15이고, 평균이 100인 검사에서 65~75점을 의미한다. 검사결과 해석과 지적 수행 평가를 위해서는 임상적 수련과 판단이 요구된다. 지적발달장애 외의 인자들, 즉 연관성이 있는 문화적 배경, 모국어, 그리고 의사소통장애는 수행을 제한할 수 있다.

지적발달장애는 흔한데(일반 인구의 약 1~2%), 여자아이보다 남자아이에게서 더 많이 발생한다. 이 장애는 거의 대부분 뇌를 손상시키고 뇌의 정상적인 발달에 영향을 미치는 다양한 인자에 의해 생성되는 최종공통경로final common pathway로 인해 발생한다. 다운증후군이 정신지체의 가장 흔한 염색체 원인이라면, 취약X증후군fragile X syndrome은 지적장애의 가장 흔한 유전성 형태일 것이다. 선천성 대사이상(예, 테이삭스병Tay-Sachs disease[***역자 주.** 주로 유태계 및 동유럽계 소아에게 생기는 가족성 질환으로, 망막 위에 붉은 얼룩점이 생기고 점진적 시력상실 및 체중 감소가 특징인 희귀불치병])은 많은 사례들 중 극히 일부의 원인인 것으로 알려져 있다. 다른 인자로는 산모의 영양실조 또는 물질남용, 돌연변이 유발요인mutagen(예, 방사선)에의 노출, 산모의 질병(예, 당뇨병diabetes, 중독증toxemia, 또는 풍진rubella), 그리고 산모 학대와 방치를 들 수 있다. 유아기 또는 아동기 초기에 뇌손상이나 영양실조의 원인이 될 수 있는 외상성 출산과 같은 주산기 및 초기 출산 후 인자들 역시 영향을 미칠 수 있다.

DSM-5에서는 이 범주에 있어서 몇 가지 중요한 변화가 있었다. 국제적으로나 미 연방법에서 더 이상 사용되지 않는 **정신지체**라는 명칭이 **지적장애(지적발달장애)**로 수정된 것이다. **지적발달장애**라는 명칭으로 수정한 것은 장애의 분류체계로서의 DSM-5와 일치시키는 한편, 현재 상정되어 있는 ICD-11과 조화를 이루게 하기 위함이었다. DSM-5에서 IQ 검사점수와 이러한 검사들의 평균으로부터의 표준편차는 DSM-IV에서는 정신지체의 진단기준에 포함되었었지만, 이젠 본문으로 옮겨져 더 이상 진단범주에는 포함되어 있지 않다. 그러나 DSM-5는 계속해서 표준화된 심리검사가 이러한 장애를 지닌 사람들에 대한 평가에 포함되어야 한다는 점을 명시하고 있다. 이는 미국지적·발달장애협회American Association on Intellectual and Developmental Disorders(AAIDD)의 정의와 일치하는 것으로, 심리검사에는 반드시 임상적 평가를 동반해야 한다는 점을 덧붙이고 있다. DSM-5에서 다축분류체계가 제외되면서 지적발달장애는 더 이상 축 II로 밀려나지 않게 되었다. IQ 범위를 진단범주에서 제외시킨 것은 IQ가 개인의 전반적인 능력을 정의하는 데 더 이상 부적절하게 사용되어서는 안 된다는 의미를 담고 있다. 지적능력을 설명하는 데 있어서 인지적 프로파일이 일반적으로 단일 전체 척도의 IQ 점수보다 더 유용하다. 그리고 검사결과 해석을 위해서는 임상적 수련과 판단이 필수적이다.

AAIDD와 DSM-5에서는 **지적기능**intellctual functioning을 추론, 문제해결, 계획, 추상적 사고, 복잡한 착상의 이해, 판단, 학업수행, 그리고 경험으로부터의 학습을 포함하는 전반적인 정신능력으로 정의하고 있다. DSM-5에서의 정의는 3가지 맥락, 즉 ① 학업 관련 학습(개념적 영역), ② 사회적 이해(사회적 영역), ③ 실행적 이해(실행적 영역)에 있어서의 추론에 해당된다. 기술의 넓은 범위는 적응행동의 3가지 영역 내에 들어 있다. 개념적 영역에는 다른 것들 중에서도 언어, 읽기, 쓰기, 산수, 추론, 지식, 기억에 있어서의 문제해결에 사용되는 기술들이 포함되어 있다. 사회적 영역에는 타인의 경험 인식, 공감, 대인 간 의사소통 기술, 교우관계 능력, 사회적 판단, 자기조절이 포함된다. 실행적 영역에는 개인관리, 직무에 대한 책임, 금전관리, 여가활용, 행동 관리, 학교 · 직무 조직 등 다양한 생활 장면에서의 자기관리가 포함된다.

DSM-5에서는 심각도 수준(경도, 중등도, 고도, 최고도)을 포함시킴으로써, IQ보다는 적응기능에 초점을 맞추고 있다. 이젠 적응기능 결함을 필수로 요구하고 있다. **적응기능**adaptive functioning이란 개인이 3가지 일반 영역(개념적, 사회적, 실행적)에서 일상생활의 과업에 얼마나 잘 대처하는가, 그리고 개인이 유사 연령, 사회문화적 배경, 지역사회 사람들에게 기대되는 개인적 독립성과 사회적 책임에 대한 기준을 일상생활 활동(예, 의사소통, 사회적 참여, 학교 또는 직장에서의 기능, 가정 또는 공동체에서의 개인적 독립성)의 한 가지 이상의 측면에서 얼마나 잘 충족시키는가를 나타낸다. 지적장애(지적발달장애)가 있는 사람으로서는 적응행동의 한계는 학교, 직장, 또는 독립적인 삶에서 지속적인 지원을 필요로 하게 되는 원인이 된다.

지적장애(지적발달장애) 진단기준

지적장애(지적발달장애)는 발달시기에 시작되며, 개념, 사회, 실행 영역에서 지적기능과 적응기능 모두에 결함이 있는 상태를 말한다. 다음의 3가지 진단기준을 충족해야 한다.

A. 임상적 평가와 개별적으로 실시된 표준화된 지능검사로 확인된 지적기능(추론, 문제해결, 계획, 추상적 사고, 판단, 학업, 경험 학습)의 결함이 있다.
B. 적응기능의 결함으로 인해 독립성과 사회적 책임의식에 필요한 발달학적 · 사회문화적 표준을 충족하지 못한다. 지속적인 지원 없이는 적응 결함으로 인해 다양한 환경(가정, 학교, 직장, 지역사회)에서 한 가지 이상의 일상활동(의사소통, 사회적 참여, 독립적 생활) 기능에 제한을 받는다.
C. 지적 결함과 적응기능의 결함은 발달시기 동안에 시작된다.

주의점: 지적장애라는 진단명은 ICD-11의 지적발달장애와 동의어다. 이 편람에서는 지적장애라는 용어를 사용하고 있지만, 다른 진단체계와의 연관성을 명확히 하고자 제목에 2가지 용

어 모두 기재하였다. 더욱이, 미 연방법(공법 111-256, 로사법)에서 정신지체라는 용어 대신 지적장애라는 용어를 사용하기로 결정하였고, 학술지에서도 지적장애라는 용어를 사용하고 있다. 이와 같이 지적장애라는 용어는 의학, 교육 및 기타 전문직뿐 아니라 일반 시민과 시민 단체에서도 널리 사용되고 있다.

현재의 심각도를 명시할 것(DSM-5, pp. 34-35의 표1 참조):
317 (F70) 경도
381.0 (F71) 중등도
381.1 (F72) 고도
381.2 (F73) 최고도

진단범주 A, B

지적기능의 결함과 적응기능의 손상은 진단의 필수요건이다. 예를 들어, 적응기능에 심각한 결함이 없는 상태에서 단지 IQ 점수가 70 미만인 사람은 지적발달장애로 진단되지 않을 것이다. 또한 지적발달장애로 진단되려면 적응기능에 심각한 손상이 있어야 한다(즉, 일상생활의 용무에 얼마나 잘 대처하고 있고 유사한 연령, 사회문화적 배경, 그리고 지역사회 사람들에게 기대되는 사회적 책임에 있어서의 개인의 독립성 기준을 얼마나 잘 충족하고 있는지). 적응행동은 지적능력, 교육, 동기, 성격 특성, 사회적 · 직업적 기회, 그리고 공존하는 의학적 상태 또는 정신장애에도 불구하고 학업적 · 사회적 · 실행적 장면에서의 수행을 반영한다. 적응기능이 손상된 경우, 수행은 제한되고 참여 역시 한 가지 이상의 일상생활 활동(예, 가정 또는 지역사회 장면에서의 의사소통, 사회적 참여, 독립적인 생활)의 측면에서 제약을 받게 된다.

진단기준 C

발달시기 동안 발병onset during the developmental period이란 청소년기 이전의 인식 및 진단을 말한다.

전반적 발달지연

전반적 발달지연은 새로 만들어진 진단이다. 이 진단으로 임상가들은 현저한 지적 또는 전반적 발달지연이나 장애의 증거가 명확하지만, 임상적 심각도 수준은 신뢰성 있게 평가할 수 없는 사례들을 기록할 수 있게 되었다. 이 진단은 5세 미만의 아동들을 대상으로 내려진다.

전반적 발달지연 315.8 (F88)

이 진단은 5세 미만의 아동들에 대해 임상적 심각도 수준을 신뢰성 있게 평가할 수 없을 때 사용하기 위한 것이다. 이 범주는 개인이 지적기능의 여러 영역에서 기대되는 발달이정표에 도달하지 못할 때 진단하게 되며, 너무 어려서 지적기능의 체계적 평가를 위한 표준화된 검사를 시행할 수 없는 개인에게 적용할 수 있다. 이 범주를 적용한 뒤에는 일정 기간이 지난 후 재평가가 요구된다.

명시되지 않는 지적장애(지적발달장애)

명시되지 않는 지적장애(지적발달장애) 진단은 현저한 지적 또는 전반적인 발달지연이나 장애가 5세 이상이고, 신뢰성 있는 평가가 이루어질 수 없는 사람들에 대해 사용된다.

명시되지 않는 지적장애(지적발달장애) 319 (F79)

이 범주는 5세 이상의 개인이 부수적인 감각 또는 신체적 손상(예를 들어, 실명 또는 언어 습득 이전의 난청, 운동능력 장애, 심한 문제행동이 있거나 동반된 정신질환이 있는 경우)으로 인해 현재 사용 가능한 절차로 지적장애(지적발달장애)의 정도를 평가하는 것이 어렵거나 불가능한 경우를 진단하기 위한 것이다. 이 범주는 예외적인 상황에서만 사용해야 하며, 일정 기간이 지난 후에 재평가가 요구된다.

의사소통장애

의사소통장애communication disorders는 언어, 말하기, 의사소통에 있어서의 어려움이 특징이다. 이 장애는 전통적으로 정신장애로 간주되지 않았지만, 고통과 중요한 생활 영역에서의 기능 손상을 초래할 수 있고 감별진단에 중요하다. 의사소통장애에는 ① 언어장애(DSM-IV의 표현성장애expressive disorder와 혼재성 수용·표현성 언어장애mixed receptive-expressive language disorder를 결합한 것임), ② 말소리장애speech sound disorder(종전의 조음장애phonological disorder), 그리고 ③ 아동기 발병 유창성장애childhood-onset fluency disorder(종전의 말더듬stuttering)가 포함된다. 사회적(실용적) 의사소통장애social (practical) communication disorder는 언어적·비언어적 의사소통의 사회적 사용에 있어서 지속적인 어려움을 포함해서 새롭게 정의된 장애다. DSM-IV의 **학습장애**는 **특정학습장애**로 명칭이 바뀌었고, 종전의 학습장애 유형들(읽기장애, 수학장애, 쓰기장애)은 더 이상 포함되지 않는다. 대신, 개인의 손상을 기술하기 위해 명시자가 사용된다.

언어장애

언어장애language disorder의 필수적인 특징은 이해 또는 생성에 있어서의 결함으로 인한 구어spoken language, 문어written language, 또는 수화sign language의 습득·사용에 있어서의 지속적인 장해다(진단기준 A). 언어능력은 연령에 기대되는 수준보다 상당히 정량적으로 떨어져서, 사회화, 효과적인 의사소통, 학업적 성취, 또는 직업적 수행을 심각할 정도로 침해한다(진단기준 B). 언어에 있어서 지역 변수(예, 사투리)는 언어장애로 간주되지 않는다. 증상 발병은 초기 발달시기에 시작된다(진단기준 C). 기타 장애들(예, 지적장애[지적발달장애], 청각손상, 운동 기능이상)은 언어적 어려움의 원인에서 배제되어야 한다(진단기준 D).

언어장애 진단기준	315.32 (F80.2)

A. 언어에 대한 이해 또는 생성의 결함으로 인해 언어양식(즉, 말, 글, 수화 또는 기타)의 습득과 사용에 지속적인 어려움이 있으며, 다음 항목들을 포함한다.

1. 어휘(단어에 대한 지식과 사용) 감소
2. 문장구조(문법이나 형태론적 법칙을 기초로 단어와 어미를 배치하여 문장을 만드는 능력)의 제한
3. 담화(주제나 일련의 사건을 설명하거나 기술하고 대화를 나누기 위해 어휘를 사용하고 문장을 연결하는 능력)의 손상

B. 언어능력이 연령에 기대되는 수준보다 상당히 그리고 정량적으로 낮으며, 이로 인해 개별적으로나 어떤 조합에서나 효율적인 의사소통, 사회적 참여, 학업적 성취 또는 직업적 수행의 기능적 제한을 야기한다.

C. 증상의 발병은 초기 발달시기에 시작된다.

D. 이러한 어려움은 청력이나 다른 감각 손상, 운동 기능이상 또는 다른 의학적 · 신경학적 조건에 기인한 것이 아니며, 지적장애(지적발달장애)나 전반적 발달지연으로 더 잘 설명되지 않는다.

말소리장애

말소리장애speech sound disorder는 발달적으로 부적절하고 다양한 측면에서 조음, 유창성, 발성을 포함해서 말소리 생성의 지속적인 어려움이 특징이다. 이 장애는 흔히 언어장애, 지적장애(지적발달장애), 그리고 신경학적 상태(예, 랜도-클레프너 증후군Landau-Kleffner syndrome)와 공존한다.

말소리장애 진단기준	315.39 (F80.0)

A. 말소리 생성에 지속적인 어려움이 있고, 이는 언어 명료도를 방해하거나 전달적인 언어적 의사소통을 막는다.

B. 장애가 효과적인 의사소통을 제한하여, 사회적 참여, 학업적 성취, 또는 직업적 수행을 각

각 혹은 조합해서 방해한다.

C. 증상의 발병은 초기 발달시기에 시작된다.

D. 이러한 어려움은 뇌성마비, 구개열, 청력 소실, 외상성 뇌손상이나 다른 의학적 또는 신경학적 조건과 같은 선천적 혹은 후천적 조건으로 인한 것이 아니다.

아동기 발병 유창성장애(말더듬)

아동기 발병 유창성장애(말더듬)childhood-onset fluency disorder (stuttering)는 정상적인 유창성에서의 장해와 연령에 부적절한 말의 속도 패턴에 있어서의 장해가 특징이다. 이 장해는 소리나 음절의 잦은 반복과 연장 또는 다른 유형의 말의 비유창성dysfluencies(예, 음과 음절 반복, 단어의 깨어짐[한 단어 내에서의 일시정지]), 소리를 동반하거나 말 막힘blocking(예, 말의 중단 사이가 채워지거나 채워지지 않음), 또는 돌려 말하기circumlocutions(예, 문제 있는 단어를 피하기 위한 단어 대체)로 나타날 수 있다. 장해는 학업적 또는 직업적 성취나 사회적 의사소통을 저해할 수 있다. 말더듬은 또한 수치심과 당혹감을 유발할 수 있고, 개인으로 하여금 말과 연관이 있을 만한 상황(예, 전화 사용)을 피하게 할 수 있다. 장애는 보통 6세경에 발생하지만, 대부분 비유창성에서 회복된다. 스트레스와 불안은 이 장애를 악화시킬 수 있다.

아동기 발병 유창성장애(말더듬) 진단기준 315.35 (F80.81)

A. 말의 정상적인 유창성과 말 속도 양상의 장해로서 이는 연령이나 언어기술에 비해 부적절하며, 오랜 기간 지속된다. 다음 중 한 가지 또는 그 이상이 자주, 뚜렷하게 나타나는 것이 특징이다.

1. 음과 음절의 반복
2. 자음과 모음을 길게 소리 내기
3. 단어의 깨어짐(예, 한 단어 내에서 머뭇거림)
4. 소리를 동반하거나 동반하지 않는 말 막힘(말의 중단 사이가 채워지거나 채워지지 않음)

5. 돌려 말하기(문제 있는 단어를 피하기 위한 단어 대체)
6. 과도하게 힘주어 단어 말하기
7. 단음절 단어의 반복(예, "나-나-나-난 그 사람을 보고 있어요.")

B. 개별적으로나 복합적으로 장해는 말하기에 대한 불안 혹은 효과적인 의사소통, 사회적 참여, 또는 학업적 · 직업적 수행의 제한을 야기한다.
C. 발병은 초기 발달시기에 시작된다(**주의점:** 늦은 발병의 경우 307.0 [F98.5] 성인기 발병 유창성장애로 진단한다).
D. 장해는 언어-운동 결함 또는 감각 결함, 신경학적 손상(예, 뇌졸중, 종양, 외상)에 의한 비유창성, 또는 다른 의학적 상태로 인한 것이 아니며, 다른 정신질환으로 더 잘 설명되지 않는다.

사회적(실용적) 의사소통장애

사회적(실용적) 의사소통장애는 DSM-5에서 새로 등장한 것이다. 이는 이해, 표현, 담화 이해를 포함해서 이야기 본문과 대화에서 관용어적 · 비문자적 언어 추론에 영향을 미치는 사회적 의사소통의 실용적 측면에 어려움을 가지고 있는 아동들의 장애다(Bishop, 2000). 이 장애는 아동의 비교적 온전한 어휘와 문장 능력에 예기치 않게 발현된다. 연구에 의하면, 이러한 아동들은 사회적으로 부적절한 행동을 나타내지만 자폐스펙트럼장애를 가지고 있지는 않다(Bishop & Norbury, 2002). 따라서 이들이 경험하는 실용적 어려움은 근본적으로 다른 언어 손상의 형태로 여겨진다. 이러한 상태를 가진 아동들은 사회적 의사소통에 있어서 흔한 어려움을 나타내지만, 자폐스펙트럼장애와 일치하는 반복적 행동 또는 제한된 흥미는 나타내지 않는다. 자폐스펙트럼장애는 주의력결핍 과잉행동장애, 사회불안장애, 그리고 지적장애(지적발달장애)와 마찬가지로 배제될 필요가 있다.

사회적(실용적) 의사소통장애 진단기준 315.39 (F80.89)

A. 언어적 · 비언어적 의사소통의 사회적인 사용에 있어서 지속적인 어려움이 있고, 다음과 같은 양상이 모두 나타난다.

1. 사회적 맥락에 적절한 방식으로 인사 나누기나 정보 공유 같은 사회적 목적의 의사소통에 있어서의 결함
2. 교실과 운동장에서 각기 다른 방식으로 말하기, 아동과 성인에게 각기 다른 방식으로 말하기, 그리고 매우 형식적인 언어의 사용을 피하는 것과 같이 맥락이나 듣는 사람의 요구에 맞추어 의사소통 방법을 바꾸는 능력에 있어서의 손상
3. 자기 순서에 대화하기, 알아듣지 못했을 때 좀 더 쉬운 말로 바꾸어 말하기, 상호작용을 조절하기 위해 언어적 · 비언어적 신호를 사용하기와 같이 대화를 주고받는 규칙을 따르는 데 있어서의 어려움
4. 무엇이 명시적 기술이 아닌지(예, 추측하기), 언어의 비문자적 또는 애매모호한 의미(예, 관용구, 유머, 은유, 해석 시 문맥에 따른 다중적 의미)가 무엇인지를 이해하는 데 있어서의 어려움

B. 개별적으로나 복합적으로 결함이 효과적인 의사소통, 사회적 참여, 사회적 관계, 학업적 성취 또는 직업적 수행의 기능적 제한을 야기한다.

C. 증상의 발병은 초기 발달시기에 나타난다(그러나 결함은 사회적 의사소통 요구가 제한된 능력을 넘어설 때까지는 완전히 나타나지 않을 수 있다).

D. 증상은 다른 의학적 또는 신경학적 상태나 부족한 단어구조 영역과 문법능력에 기인한 것이 아니며, 자폐스펙트럼장애, 지적장애(지적발달장애), 전반적 발달지연, 또는 다른 정신질환으로 더 잘 설명되지 않는다.

명시되지 않는 의사소통장애

명시되지 않는 의사소통장애 307.9 (F80.9)

이 범주는 사회적 · 직업적 또는 다른 중요한 기능 영역에서 임상적으로 현저한 고통이나 손상을 일으키는 의사소통장애의 특징적인 증상들이 두드러지지만, 의사소통장애 또는 신경발달장애 진단 부류에 속한 장애 중 어느 것에도 완전한 기준을 만족하지 않는 발현 징후들에 적용된다. 명시되지 않는 의사소통장애 범주는 기준이 의사소통장애 또는 특정 신경발달장애의 기준에 맞지 않은 이유를 명시할 수 없다고 임상가가 선택한 상황들에서 사용되며, 좀 더 특정

한 진단을 내리기에는 정보가 불충분한 발현 징후들을 포함한다.

자폐스펙트럼장애

자폐스펙트럼장애

자폐증autism은 리오 캐너(Leo Kanner, 1948)에 의해 반복적 · 상동증적 행동과 결합된 사회적 의사소통 결함이 있고, 아동기 초기에 발병하는 증후군으로 묘사되었다. DSM-III에서 이 장애는 "유아 자폐증infantile autism"으로 불렸고, 몇몇 광범위성 발달장애의 하나로 수록되었다. DSM-III-R과 DSM-IV에서는 레트장애, 아동기 붕괴장애, 아스퍼거장애, 그리고 달리 명시되지 않는 전반적 발달장애를 포함한 기타 관련된 장애들이 이 범주에 포함되었다. 이제 DSM-5에서는 이 모든 진단은 단일 진단, 즉 자폐스펙트럼장애로 대체되었다. 자폐스펙트럼장애는 신경발달장애로 간주된다. 유아기 또는 아동기 초기에 발현되지만, 이 장애는 그 시기가 지나서야 발견된다. 그 이유는 최소 사회적 요구와 초기에 부모나 보호자의 지원 때문이다.

종전에 DSM-IV에서는 구분되었던 다양한 장애는, DSM-5에서는 모두 하나로 통합되어 "스펙트럼spectrum"으로 재개념화되었다. 자폐스펙트럼장애의 필수적인 특징은 상호 간의 사회적 의사소통, 사회적 상호작용에 사용되는 비언어적 의사소통 행동, 그리고 관계(진단기준 A)와 행동, 흥미, 또는 활동의 제한적 · 반복적 패턴(진단기준 B)의 전개, 관리, 이해에 있어서의 지속적 결함이다. 전반적 발달장애들 사이의 구분은 시간이 지나면서 일관성이 없어졌고, 상황에 따라 가변적이었으며, 흔히 장애의 특징보다는 심각도, 언어수준, 또는 지능과 연관지어졌다. 신경발달장애 작업집단은 이러한 다양한 변수를 고려한 끝에, 자폐증은 일련의 공통적인 행동으로 정의되므로 임상적 명시자(예, 심각도, 지적 손상, 언어 손상) 그리고 연관된 특징들(예, 알려진 유전 장애genetic disorders, 뇌전증, 지적장애)을 포함시킴으로써 개인의 임상적 발현에 적합한 단일 진단범주로 가장 잘 나타낼 수 있다고 결론지었다. 예를 들어, 종전에 아스퍼거장애Asperger's disorder로 진단된 사람은 이젠 자폐스펙트럼장애, 지적 손상 없고 구조적 언어 손상 동반 없음으로 진단될 수 있다.

이 작업집단은 이 범주에 대해 다른 내용도 개정하였다. DSM-IV의 세 영역(① 사회적 상호작용, ② 의사소통, ③ 반복적·상동증적 행동)은 2개의 영역, 즉 ① 사회적 의사소통과 사회적 상호작용 결함, ② 제한된, 반복적 행동, 흥미, 활동이 되었다. 연구에 의하면, 의사소통과 사회적 행동에 있어서의 결함은 분리될 수 없으며, 맥락적·환경적 특이성specificities을 동반한 단일 증상 세트로 가장 잘 고려될 수 있다. 또한 언어 습득의 지연은 독특하지도 보편적이지도 않으며, 진단을 정의하는 특징으로서보다는 자폐스펙트럼장애의 임상적 증상에 영향을 미치는 인자로 더 정확하게 고려될 수 있다. 이 두 진단범주를 충족시키는 것을 필수요건으로 정하게 됨으로써 민감성을 훼손하지 않고도 진단의 특이성을 향상시킬 수 있게 되었다.

자폐스펙트럼장애 진단기준 299.00 (F84.0)

A. 다양한 분야에 걸쳐 나타나는 사회적 의사소통 및 사회적 상호작용의 지속적인 결함으로 현재 또는 과거력상 다음과 같은 특징으로 나타난다(예시들은 실례이며 증상을 총망라한 것이 아님, 본문을 참조할 것).

1. 사회적-감정적 상호성의 결함(예, 비정상적인 사회적 접근과 정상적인 대화의 실패, 흥미나 감정 공유의 감소, 사회적 상호작용의 시작 및 반응의 실패)
2. 사회적 상호작용을 위한 비언어적인 의사소통 행동의 결함(예, 언어적·비언어적 의사소통의 불완전한 통합, 비정상적인 눈 맞춤과 몸짓언어, 몸짓의 이해와 사용의 결함, 얼굴표정과 비언어적 의사소통의 전반적 결핍)
3. 관계 발전, 유지 및 관계에 대한 이해의 결함(예, 다양한 사회적 상황에 적합한 적응적 행동의 어려움, 상상 놀이를 공유하거나 친구 사귀기가 어려움, 동료들에 대한 관심 결여)

현재의 심각도를 명시할 것:

심각도는 사회적 의사소통 손상과 제한적이고 반복적인 행동 양상에 기초하여 평가한다(표 2를 참조할 것).

B. 제한된, 반복적 행동, 흥미, 또는 활동이 현재 또는 과거력상 다음 항목들 가운데 적어도 2가지 이상 나타난다(예시들은 실례이며 증상을 총망라한 것이 아님, 본문을 참조할 것).

1. 상동증적 또는 반복적인 운동성 동작, 물건 사용 또는 말하기(예, 단순 운동 상동증, 장난감 정렬, 또는 물체 튕기기, 반향어, 특이한 문구 사용)
2. 동일성에 대한 고집, 일상적인 것에 대한 융통성 없는 집착, 또는 의례적인 언어적 또는 비언어적 행동 양상(예, 작은 변화에 대한 극심한 고통, 변화의 어려움, 완고한 사고방식, 의례적인 인사, 같은 길로만 다니기, 매일 같은 음식 먹기)
3. 강도나 초점에 있어서 비정상적으로 극도로 제한되고 고정된 흥미(예, 특이한 물체에 대한 강한 애착 또는 집착, 과도하게 국한되거나 고집스러운 흥미)
4. 감각 정보에 대한 과잉 또는 과소 반응, 또는 환경의 감각 영역에 대한 특이한 관심(예, 통증/온도에 대한 명백한 무관심, 특정 소리나 감촉에 대한 부정적 반응, 과도한 냄새 맡기 또는 물체 만지기, 빛이나 움직임에 대한 시각적 매료)

현재의 심각도를 명시할 것:

심각도는 사회적 의사소통 손상과 제한적이고 반복적인 행동 양상에 기초하여 평가한다(표 2를 참조할 것).

C. 증상은 반드시 초기 발달시기부터 나타나야 한다(그러나 사회적 요구가 개인의 제한된 능력을 넘어서기 전까지는 증상이 완전히 나타나지 않을 수 있고, 나중에는 학습된 전략에 의해 증상이 감춰질 수 있음).

D. 이러한 증상은 사회적 · 직업적 또는 다른 중요한 현재의 기능 영역에서 임상적으로 뚜렷한 손상을 초래한다.

E. 이러한 장해는 지적장애(지적발달장애) 또는 전반적 발달지연으로 더 잘 설명되지 않는다. 지적장애와 자폐스펙트럼장애는 자주 동반된다. 자폐스펙트럼장애와 지적장애를 함께 진단하기 위해서는 사회적 의사소통이 전반적인 발달 수준에 기대되는 것보다 낮아야 한다.

주의점: DSM-IV의 진단기준상 자폐성장애, 아스퍼거장애 또는 달리 명시되지 않는 광범위성 발달장애에 잘 부합되는 사람들에게는 자폐스펙트럼장애로 진단되어야 한다. 사회적 의사소통에 뚜렷한 결함이 있으나 자폐스펙트럼장애의 다른 진단항목에 부합되지 않는 사람들의 경우에는 사회적(실용적) 의사소통장애로 평가되어야 한다.

다음의 경우 명시할 것:

지적 손상을 동반하는 경우 또는 동반하지 않는 경우

언어 손상을 동반하는 경우 또는 동반하지 않는 경우

알려진 의학적 · 유전적 상태 또는 환경적 인자와 연관된 경우
(부호화 시 주의점: 관련된 의학적 또는 유전적 상태를 식별하기 위해 추가적인 부호를 사용할 것)
다른 신경발달장애, 정신장애 또는 행동장애와 연관된 경우
(부호화 시 주의점: 관련된 신경발달장애, 정신장애 또는 행동장애[들]를 식별하기 위해 추가적인 부호를 사용할 것)
긴장증 동반(정의에 대해서는 다른 정신질환과 관련이 있는 긴장증의 기준을 참조할 것)
(부호화 시 주의점: 공존 긴장증이 있는 경우에는 자폐스펙트럼장애와 관련이 있는 긴장증에 대한 추가적인 부호 293.89 [F06.1]을 사용할 것)

진단기준 A

자폐스펙트럼장애의 필수적인 특징은 다양한 분야에 걸쳐 나타나는 상호 간의 사회적 의사소통 및 사회적 상호작용의 지속적인 결함이다. 이 증상은 광범위하고 지속된다. 발현은 부분적으로 연령, 지적 수준, 언어능력뿐 아니라 개인의 성격차와 다른 요인들(치료 과거력, 현재의 지원 등)에 좌우된다. 이 장애를 가진 많은 사람의 경우, 언어가 영향을 받게 될 것이다(예, 말이 없어지거나 발병이 지연될 수 있음). 의사소통은 형식적 기술들이 온전한 경우조차 손상될 수 있다. 사회적 · 정서적 상호성의 결함은 확실히 현저해지고, 이 장애가 있는 어린아이들은 사회적 상호작용을 거의 보이지 않거나 시작하지 않고 정서를 공유하지 않을 수 있다. 초기의 특징은 빈약한 시선 접촉 또는 결여다.

진단기준 B

이 진단기준에서는 아동의 제한적 · 반복적 행동, 흥미, 또는 활동 패턴이 필수로 요구된다. 예를 들어, 아동은 경직된 일상적인 것을 선호하고, 일상적인 일들이 동일한 방식으로 처리되도록 고집을 부린다. 아동은 열차 일정과 같은 특별한 주제에 대해 좁고 강렬하게 초점을 맞춘다. 아동은 손 펄럭이기 또는 손가락 튕기기와 같은 상동증적 또는 반복적인 행동을 나타낸다. 일상적인 것에 대한 과도한 집착

과 제한된 행동 패턴은 반복적인 질문과 같이 변화에 대한 저항 또는 의례적인 ritualized 언어적 또는 비언어적 행동 패턴으로 나타난다.

고도로 제한된 · 고착된 흥미는 강도 및/또는 초점(예, 진공청소기에 대한 집착)에 있어서 비정상적인 경향이 있다. 흥미와 일상적인 것은 감각 입력에 대해 지나치게 높거나 낮은 수준의 반응과 연관이 있다. 즉, 특정 소리나 질감, 대상에 대한 과도한 냄새 인식 또는 만지기, 빛 또는 회전물체, 그리고 때로 고통, 열기, 차가움에 대한 명백한 무관심을 보인다.

진단범주 C, D, E

증상은 생애 초기에 시작되고 사회적, 직업적, 또는 기능의 다른 중요한 영역에 있어서 제한 또는 손상을 초래한다. 기능 손상이 명백한 단계는 개인과 환경에 따라 다르다. 핵심적인 진단적 특징은 발달시기에 명백해지나 개입, 보상, 그리고 현재의 지원으로 장애의 후속 단계에서의 어려움이 가려질 수 있다.

자폐스펙트럼장애는 지적장애(지적발달장애)와 전반적 발달지연과 구별될 필요가 있다. 왜냐하면 후자의 상태들은 의사소통의 어려움과 연관될 수 있기 때문이다. 이러한 구별은 특히 어린아이들에게서는 어려울 수 있다. 진단적 결정은 의사소통과 상호작용이 개인의 비언어적 기술의 발달 수준에 비해 심각하게 손상되었는지의 여부에 달려 있을 수 있는데, 이런 사례에서는 자폐스펙트럼장애 진단이 내려질 가능성이 있다.

자폐스펙트럼장애가 있는 아이들은 생애 초기에 비교적 명백한 문제를 가지고 있을 수 있다. 부모들은 생애 첫 3~6개월 이내에 자녀가 미소나 안아 주는 것에 대한 정상적인 반응 패턴이 발달되지 않은 사실을 목격하게 된다. 비정상성에 대한 첫 번째 명백한 징후는 보통 언어 영역에서 발현된다. 아동이 자라면서 단어 및 문장 말하기 학습과 같은 발달이정표를 통해 진전을 보이지 않는 한편, 냉담하고, 위축되어 있으며, 고립되어 있는 것처럼 보이게 된다. 자신의 부모와 따스하게 관련짓는 패턴을 발달시키는 대신, 아동은 몸 흔들기 또는 머리 박기와 같은 자기자극self-stimulating 행동에 몰입한다. 결국, 무언가 심각하게 잘못되었다는 것이 분명해지고, 장애의 특징은 시간이 갈수록 아동의 정상적인 언어적 · 대인 간 의사소통 발달이 저해될 정도로 좀 더 명백해진다.

어린아이들의 경우, 사회적 · 의사소통 능력 결여는 특히 사회적 상호작용과 연관된 학습을 저해한다. 가정에서는 감각 민감성뿐 아니라 일상적인 것에 대한 집착과 변화에 대한 혐오는 섭식과 수면을 침해하고 일상적인 관리(예, 이발, 치과 예약)를 극도로 어렵게 만들 수 있다. 성인기에서 경직성과 특이성에 대한 어려움은 자폐스펙트럼장애가 있는 지적 수준이 높은 사람들에게 있어서조차 독립성을 제한할 수 있다.

주의력결핍 과잉행동장애

주의력결핍 과잉행동장애

주의력결핍 과잉행동장애attention-deficit/hyperactivity disorder(ADHD)는 DSM-II에서 처음으로 과잉활동, 좌불안석, 주의산만, 그리고 짧은 주의 지속시간attention span이 특징인 아동기(또는 청소년기)의 과잉운동 반응hyperkinetic reaction으로 간주되었다. DSM-III에서는 작동적인 진단범주가 마련되었고 주의력, 충동성, 과잉행동에 있어서의 결함이 강조되었으나, 과잉행동이 없는 것들에 대한 범주를 포함시켰다. DSM-IV에서 진단범주는 2가지 폭넓은 증상 집단, 즉 ① 주의력 초점 및 유지의 어려움, ② 과잉행동과 충동성에 대해 초점을 맞추기 위해 개정되었다. 진단범주에는 7세 이전에 발병되어야 하고, 18가지 증상 중 적어도 12가지가 적어도 6개월 동안 나타나야 한다고 명시되었다. 아형들은 발현이 현저하게 부주의한지, 현저하게 과잉행동적-충동적인지, 또는 혼재되어 있는지의 여부를 명시하기 위해 사용될 수 있었다.

DSM-5에서는 진단에 대해 몇 가지 변화가 이루어졌다. 첫째, 발병 연령이 7세경까지 손상 증상 발병에서 12세경까지 증상 발병으로 수정되었다. 연구에 의하면, 7세경까지의 발병 예측은 신뢰할 수 없고 경과, 심각도, 결과, 또는 치료 반응을 고려할 때 7세경까지 발병된 것으로 확인된 아동들과 늦게 발병된 아동들의 임상적 차이가 거의 없었다(Applegate et al. 1997). 아형들은 이전의 아형들을 직접 찾을 수 있는 발현 명시자로 대체되었다. 진단기준 항목에서 사용된 예들은 각 증상의 생애주기 연관성을 위한 공간을 마련해 주고 명확성을 높이기 위해 수정되었다(Matte et al. 2012). 17세 이상의 성인들에 대한 증상 역치는 주의력결핍과 과잉행동/충동성 2가지에 대해 (17세 미만인 자들에 대해 6가지에서) 5가지로 줄였다. 이러한 변화는 사람들이 아동기에 비해 성인기에 더 적은 수의 ADHD 증상을 나타내는 경향이 있다는 연구결과에 따라 이루어졌다. 끝으로, ADHD와 자폐스펙트럼장애는 공존할 수 있다는 연구 자료에 대한 반응으로 자폐스펙트럼장애와의 동반이환이 현재는 용인되고 있다. 이러한 변화를 통해 ADHD 진단범주는 개정된 자폐스펙트럼장애의 진단범주와 조화를 이룰 수 있게 되었다.

주의력결핍 과잉행동장애 진단기준

A. 기능 또는 발달을 저해하는 지속적인 주의력결핍 및 과잉행동-충동성이 (1) 및/또는 (2)의 특징을 갖는다.

1. **주의력결핍:** 다음 9개 증상 가운데 6개 이상이 적어도 6개월 동안 발달 수준에 적합하지 않고 사회적·학업적/직업적 활동에 직접적으로 부정적인 영향을 미칠 정도로 지속됨
   주의점: 이러한 증상은 단지 반항적 행동, 적대감 또는 과제나 지시 이해의 실패로 인한 양상이 아니어야 한다. 후기 청소년이나 성인(17세 이상)의 경우에는 적어도 5가지의 증상을 만족해야 한다.
   a. 자주 세부적인 면에 대해 면밀한 주의를 기울이지 못하거나, 학업, 작업 또는 다른 활동에서 부주의한 실수를 저지름(예, 세부적인 것을 못 보고 넘어가거나 놓침, 작업이 부정확함)
   b. 자주 과제를 하거나 놀이를 할 때 지속적으로 주의집중을 할 수 없음(예, 강의, 대화

또는 긴 글을 읽을 때 계속해서 집중하기가 어려움)

c. 자주 다른 사람이 직접 말을 할 때 경청하지 않는 것처럼 보임(예, 명백하게 주의집중을 방해하는 것이 없는데도 마음이 다른 곳에 있는 것처럼 보임)

d. 자주 지시를 완수하지 못하고, 학업, 잡일 또는 작업장에서의 임무를 수행하지 못함(예, 과제를 시작하지만 빨리 주의를 잃고 쉽게 곁길로 샘)

e. 자주 과제와 활동을 체계화하는 데 어려움이 있음(예, 순차적인 과제를 처리하는 데 어려움, 물건이나 소지품을 정리하는 데 어려움, 지저분하고 체계적이지 못한 작업, 시간관리를 잘 하지 못함, 마감시간을 맞추지 못함)

f. 자주 지속적인 정신적 노력을 요구하는 과제에 참여하기를 기피하고, 싫어하거나 저항함(예, 학업 또는 숙제, 후기 청소년이나 성인의 경우에는 보고서 준비, 서류 작성, 긴 서류 검토)

g. 과제나 활동에 꼭 필요한 물건들(예, 학습 과제, 연필, 책, 도구, 지갑, 열쇠, 서류 작업, 안경, 휴대폰)을 자주 잃어버림

h. 자주 외부 자극(후기 청소년과 성인의 경우에는 관련이 없는 생각들이 포함될 수 있음)에 의해 쉽게 산만해짐

i. 자주 일상적인 활동을 잊어버림(예, 잡일하기, 심부름하기, 후기 청소년과 성인의 경우에는 전화 회답하기, 청구서 지불하기, 약속 지키기)

2. **과잉행동-충동성**: 다음 9개 증상 가운데 6개 이상이 적어도 6개월 동안 발달 수준에 적합하지 않고 사회적·학업적/직업적 활동에 직접적으로 부정적인 영향을 미칠 정도로 지속됨

주의점: 이러한 증상은 단지 반항적 행동, 적대감 또는 과제나 지시 이해의 실패로 인한 양상이 아니어야 한다. 후기 청소년이나 성인(17세 이상)의 경우, 적어도 5가지의 증상을 만족해야 한다.

a. 자주 손발을 만지작거리며 가만두지 못하거나 의자에 앉아서도 몸을 꿈틀거림

b. 자주 앉아 있도록 요구되는 교실이나 다른 상황에서 자리를 떠남(예, 교실이나 사무실 또는 다른 업무 현장, 또는 자리를 지키는 게 요구되는 상황에서 자리를 이탈)

c. 자주 부적절하게 지나치게 뛰어다니거나 기어오름(**주의점**: 청소년 또는 성인에서는 주관적으로 좌불안석을 경험하는 것에 국한될 수 있다)

d. 자주 조용히 여가활동에 참여하거나 놀지 못함

e. 자주 "끊임없이 활동하거나" 마치 "태엽 풀린 자동차처럼" 행동함(예, 음식점이나 회의실에 장시간 동안 가만히 있을 수 없거나 불편해함, 다른 사람에게 가만히 있지 못하는 것처럼 보이거나 가만히 있기가 어려워 보일 수 있음)

f. 자주 지나치게 수다스럽게 말함

g. 자주 질문이 끝나기 전에 성급하게 대답함(예, 다른 사람의 말을 가로챔, 대화 시 자

신의 차례를 기다리지 못함)

h. 자주 자신의 차례를 기다리지 못함(예, 줄 서 있는 동안)

i. 자주 다른 사람의 활동을 방해하거나 침해함(예, 대화나 게임, 활동에 참견함, 다른 사람에게 묻거나 허락을 받지 않고 다른 사람의 물건을 사용하기도 함, 청소년이나 성인의 경우 다른 사람이 하는 일을 침해하거나 꿰찰 수 있음)

B. 몇 가지의 주의력결핍 또는 과잉행동-충동성 증상이 12세 이전에 나타난다.

C. 몇 가지의 주의력결핍 또는 과잉행동-충동성 증상이 2가지 또는 그 이상의 환경에서 존재한다(예, 가정, 학교나 직장, 친구들 또는 친척들과의 관계, 다른 활동에서).

D. 증상이 사회적, 학업적, 또는 직업적 기능의 질을 방해하거나 감소시킨다는 명확한 증거가 있다.

E. 증상이 조현병 또는 기타 정신병적 장애의 경과 중에만 발생되지는 않으며, 다른 정신질환(예, 기분장애, 불안장애, 해리장애, 성격장애, 물질중독 또는 금단)으로 더 잘 설명되지 않는다.

다음 중 하나를 명시할 것:

314.01 (F90.2) 복합형: 지난 6개월 동안 진단기준 A1(주의력결핍)과 진단기준 A2(과잉행동-충동성)를 모두 충족한다.

314.00 (F90.0) 주의력결핍 우세형: 지난 6개월 동안 진단기준 A1(주의력결핍)은 충족하지만 A2(과잉행동-충동성)는 충족하지 않는다.

314.01 (F90.1) 과잉행동/충동 우세형: 지난 6개월 동안 진단기준 A2(과잉행동-충동성)는 충족하지만 A1(주의력결핍)은 충족하지 않는다.

다음의 경우 명시할 것:

부분 관해 상태: 과거에 완전한 진단기준을 충족하였고, 지난 6개월 동안에는 완전한 진단기준을 충족하지는 않지만 여전히 증상이 사회적, 학업적, 또는 직업적 기능에 손상을 일으키는 상태다.

현재의 심각도를 명시할 것:

경도: 현재 진단을 충족하는 수준을 초과하는 증상은 거의 없으며, 증상으로 인한 사회적, 학업적, 또는 직업적 기능의 손상은 경미한 수준을 넘지 않는다.

중등도: 증상 또는 기능적 손상이 "경도"와 "고도" 사이에 있다.

고도: 진단을 충족하는 수준을 초과하는 다양한 증상 또는 특히 심한 몇 가지 증상이 있다. 혹은 증상이 사회적 또는 직업적 기능에 뚜렷한 손상을 야기한다.

진단기준 A

ADHD의 필수적인 특징은 기능 또는 발달을 저해하는 충분히 심한 정도의 주의력 결핍(진단기준 A1) 및/또는 과잉행동/충동성(진단기준 A2)의 지속적인 패턴이다. **주의력결핍**inattention이란 과업 지속, 지속성, 초점, 조직, 계획, 과업 완수에 있어서의 문제를 말한다. **과잉행동**hyperactivity은 적절하지 않은 상황에서 여기저기 뛰어다니거나 기어오르기 같은 과도한 운동활동이나 과도한 손장난, 두드리기, 꼼지락거리기 같은 증상으로 나타난다. 과잉행동은 지속적이지 않을 수 있지만, 과잉활동은 매우 자주 발생할 수 있다.

진단기준 B

이 항목은 ADHD의 몇 가지 증상이 12세 이전에 발병되어야 한다는 필수요건인데, 이는 후향적으로 정확한 아동기 발병시기를 설정하기 어렵기 때문이다(Kieling et al. 2010). 청소년 또는 성인기 초기의 사람들의 경우, 종단적 관점에서 상태가 아동기 동안 발생했고 최근에 발병하지 않았음을 입증해야 한다.

진단기준 C

이 항목은 몇 가지 ADHD 증상이 2가지 이상의 장면에서 나타나야 한다는 필수요건이다. 잠재적으로 비용과 시간이 많이 들고 진단의 필수요건은 아니지만, 본문에서는 다양한 장면에 걸쳐 개인을 지켜봐 온 정보제공자(예, 부모, 교사, 고용주)의 자문을 권장하고 있다. 아동의 경우에는 교사의 평정척도가 규범적 행동 패턴의 기대에 관한 가치 있고 부수적인 정보를 제공해 줄 수 있다.

진단기준 D

ADHD는 아동들의 학업수행을 손상시킬 수 있다. 성인에게서는 흔히 직업적 수행과 참여 악화, 실업 가능성 증가, 대인 간 갈등, 그리고 자존감 하락 현상이 나타난다. ADHD가 있는 아동들은 장애가 없는 아동들에 비해 의학적 주의를 필요로 하는 부상을 입을 가능성이 2배나 높다. 이러한 현상은 이들의 충동성과 주의력결핍 때문인 것으로 추정된다. 지속적인 노력을 필요로 하는 과업에 대한 부적절한 자기적용은 흔히 다른 사람들에게는 게으름, 낮은 책임감, 반항적 행동으로 해석된다. 가족관계는 흔히 분노와 적대성antagonism이 특징이다. 왜냐하면 개인의 증상 상태의 변이성variability이 흔히 다른 사람들로 하여금 문제행동이 고의적이라는 생각이 들게 하기 때문이다.

진단기준 E

다른 정신장애들은 증상의 원인에서 배제될 필요가 있다. ADHD는 불안장애와 주요우울증과 주의력결핍 증상을 공유한다. ADHD가 있는 사람들은 백일몽 또는 외적 자극이나 새로운 활동에 주의를 빼앗기게 되어 주의가 산만하다. ADHD는 불안장애와 주요우울증이 있는 사람들에게서 흔히 볼 수 있는 걱정, 되새김, 그리고 내적 자극으로 인한 주의력결핍과는 구별되어야 한다. 양극성장애가 있는 어린 사람들은 활동 증가 현상이 나타날 수 있지만, 이러한 활동은 삽화성일 뿐, 기분과 목적 지향적 행동에 따라 달라진다. ADHD는 조증과 혼동되어서는 안 된다. 파괴적 기분조절부전장애는 지속적인 기분 변화, 과민성, 그리고 좌절을 참지 못하는 것이 특징이다. 그러나 충동성과 와해된 주의는 이 상태에 속하지 않는다.

일부 성인의 경우, 다양한 성격장애와 ADHD의 구별이 어려울 수 있다. 이러한 장애들은 와해성, 사회적 침습, 정서 조절곤란, 인지 조절곤란dysregulation과 같은 특징들을 공유하는 경향이 있다. 그러나 ADHD는 버려질 것에 대한 공포, 자해, 극도의 양가감정, 또는 기타 심각한 정도의 성격장애의 양상이 특징적으로 나타나지는 않는다. 끝으로, 주의력결핍과 과잉행동이 정신병적 장애의 경과 기간에 독자적으로 나타나는 경우, ADHD로 진단되지 않는다.

달리 명시된 주의력결핍 과잉행동장애와 명시되지 않는 주의력결핍 과잉행동장애

'달리 명시된 ADHD'와 '명시되지 않는 ADHD'는 특정 진단범주에 부합되지 않는 ADHD의 증상 발현에 대한 나머지 범주들이다.

달리 명시된 주의력결핍 과잉행동장애 314.01 (F90.8)

이 범주는 사회적, 직업적, 또는 다른 중요한 기능 영역에서 임상적으로 현저한 고통이나 손상을 일으키는 주의력결핍 과잉행동장애의 특징적인 증상들이 두드러지지만, 주의력결핍 과잉행동장애 또는 신경발달장애의 진단 부류에 속한 장애들 중 어느 것에도 기준을 완전히 충족시키지 못하는 발현 징후들에 적용된다. 달리 명시된 주의력결핍 과잉행동장애 범주는 발현 징후가 주의력결핍 과잉행동장애 또는 어떤 특정 신경발달장애의 기준에 부합되지 않는 특정한 이유를 소통하고자 임상가가 선택한 상황에서 사용된다. 이는 "달리 명시된 주의력결핍 과잉행동장애"를 기록하고, 이어서 특정한 이유(예, "불충분한 주의력결핍 증상이 있는 경우")를 기록한다.

명시되지 않는 주의력결핍 과잉행동장애 314.01 (F90.9)

이 범주는 사회적, 직업적, 또는 다른 중요한 기능 영역에서 임상적으로 현저한 고통이나 손상을 일으키는 주의력결핍 과잉행동장애의 특징적인 증상들이 두드러지지만, 주의력결핍 과잉행동장애 또는 신경발달장애 진단 부류에 속한 장애 중 어느 것에도 완전한 기준을 만족하지 않는 발현 징후들에 적용된다. 명시되지 않는 주의력결핍 과잉행동장애 범주는 기준이 주의력결핍 과잉행동장애 또는 특정 신경발달장애의 기준에 부합되지 않는 특정한 이유를 소통하지 않기로 임상가가 선택한 상황에서 사용되며, 좀 더 구체적인 진단을 내리기에는 정보가 불충분한 발현 징후들을 포함한다.

특정학습장애

특정학습장애

특정학습장애specific learning disorder는 학업기술의 습득 또는 사용에 있어서 지속적인 어려움과 발달시기 동안 발병되는 것이 특징이다. 특정학습장애는 개인의 ① 의학적 · 발달적 · 교육적 과거력, 가족력, ② 학습의 어려움 및 발현의 과거력, ③ 학업적, 직업적, 또는 사회적 기능에 대한 영향, ④ 연령 또는 학년에 맞는 수준의 자료 읽기 또는 해결능력에 대한 관찰, ⑤ 학교 기록, 그리고 ⑥ 표준화된 교육적 또는 신경심리적 검사점수를 종합한 것을 기반으로 한 임상적 진단이다. 이 진단은 읽기장애, 수학장애, 쓰기장애를 대체한다. 대신, 이러한 장애들은 현재 읽기, 쓰기, 수학적 손상에 대한 부호화된 명시자를 갖춘 단일 진단에 포함되어 있다. 이렇게 개정된 이유는 임상가와 연구자들 사이에서 DSM-IV의 3가지 독립적인 학습장애의 타당성이 부족하다는 지적이 있었기 때문이었다. 이러한 변화는 특정학습장애가 있는 아동들 대부분이 한 가지 이상의 영역에서 결함을 나타낸다는 점에서 특별히 중요하다. 단일 장애로서 이러한 상태들이 재분류됨으로써, 분리된 명시자들은 현재 심각도뿐 아니라 3가지 영역의 각 영역에서 발현되는 특정 결함의 부호화에 사용된다. 읽기장애의 특정 유형들은 폭넓게 난독증dyslexia으로 묘사되는 반면, 수학적 결함의 특정 유형들은 난산증dyscalculia으로 묘사된다.

필수적인 특징은 발달시기 동안 또래들처럼 신속하게 또는 정확하게 학업기술을 습득 또는 사용하는 데 있어서의 지속적인 문제다(진단기준 A). 따라서 개인의 학업기술은 동일 연령, 성별에 준하는 또래들, 문화적 집단의 평균 범위에 비해 훨씬 낮다(진단기준 B). 특정 학습의 어려움에 대한 임상적 발현은 학령기에 나타난다. 그리고 이러한 어려움은 침해된 기술에 대한 요구가 개인의 능력을 초과하게 되어서야 명백해진다(진단기준 C). 학습의 어려움은 지적 곤란, 교정되지 않은 시각 또는 청각 문제, 심리사회적 역경, 학교 수업에 사용되는 언어 미숙성, 또는 부적절한 교수법으로 설명될 수 없는 것이어야 한다(진단기준 D).

특정학습장애 진단기준

A. 학업기술의 습득과 사용에 있어서의 어려움. 이러한 어려움에 대한 적절한 개입의 제공에도 불구하고 아래에 열거된 증상 중 적어도 한 가지가 최소 6개월 이상 지속된다.

1. 부정확하거나 느리고 힘겨운 단어 읽기(예, 단어를 부정확하거나 느리며 더듬더듬 소리 내어 읽기, 자주 추측하며 읽기, 단어를 소리 내어 읽는 데 어려움이 있음)
2. 읽은 것의 의미를 이해하기 어려움(예, 본문을 정확하게 읽을 수 있으나 읽은 내용의 순서, 관계, 추론 또는 깊은 의미를 이해하지 못함)
3. 철자법의 어려움(예, 자음이나 모음을 추가하거나 생략 또는 대치하기도 함)
4. 쓰기의 어려움(예, 한 문장 안에서 다양한 문법·구두점 오류, 문단 구성이 엉성함, 생각을 글로 표현하는 데 있어서 명료성이 부족함)
5. 수 감각, 단순 연산값 암기 또는 연산절차의 어려움(예, 숫자의 의미, 수의 크기나 관계에 대한 빈약한 이해, 한 자리 수 덧셈을 할 때 또래들처럼 단순 연산값에 대한 기억력을 이용하지 않고 손가락을 사용함, 연산을 하다가 진행이 안 되거나 연산과정을 바꿔 버리기도 함)
6. 수학적 추론의 어려움(예, 양적 문제를 풀기 위해 수학적 개념, 암기된 연산값 또는 수식 적용에 심한 어려움이 있음)

B. 개별적으로 실시한 표준화된 성취도 검사와 종합적인 임상평가를 통해 영향을 받은 학업기술이 생활연령에 기대되는 수준보다 현저하게 양적으로 낮고, 학업적·직업적 수행이나 일상생활의 활동을 현저하게 방해한다는 것이 확인되어야 한다. 17세 이상의 경우, 학습의 어려움에 대한 과거 병력이 표준화된 평가를 대신할 수 있다.

C. 학습의 어려움은 학령기에 시작되지만, 해당 학습기술을 요구하는 정도가 개인의 능력을 넘어서는 시기가 되어야 분명히 드러날 수도 있다(예, 주어진 시간 안에 시험 보기, 길고 복잡한 리포트를 촉박한 마감 기한 내에 읽고 쓰기, 과중한 학업 부담).

D. 학습의 어려움은 지적장애, 교정되지 않은 시력이나 청력 문제, 다른 정신적 또는 신경학적 장애, 심리사회적 역경, 수업에 사용되는 언어의 능통성 결여, 또는 부적절한 교육적 가르침으로 더 잘 설명되지 않는다.

주의점: 4가지의 진단항목은 개인의 과거력(발달력, 의학적 병력, 가족력, 교육력), 학교의 보고와 심리교육적 평가결과를 임상적으로 통합하여 판단한다.

부호화 시 주의점: 손상된 모든 학업 영역과 보조기술에 대해 세부화할 것. 한 가지 이상의 영

역에 손상이 있는 경우 다음의 세부진단에 따라 개별적으로 부호화할 것

다음의 경우 명시할 것:

315.00 (F81.0) 읽기 손상 동반:

단어 읽기 정확도

읽기 속도 또는 유창성

독해력

주의점: 난독증dyslexia은 정확하거나 유창한 단어 인지의 어려움, 해독 및 철자 능력의 부진을 특징으로 하는 학습장애의 한 종류를 일컫는 또 다른 용어다. 이러한 특정 패턴의 어려움을 난독증이라고 명명한다면, 독해나 수학적 추론과 같은 부수적인 어려움이 동반되었는지 살펴보고 명시하는 것이 중요하다.

315.2 (F81.81) 쓰기 손상 동반:

철자 정확도

문법과 구두점 정확도

작문의 명료도와 구조화

315.1 (F81.2) 수학 손상 동반:

수 감각

단순 연산값의 암기

계산의 정확도 또는 유창성

수학적 추론의 정확도

주의점: 난산증dyscalculia은 숫자 정보 처리, 단순 연산값의 암기와 계산의 정확도와 유창도 문제의 어려움을 특징으로 하는 또 다른 용어다. 만일 이러한 특정 패턴의 수학적 어려움을 난산증으로 명명한다면, 수학적 추론이나 단어 추론의 정확성과 같은 부수적인 어려움이 동반되었는지 살펴보고 명시하는 것이 중요하다.

현재의 심각도를 명시할 것:

경도: 한 가지 또는 2가지 학업 영역의 학습기술에 있어 약간의 어려움이 있으나 적절한 편의나 지지 서비스가 제공된다면(특히 학업 기간 동안), 개인이 이를 보상할 수 있고 적절히 기능할 수 있을 정도로 경미한 수준이다.

중등도: 한 가지 또는 2가지 학업 영역의 학습기술에 있어 뚜렷한 어려움이 있으며, 그로 인해 학업 기간 동안 일정한 간격을 두고 제공되는 집중적이고 특수화된 교육 없이는 능숙해지기 어렵다. 활동을 정확하고 효율적으로 완수하기 위해서는 적어도 학교, 직장, 또는 가정에서 보내는 시간의 일부 동안이라도 편의와 지지 서비스가 제공되어야 한다.

고도: 여러 학업 영역에 영향을 끼치는 학습기술의 심한 어려움이 있으며, 그로 인해 대부분의 학업 기간 동안 집중적이고 개별적이며 특수화된 교육이 지속되지 않는다면 이러한 기술을 습득하기 어렵다. 가정, 학교, 직장에서 일련의 적절한 편의와 서비스를 제공받았

음에도 불구하고 모든 활동을 효율적으로 수행하지 못할 수도 있다.

운동장애

발달성 협응장애

발달성 협응장애developmental coordination disorder의 필수적인 특징은 운동 협응이 요구되는 기술의 발달적 습득과 실행에 있어서의 뚜렷한 손상이다(진단기준 A). 증상의 발현은 연령과 발달단계에 따라 다르다. 예를 들어, 어린아이들은 기어 다니기, 앉기, 걷기와 같은 발달상의 운동이정표 성취 또는 계단 오르내리기, 자전거 페달 구르기, 단추 채우기, 지퍼 사용과 같은 운동기술 또는 과업 습득 · 사용에 있어서의 지연 및 서투름이 나타날 수 있다. 좀 더 나이 든 아이들은 퍼즐 맞추기 또는 모형 만들기의 운동 측면에 어려움을 나타낼 수 있다.

발달성 협응장애는 심각하고 지속적인 손상으로 인해 가정, 사회, 학교, 공동체에서의 일상활동의 수행 또는 참여가 침해받는 경우에 진단된다(진단기준 B). 여기에는 옷 입기, 적절한 식기구로 음식 먹기, 또래들과의 신체적 게임에 참여하기, 그리고 학교에서의 운동 활동에 참여하기가 포함된다. 전형적으로 이러한 활동을 수행하기 위한 아동의 능력이 손상되어 있고, 수행의 더딤 증상이 뚜렷이 나타난다. 이 장애의 결과에는 팀으로 하는 놀이와 스포츠, 낮은 자존감과 자기가치감 그리고 정서 · 행동 문제들이 포함된다. 청소년과 성인들의 경우, 미세운동 기술과 운동 속도의 손상은 직장 또는 학교 장면에서의 수행에 영향을 미친다. 증상은 초기 발달시기에 시작된다(진단기준 C).

발달성 협응장애는 뇌성마비cerebral palsy나 근육위축증muscular dystropy, 시각 손상, 또는 지적장애(지적발달장애) 등, 협응문제를 야기할 수 있는 다른 의학적 상태와 구별되어야 한다(진단기준 D).

발달성 협응장애 진단기준	315.4 (F82)

A. 협응된 운동의 습득과 수행이 개인의 생활연령과 기술 습득 및 사용의 기회에 기대되는 수준보다 현저하게 낮다. 장애는 운동기술 수행(예, 물건 잡기, 가위나 식기 사용, 글씨 쓰기, 자전거 타기 또는 스포츠 참여)의 지연과 부정확성뿐만 아니라 서투른 동작(예, 물건 떨어뜨리기 또는 물건에 부딪히기)으로도 나타난다.
B. 진단기준 A의 운동기술 결핍이 생활연령에 걸맞은 일상생활의 활동(예, 자기 관리 및 유지)을 현저하고 지속적으로 방해하며, 학업/학교 생활의 생산성, 직업활동, 여가, 놀이에 영향을 미친다.
C. 증상은 초기 발달시기에 시작된다.
D. 운동기술 결핍이 지적장애(지적발달장애)나 시각 손상으로 더 잘 설명되지 않으며, 운동에 영향을 미치는 신경학적 상태(예, 뇌성마비, 근육위축증, 퇴행성 질환)로 인한 것이 아니어야 한다.

상동증적 운동장애

상동증적 운동장애stereotypic movement disorder는 반복적이고, 억제할 수 없는 것처럼 보이며, 명백하게 목적 없는 운동행동이 특징이다(진단기준 A). 이러한 특징적 행동은 사회적·학업적 그리고 기타 활동을 방해하고 자해의 원인이 된다(진단기준 B). 이 장애는 초기 발달시기에 발병된다(진단기준 C). 이러한 행동들은 물질의 생리적 효과나 신경학적 상태로 인한 것이 아니고, 다른 신경발달장애나 정신장애(예, 강박장애에서의 강박행동, 틱장애에서의 틱, 자폐스펙트럼장애의 일부인 상동증, 또는 발모광trichotillomania에서의 털뽑기)로 더 잘 설명되지 않아야 한다(진단기준 D). 전형적인 운동으로는 손 흔들기, 몸 흔들기, 손장난하기, 손가락 만지작거리기, 물건 돌리기, 머리 박기, 자기 물어뜯기 그리고 자신의 신체 부분 때리기가 있다. 이러한 행동들은 영구적이고 장애를 초래하는 조직 손상과 생명 위협의 원인이 되기도 한다.

DSM-5의 진단범주가 수정되었다. 기능적이지 못한 용어(DSM-IV의 진단기준 A)는 부정확할 수 있다는 점에서 "명백하게 목적 없는apparently purposeless"이라는 말로 대체되었다. 장애가 4주 이상 지속되어야 한다는 증거가 없기 때문에 이 진단기준(DSM-IV의 진단기준 F)은 삭제되었다.

상동증적 운동장애 진단기준 307.3 (F98.4)

A. 반복적이고, 억제할 수 없는 것처럼 보이고, 목적이 없는 것 같은 운동행동(예, 손 흔들기, 손장난하기, 몸 흔들기, 머리 흔들기, 물어뜯기, 자기 몸 때리기)

B. 반복적인 운동행동이 사회적 · 학업적 또는 기타 활동을 방해하고, 자해의 원인이 될 수 있다.

C. 초기 발달시기에 발병한다.

D. 반복적 운동행동은 물질의 생리적 효과나 신경학적 상태로 인한 것이 아니며, 다른 신경발달장애나 정신질환(예, 발모광, 강박장애)으로 더 잘 설명되지 않는다.

다음의 경우 명시할 것:

자해행동을 동반하는 경우(또는 예방 조치가 없다면 부상을 초래할 수 있는 행동)

자해행동을 동반하지 않는 경우

다음의 경우 명시할 것:

알려진 의학적 · 유전적 상태, 신경발달장애 또는 환경적 인자와 연관된 경우(예, 레쉬-니한 증후군Lesch- Nyhan syndrome, 지적장애[지적발달장애], 태아 알코올 노출)

부호화 시 주의점: 연관된 의학적 또는 유전적 조건이나 신경발달장애를 식별하기 위해 추가적 부호를 사용한다.

현재의 심각도를 명시할 것:

경도: 감각 자극이나 주의 전환에 의해 증상이 쉽게 억제된다.

중등도: 증상에 대한 확실한 방어책과 행동 조정이 필요하다.

고도: 심한 부상을 예방하기 위해 지속적인 관찰과 예방책이 필요하다.

틱장애

틱장애tic disorders는 임상적으로 심각한 틱의 발현이 특징이고, 주로 기간과 유형에 따라 달라진다. 5가지 틱장애(① 투렛장애, ② 지속성(만성) 운동 또는 음성 틱장애, ③ 잠정적 틱장애, ④ 달리 명시된 틱장애 그리고 ⑤ 명시되지 않는 틱장애)는 DSM-IV에 수록된 4가지의 진단이 확대된 것이다(Walkup et al. 2010). 후자의 2가지 진단은 틱이 특정 물질(예, 코카인) 또는 의학적 상태(예, 헌팅턴병)의 효과에 의한 것이라는 연구결과에 기초하여 추가되었다.

투렛장애

투렛장애Tourette's disorder는 상동증적이지만 비율동적 운동과 발성이 특징이다. 음성 틱vocal tics은 큰 소리로 꿀꿀거리거나 개가 짖는 것 같은 소리를 내거나 외설적인 단어들을 큰 소리로 외치는 등 사회적으로 공격적인 형태로 나타난다. 개인은 자신이 음성 틱을 생성하고 있음을 인식하고 있고 경미한 수준으로 조절할 수 있으나, 결국 이러한 행동에 굴복하게 된다. 투렛장애가 있는 사람들은 자신의 틱이 사회적으로 부적절하다는 사실을 인식하고 있어서, 틱이 자신을 난처하게 만든다는 것을 안다. 투렛장애에서 발현되는 운동 틱motor tics으로는 혀 내밀기, 킁킁거리기, 펄쩍펄쩍 뛰기, 웅크리기, 눈 깜빡이기, 또는 고개 끄덕이기와 같은 특이하거나 공격적인 행동들도 있다. 일반 대중 대부분이 투렛장애의 특성에 대해 잘 알지 못하기 때문에 이러한 행동들은 부적절하거나 괴이하게 보인다.

투렛장애 진단기준 **307.23 (F95.2)**

주의점: 틱은 갑작스럽고 빠르며 반복적이고 비율동적인 동작이나 음성 증상을 말한다.

A. 다수의 운동 틱과 한 가지 또는 그 이상의 음성 틱이 질병 경과 중 일부 기간 동안 나타난다. 2가지 틱이 반드시 동시에 나타날 필요는 없다.

B. 틱 증상은 자주 악화와 완화를 반복하지만 처음 틱이 나타난 시점으로부터 1년 이상 지속된다.

C. 18세 이전에 발병한다.
D. 장해는 물질(예, 코카인)의 생리적 효과나 다른 의학적 상태(예, 헌팅턴병, 바이러스성 뇌염)로 인한 것이 아니다.

진단기준 A. 틱의 정의는 모든 틱장애에 대해 동일하다. 상동증적 운동장애로 진단되는 사람들이 틱장애로 진단될 가능성을 줄이기 위해 **상동증적**stereotyped이라는 용어는 삭제되었다.

진단기준 B. 틱이 없는 최대 기간maximun tic-free interval(DSM-IV 진단기준 B)은 삭제되었다. 3개월 이상의 틱이 없는 기간이 만성 경과가 되지 않는다고 입증하는 자료가 없기 때문이다. 또한 틱이 없는 기간은 측정이 어렵다. 왜냐하면 환자로 하여금 증상이 나타나지 않음을 회상하도록 해야 하고, 이는 진단의 신뢰성을 크게 떨어뜨릴 수 있기 때문이다. DSM-5에서는 DSM-IV에서처럼 틱이 최소 1년 이상 지속되어야 한다는 기준을 유지하고 있다. 그러나 이는 12개월 동안의 증상은 첫 번째 틱 발생 이후의 기간이라는 점을 분명히 하고 있다. "보통 발병에 있어서usually in bouts"라는 문구는 삭제되었다. 틱의 이러한 특징은 진단에 그리 중요하지 않기 때문이다.

진단범주 C, D. 틱은 반드시 18세 이전에 발병되어야 한다. 이 진단기준은 투렛장애와 이후에 발병하는 틱의 다른 원인들(예, 헌팅턴병 또는 바이러스 감염에 의한 뇌염)을 감별하는 데 도움이 된다. 물질로 유발된 운동장애에서처럼 자극제 치료 약물의 사용은 증거 기반과 일치하지 않는다는 이유로 삭제되었다. 코카인이 예로 대체되었다.

지속성(만성) 운동 또는 음성 틱장애

지속성(만성) 운동 또는 음성 틱장애persistent (chronic) motor or vocal tic disorder의 필수적인 특징은 운동 틱이나 음성 틱의 발현이지만, 둘 다 나타나지는 않는다는 것이다.

이 장애는 다수의 운동 틱과 한 가지 또는 그 이상의 음성 틱이 모두 필수적으로 나타나야 한다는 점에서 투렛장애와 다르다. 18세 이전에 발병되어야 한다는 기준 등, 다른 특징들은 투렛장애와 동일하다. 다른 장애들(예, 헌팅턴병)은 원인에서 배제되어야 한다. 투렛장애의 진단범주에 충족되는 경우에는 이 진단을 내려서는 안 된다. 기타 특징으로는 증상의 심각도와 기능 손상이 보통 덜하다는 사실을 제외하고는 일반적으로 투렛장애와 동일하다. 지속성(만성) 운동 또는 음성 틱장애와 투렛장애는 유전적으로 연관이 있을 수 있다. 임상가들은 장애가 "운동 틱만 있는 경우with motor tics only"인지 "음성 틱만 있는 경우with vocal tics only"인지를 명시할 수 있어야 한다."

지속성(만성) 운동 또는 음성 틱장애 진단기준 307.22 (F95.1)

주의점: 틱은 갑작스럽고 빠르며 반복적이고 비율동적인 동작이나 음성 증상을 말한다.

A. 한 가지 또는 다수의 운동 틱 또는 음성 틱이 장애의 경과 중 일부 기간 동안 존재하지만, 운동 틱과 음성 틱이 모두 나타나지는 않는다.
B. 틱 증상은 자주 악화와 완화를 반복하지만 처음 틱이 나타난 시점으로부터 1년 이상 지속된다.
C. 18세 이전에 발병한다.
D. 장해는 물질(예, 코카인)의 생리적 효과나 다른 의학적 상태(예, 헌팅턴병, 바이러스성 뇌염)로 인한 것이 아니다.
E. 투렛장애의 진단기준에 맞지 않아야 한다.

다음의 경우 명시할 것:
  운동 틱만 있는 경우
  음성 틱만 있는 경우

진단범주 A, B. 틱의 정의는 다른 틱장애에서 사용되는 것과 같다. 지속성(만성) 운동 또는 음성 틱장애의 진단기준에서 바뀐 점은 투렛장애의 것과 동일하다.

진단범주 C, D. 18세 이전에 발병되어야 한다. 이 기준은 이 장애와 이후에 발병하는 틱의 다른 원인들(예, 헌팅턴병 또는 바이러스 감염에 의한 뇌염)을 감별하는 데 도움이 된다. 물질로 유발된 운동장애에서처럼 자극제 치료약물의 사용은 증거 기반과 일치하지 않는다는 이유로 삭제되었다. 코카인이 예로 대체되었다.

잠정적 틱장애

잠정적 틱장애provisional tic disorder 진단은 DSM-IV의 일과성 틱장애가 수정된 것이다. DSM-IV의 진단범주는 실제 사용에 어려움이 있었다. 그 이유는 1년 미만의 기간 동안 현재의 틱 증상을 가진 사람들이 틱이 실제로 발현되는 경우 일과성 틱을 가지고 있는 것으로 진단되곤 했기 때문이었다. 1년 미만의 기간 동안 틱을 가진 사람들에 대한 진단범주가 필요하다는 점에서 일과성 틱장애 범주는 **잠정적 틱장애**로 명칭이 변경되었다.

잠정적 틱장애 진단기준 **307.21 (F95.0)**

주의점: 틱은 갑작스럽고 빠르며 반복적이고 비율동적인 동작이나 음성 증상을 말한다.

A. 한 가지 또는 다수의 운동 틱 또는 음성 틱이 존재한다.
B. 틱은 처음 틱이 나타난 시점으로부터 1년 미만으로 나타난다.
C. 18세 이전에 발병한다.
D. 장애는 물질(예, 코카인)의 생리적 효과나 다른 의학적 상태(예, 헌팅턴병, 바이러스성 뇌염)로 인한 것이 아니다.
E. 투렛장애나 지속성(만성) 운동 또는 음성 틱장애의 진단기준에 맞지 않아야 한다.

진단범주 A, B, C, D. 틱의 정의는 다른 틱장애에서 사용되는 것과 일치한다. DSM-IV에서 기술된 4주 역치에 대한 기준은 타당하거나 유용하다는 증거가 없다는 점에서 삭제되었다. 발병은 18세 이전에 일어나야 한다. 이 기준은 이 장애와 이후에 발병하는 틱의 다른 원인들(예, 헌팅턴병이나 바이러스 감염에 의한 뇌염)로부터 구별하는 데 도움이 된다. 물질로 유발된 운동장애에서처럼 자극제 치료약물의 사용은 증거 기반과 일치하지 않는다는 이유로 삭제되었다. 코카인은 예로서 대체되었다.

달리 명시된 틱장애 · 명시되지 않는 틱장애

달리 명시된 틱장애other specified tic disorder는 손상된 틱장애가 나타나지만, 특정 틱장애의 전체 진단범주 또는 신경발달장애의 진단적 부류에 속하는 장애의 진단범주에 충족되지 않는 경우에 사용된다. 명시되지 않는 틱장애는 위의 상태들이 발현되지만, 진단범주가 특정 장애에 충족되지 않는다는 이유를 명시하지 않는 경우, 그리고 보다 구체적인 진단을 내리기에 정보가 충분하지 않은 발현을 포함하고 있는 경우에 사용된다. 이 두 가지 진단은 DSM-IV의 달리 명시되지 않는 틱장애tic disorder not otherwise specified가 대체된 것들이다.

달리 명시된 틱장애 307.20 (F95.8)

이 범주는 사회적 · 직업적 또는 다른 중요한 기능 영역에서 임상적으로 현저한 고통이나 손상을 일으키는 틱장애의 특징적인 증상들이 두드러지지만, 주의력결핍 과잉행동장애 또는 신경발달장애의 진단 부류에 속한 장애 중 어느 것에도 완전한 기준을 만족하지 않는 발현 징후들에 적용된다. 달리 명시된 틱장애 범주는 발현 징후가 틱장애 또는 어떤 특정 신경발달장애의 기준에 맞지 않은 특정한 이유를 소통하기 위해 임상가가 선택한 상황들에서 사용된다. 이는 "달리 명시된 틱장애"를 기록하고, 이어서 특정한 이유(예, "18세 이후에 발병한 경우")를 기록한다.

명시되지 않는 틱장애 307.20 (F95.9)

이 범주는 사회적 · 직업적 또는 다른 중요한 기능 영역에서 임상적으로 현저한 고통이나 손상을 일으키는 틱장애의 특징적인 증상들이 두드러지지만, 틱장애 또는 신경발달장애 진단 부류에 속한 장애 중 어느 것에도 기준이 완전히 충족되지 않는 발현 징후들에 적용된다. 명시되지 않는 틱장애 범주는 기준이 틱장애 또는 특정 신경발달장애의 기준에 맞지 않은 이유를 명시할 수 없다고 임상가가 선택한 상황들에서 사용되며, 좀 더 특정한 진단을 내리기에는 정보가 불충분한 발현 징후들을 포함한다.

기타 신경발달장애

달리 명시된 신경발달장애 · 명시되지 않는 신경발달장애

이 범주는 신경발달장애의 증상적 특징이 존재하고 손상의 원인이 되고 있지만, 신경발달장애의 진단적 부류에 속하는 장애의 전체 진단범주에 부합되지 않는 경우에 적용된다. 달리 명시된 신경발달장애other specified neurodevelopmental disorder 범주는 임상가가 증상 발현이 진단범주를 충족시키지 못하는 이유를 소통하고자 하는 경우에 사용된다. 명시되지 않는 신경발달장애unspecified neurodevelopmental disorder 범주는 임상가가 그 이유를 명시하지 않기로 선택하거나 보다 구체적인 진단을 내리기에 정보가 충분하지 않은 경우에 사용된다.

달리 명시된 신경발달장애 315.8 (F88)

이 범주는 사회적, 직업적, 또는 다른 중요한 기능 영역에서 임상적으로 현저한 고통이나 손상을 일으키는 신경발달장애의 특징적인 증상들이 두드러지지만, 신경발달장애의 진단 부류에 속한 장애 중 어느 것에도 기준이 완전히 부합되지 않는 발현 징후들에 적용된다. 달리 명시된 신경발달장애 범주는 발현 징후가 어느 특정한 신경발달장애의 기준에 맞지 않은 특정한 이유를 소통하기 위해 임상가가 선택한 상황들에서 사용된다. 이는 "달리 명시된 신경발달장애"를 기록하고, 이어서 특정한 이유(예, "태아기 알코올 노출과 연관된 신경발달장애")를 기록한다.

"달리 명시된"이라는 지정 문구를 사용해 분류될 수 있는 발현 징후들의 예는 다음과 같다.

태아기 알코올 노출과 연관된 신경발달장애: 이 장애는 자궁 내에서 알코올에 노출된 후에 발달장애를 보이는 것이 특징이다.

명시되지 않는 신경발달장애 315.9 (F89)

이 범주는 사회적, 직업적, 또는 다른 중요한 기능 영역에서 임상적으로 현저한 고통이나 손상을 일으키는 신경발달장애의 특징적인 증상들이 두드러지지만, 신경발달장애의 진단 부류에 속한 장애 중 어느 것에도 기준이 완전히 부합되지 않는 발현 징후들에 적용된다. 명시되지 않는 신경발달장애 범주는 기준이 특정한 신경발달장애의 기준에 맞지 않은 이유를 명시할 수 없다고 임상가가 선택한 상황들에서 사용되며, 좀 더 특정한 진단을 내리기에는 정보가 불충분한(예, 응급실 상황) 발현 징후들을 포함한다.

KEY POINTS

- 신경발달장애에 관한 장은 DSM-IV의 "유아기, 아동기 또는 청소년기에 보통 처음 진단되는 장애"에 관한 장을 재편성한 것이다.
- 정신지체는 지적장애(지적발달장애)로 명칭이 바뀌었다. 진단기준은 지적능력의 평가의 필요성을 강조하고 있지만, 심각도는 IQ 점수보다는 적응기능을 기반으로 결정된다.
- 의사소통장애는 새로 지어진 명칭으로, 언어장애(표현성 언어장애와 혼재성 수용-표현성 언어장애가 결합된 것임), 말소리장애(종전의 조음장애), 그리고 아동기 발병 유창성장애(종전의 말더듬)를 포함하고 있다. 사회적(실용적) 의사소통장애는 새로운 진단명으로, 언어적·비언어적 의사소통의 사회적 사용에 있어서의 지속적인 어려움을 기술하고 있다.
- 자폐스펙트럼장애는 새로운 진단명으로, DSM-IV의 자폐장애, 레트장애, 아동기 붕괴장애, 아스퍼거장애, 그리고 달리 명시되지 않는 전반적 발달장애를 포함하고 있다. 구체적인 진단들에 대한 타당성이 거의 없고 임상가들이 진단명들을 구분하는 데 어렵다는 작업집단 구성원들의 연구결과가 개정의 이유였다.
- 주의력결핍 과잉행동장애에는 예들이 진단기준 항목에 추가되었다. 생애 주기에 걸쳐 이러한 항목들의 사용 빈도를 높이기 위함이었다. 발병 연령은 7세 이전에서 12세 이전으로 수정되었다. 이젠 자폐스펙트럼장애와의 동반이환 진단이 허용되고 있다. 끝으로, 증상 역치는 성인들에 대한 것이 수정되었다. 주의력결핍과 과잉행동/충동성 둘 다에 있어서 성인 초기의 사람들에 대해 필수로 요구되던 6가지 증상이 5가지로 줄었다.
- DSM-IV의 학습장애는 특정학습장애로 바뀌었다. 종전의 학습장애 유형들(읽기장애, 수학장애, 쓰기장애)은 하나로 통합되었고, 개인의 손상 정도를 나타내기 위해 명시자가 사용되고 있다.
- 틱장애에 있어서 틱이 없는 최대 기간(DSM-IV 진단기준)은 삭제되었다. 3개월 이상의 틱이 없는 기간이 만성 경과에 속한다는 과학적 자료가 없다는 이유에서였다.

참고문헌

American Psychiatric Association: Diagnostic and Statistical Manual of Mental Disorders, 2nd Edition. Washington, DC, American Psychiatric Association, 1968

Applegate B, Lahey BB, Hart EL, et al: Validity of the age-of-onset criteria for ADHD: a report from the DSM-IV field trials. J Am Acad Child Adolesc Psychiatry 36:1211-1221, 1997

Bishop DVM: Pragmatic language impairment: a correlate of SLI, a distinct sub group, or part of the autistic continuum? in speech and language impairments in children: Causes, Characteristic, Intervention, and Outcome. Edited by Bishop DVM, Leonard LB. East Sussex, UK, Psychology Press, 2000, pp 99-113

Bishop DV, Norbury CF: Exploring the borderlands of autistic disorder and specific language impairment: a study using standardised diagnostic instruments. J Child Psychol Psychiatry 43:917-929, 2002

Kieling C, Kieling RR, Rohde LA, et al: The age at onset of attention deficit/hyperactivity disorder. Am J Psychiatry 167:14-16, 2010

Matte B, Rohde LA, Grevet EH: ADHD in adults: a concept in evolution. Atten Defic Hyperact Disord 4:53-62, 2012

Walkup JT, Ferrao Y, Leckman JF, et al: Tic disorders: some key issues for DSM-V. Depress Anxiety 27:600-610, 2010

03

신경발달장애

DSM-5® 임상사례집

서문

Robert Haskell, M.D.

환자의 전 생애에 걸친 정신질환에의 접근에 있어서 DSM-5는 자연스럽게 신경발달장애들로부터 시작된다. 하나의 집단으로서, 이러한 장애들은 보통 유아기, 아동기 또는 청소년기에 처음으로 진단된다. 이 장애들은 개별적으로 불필요한 내용 삭제, 재조직, 명료화를 혼합한 작업을 거쳤다. 이 작업에는 DSM-5에서 뜨겁게 논란이 되었던 변화, 즉 자폐증에 대한 정의와 진단범주에 대한 변화가 포함된다.

DSM-5의 자폐스펙트럼장애autism spectrum disorder(ASD)는 DSM-IV에서 ① 자폐성장애autistic disorder, ② 아스퍼거장애, ③ 아동기 붕괴성장애childhood disintegrative disorder, ④ 레트장애Rett's disorder, ⑤ 달리 분류되지 않는 전반적 발달장애로 분류되었던 것을 하나로 통합한 진단명이다. 이 진단명들은 더 이상 분리된 임상적 독립체로 간주되지 않는다. 새로운 기준에는 ① 사회적 의사소통과 사회적 상호작용에 있어서 지속적이고 광범위한 결함과 ② 행동, 흥미, 활동에 있어서 제한된, 반복적 패턴이 추가되었다. 현재 정의된 것처럼, 자폐스펙트럼장애(ASD)에는 지적 손상 및/또는 관련된 의학적 상태의 발현 또는 결여가 포함되어 있다. 추가로, 3가지 심각도 수준이 명시되어 있어서 추가적인 사회적 서비스 또는 직업적 서비스에 대한 필요성을 명확하게 정리할 수 있게 했다. 예를 들어, '상당히 많은 지원'이 필수적인 환자는 극단적으로 경직된 행동을 나타내거나 이해할 수 있는 말을 20개 단어 정도밖에 할 수 없는 경우가 있다.

주의력결핍 과잉행동장애attention deficit/hyperactivity disorder(ADHD)는 계속해서 2개 증상의 하위 차원(주의력결핍과 과잉행동/충동성)으로 나뉘고, 이 2개 차원 중 하나 또는 2개 차원에서 적어도 6개 증상이 반드시 나타나야 한다는 조건이 명시되어 있다. 예를 들어, 부주의성inattention은 조심성 없는 실수, 숙제 미완성, 책 분실과 같은 행동으로 나타날 수 있다. 과잉행동hyperactivity/ 충동성impulsivity 기준에는 안절부절못하고, 참을성이 없으며, 말이 많은 특성이 포함된다. ADHD의 진단에는 일반적으로 범주 명시자dimensional specifiers(주의력결핍 우세형, 과잉행동/충동 우세형, 또는 복합형)를 포함시켜야 한다. 이러한 증상들 중 몇 가지는 반드시 12세 이전에 나타나야 한다. 이는 DSM-IV에서 7세 이전에 손상의 원인이 되는 증상들이 나타나야 한다는 필수요건이 수정된 것이다.

또 다른 변화는 특정 범주 내에서 성인들에 대한 증상 기준 수가 6개에서 5개로 감소된 것이다. 이러한 후자의 2가지 변화는 이미 ADHD로 진단되었고 임상적 주의로부터 잠재적으로 혜택을 얻을 수 있는 사람들과 매우 유사한 증상들, 고통, 기능이상을 겪고 있는 사람들을 확인하기 위한 기준을 '느슨하게 완화시켰다'는 증거를 반영하고 있다. DSM-5의 전반적인 내용에서 알 수 있듯이, 증상 기준에 부합되는 사람들과 고통과 기능이상이 관련된 임상적 역치threshold에 도달한 사람들만을 진단하는 것은 임상가에게 달려 있다.

미 연방정부의 언어 사용 방침과 세심한 개업의들이 사용하는 용어에 의거하여, DSM-5에서는 정신지체mental retardation가 지적장애intellectual disorder로 대체되었다. 단, 3가지 핵심 기준, 즉 조기 발병 연령뿐 아니라 지적기능과 적응(의사소통, 일 또는 여가 등의 영역에서)에 있어서의 결함은 바뀌지 않았다. 그러나 진단은 더 이상 공식적인 지능검사에 의존하지 않는다. 대신에 DSM-5에서는 임상가가 3가지 중요한 생활 영역(개념적 · 사회적 · 실행적 영역)에 따라 경도mild에서 최고도profound까지의 심각도를 포괄적으로 평가하는 방법을 택하고 있다. 예를 들어, 고도severe의 지적장애가 있는 사람은 시간 또는 화폐와 같은 개념을 거의 이해하지 못할 수 있고, 언어를 통해 의사소통을 할 수 있어도 설명하지 못할 수 있으며, 일상생활의 모든 활동에 반드시 누군가의 도움을 필요로 한다.

아동기에 처음으로 관찰되는 의사소통장애에는 ① 언어장애(종전에는 표현성 언어장애와 수용성 언어장애로 나뉘었음), ② 말소리장애speech sound disorder(환자가 단어 블록들을 음성학적으로 구축할 수 있는 능력이 손상된 상태지만 선천적이지 않고 또한 손상을 설명하는 획득된 의학적 상태가 없는 장애), ③ 아동기 발병 유창성장애(말더듬), 그리고 새로운 진단명인 ④ 사회적(실용적) 의사소통장애(환자가 언어적 및 비언어적 의사소통의 사회적 사용에 있어서 지속적인 어려움을 나타내는 장애, 즉 ASD 특성을 지니고 있지만 기준에는 완전히 부합되지 않는 사람들 중 일부 사람을 위한 진단)가 포함된다.

특정학습장애는 DSM-5에서 새롭게 소개되는 상위 진단명이다. 읽기, 쓰기, 수학 명시자들은 교사와 학부모들이 아동의 학업적 요구에 초점을 맞출 수 있도록 고안되었다.

신경발달장애에 관한 장은 발달성 협응장애, 상동증적 운동장애를 포함하고 있는 운동장애와 틱장애로 끝난다. 틱은 지속시간이 짧고 갑작스럽게 발병되는 불규칙적인 운동을 말한다. 이러한 운동은 어깨 들썩임과 눈 깜빡임과 같은 운동 틱과 코를 킁킁거리고 콧방귀를 뀌며 단어나 구를 자발적으로 생성하는 음성 틱으로 나뉜다. 투렛장애는 틱장애의 가장 복잡한 형태로, 의학적 상태 또는 코카인과 같은 물질의 생리적 효과로 설명될 수 없는 다수의 운동 틱과 적어도 한 가지 음성 틱을 1년 이상 나타내는 환자들에 대한 진단명이다.

필연적으로, 신경발달장애는 폭넓은 범위의 정신질환들psychitric illnesses과 증상을 공유하고 있다. 그래서 임상가들은 반드시 감별진단을 통해 분류하되, 이러한 감별이 12세 이하 아동들에 대해서는 훨씬 더 폭이 넓다는 사실을 이해해야 한다. 때로 신경발달장애는 기타 장애의 발달을 부추긴다. 예를 들어, 학습장애는 불안의 원인이 되고, 치료되지 않은 ADHD는 환자가 물질남용에 취약해지는 원인이 된다. 다음의 사례들은 이렇게 진단적으로 얽혀져 있는 것들을 구분함으로써, 신경발달장애의 치료를 정신의학에서도 가장 도전적인 과업들 중의 하나로 만드는 공통적인 병리 현상을 탐색하기 위한 것들이다.

읽을거리

Brown TE (ed): ADHD comorbidities. Washington, DC, American Psychiatric

Publishing, 2009

Hansen RL, Rogers SJ (eds): Autism and Other NeuroDevelopmental Disorder. Washington, DC, American Psychiatric Publishing, 2013

Tanguay PE: Autism in DSM-5. Am J Pshchiatry 168(11):1142-1144, 2011

사례 1: 자폐증에 대한 이차적 의견

A Second Opinion on Autism

Catherine Lord, Ph.D.

애슐리Ashley(17세, 여)는 삶의 대부분을 자폐증과 정신지체 진단을 받은 상태로 살아오다가 진단 재평가를 위해 의뢰되었다. 최근에는 그녀에게 클리프스트라 증후군Kleefstra syndrome이 있다는 사실이 밝혀져서, 가족들은 이전의 진단들을 재확인해 보는 한편, 애슐리의 언니들이 장차 갖게 될 자녀들의 유전적 위험성을 평가해 보고 싶어 했다.

재평가를 받는 시점에, 애슐리는 기능적인 기술에 중점을 두고 있는 특수학교에 다니고 있었다. 그녀는 혼자 힘으로 옷을 입을 수 있었지만, 스스로 샤워를 하거나 혼자 집에 남아 있지는 못했다. 애슐리의 지적 수준은 초등학교 2학년 수준으로, 단어를 읽고 이해하고 철자를 쓸 수 있었지만, 읽은 것을 이해하지는 못했다. 애슐리는 일정을 바꾸거나 조금만 높은 수준의 기능이 요구되는 과업에 대해서는 무척 초조해하는 경향이 있었다. 속상한 일이 있으면, 애슐리는 자신(예, 손목 물어뜯기)과 다른 사람들에게 해(예, 꼬집기와 털뽑기)를 입히곤 했다.

재평가 시간에 실시된 검사에서 애슐리는 비언어 IQ 39, 언어 IQ 23, 전체 척도 IQ 31이 나왔다. 조정점수는 합계 42로 다소 높았다(평균점수 = 100). 과거력에 의하면, 애슐리는 생후 9개월 된 시기에 처음으로 진료 서비스를 받았다. 그때는 이미 애슐리의 부모가 애슐리에게서 심각할 정도의 운동 지체를 발견한 후였다. 애슐리는 생후 20개월이 되어서야 걸을 수 있었고, 5세 때 배변훈련을 받았으며, 6세가 되어서야 말을 하기 시작했다. 애슐리는 3세 때 발달지체, 4세 때 자폐증, 비만, 정적 뇌병증static encephalopathy 진단을 받았다. 초기 평가에서는 안면기형facial dysmorphology의 가능성이 보였는데, 당시에 실시된 유전자 검사는 별 도움이 되지 않았다.

애슐리의 부모에 의하면, 애슐리가 수백 개의 단순 단어들과 수많은 단순 구phrases를 알고 있었다. 애슐리는 한동안 자동차 번호판에 대해 관심을 보이면서 장시간 번호판을 그리곤 했다. 애슐리가 가장 잘 했던 것은 기억하는 것이었는데, 다른 주states의 번호판들을 정확하게 그려 낼 수 있었다. 애슐리는 언제나 부모와 언니에게 밀착되어 있었다. 그녀는 아기들에게 애정을 보였지만, 다른 10대들에게는 별 관심이 없었다.

애슐리의 가족력에 의하면, 아버지는 난독증, 외삼촌은 뇌전증, 남자 외사촌은 아스퍼거증후군 조짐이 있었다. 애슐리의 두 언니는 대학에 다니고 있었고, 학업 성적도 우수했다.

검사 당시 애슐리는 과체중으로, 시선 접촉이 일정하지 않았고, 주로 곁눈질로 쳐다보았다. 그녀는 아름다운 미소를 지니고 있었고 때로 혼자 웃곤 하였으나, 대부분의 경우 시무룩한 표정을 지었다. 그녀는 다른 사람의 시선을 끌려고만 할 뿐, 주의를 기울이려고는 하지 않았다. 애슐리는 다른 사람들이 자신에게 말하는 것에 대해 거들떠보지 않았다. 애슐리는 자신이 선호하는 물건(예, 반짝거리는 잡지)을 요청할 때면 발을 흔들면서 손가락으로 가리키곤 했다. 그러다가 원했던 물건(예, 동물인형)을 받게 되면, 그 물건을 코와 입술에 대고 확인했다. 애슐리는 특이한 어조와 높은 음조의 목소리로 말하곤 했다. 면담이 진행되는 동안 그녀는 여러 개의 단어와 몇 개의 짧은 구절을 사용하였는데, 그중에는 "청소하고 싶어요."와 "승합차를 가지고 있나요?"와 같이 다소 암기한 것을 말하는 것처럼 들렸으나, 의사소통에는 별 문제가 없었다.

평가가 있기 수개월 전, 애슐리의 부모는 그녀가 점차 주위에 무관심해지는 것을 감지했다. 의학적 평가에 의하면, 요로감염urinary tract infections이 이러한 증상의 주원인으로 짐작되지만, 항생제가 그녀를 무기력하게 하는 것 같다는 결론을 내렸다. 추가적인 의학적 평가는 보다 광범위한 유전자 검사로 이어졌고, 애슐리는 지적장애를 포함해서 다수의 의학적 문제들과 연계되어 희귀성 유전적 결함이 특징인 클리프스트라 증후군으로 진단되었다. 부모에 의하면, 자신들 역시 검진을 받았지만 '음성'으로 나타났다고 했다. 애슐리의 부모는 유전자 검사결과가 애슐리가 오래전에 받은 진단과 향후 의료 서비스를 받는 것에 영향을 미치는지에 대해 구체적으로 알고 싶어 했다. 더욱이 이들은 다른 두 딸도 자폐증, 지적장애 및/또는 클리프스트라 증후군의 유전 인자를 보유하고 있는지를 알기 위한 검사를 받아야 하는지 알고 싶어 했다.

진단

- 지적장애, 고도
- 자폐스펙트럼장애(ASD), 지적 · 언어적 손상 동반, 클리프스트라 증후군과 연관 있음

논의

진단에 있어서, 애슐리의 인지검사와 제한된 일상적인 적응기술은 그녀가 DSM-5상의 지적장애가 있음을 나타내고 있다. 게다가 애슐리는 자폐스펙트럼장애(ASD)의 핵심 증상 기준 2가지(① 사회적 의사소통에 있어서의 결손, ② 행동, 흥미 또는 활동의 제한적 · 반복적 패턴)에 해당되는 두드러진 증상을 모두 가지고 있다. 애슐리는 또한 DSM-5의 ASD 필수요건인 초기 발달시기에 증상들이 있었고, 중대한 손상이 있었다는 증거가 있다. ASD의 다섯 번째 필수요건은 그 문제가 지적장애로 더 잘 설명되지 않아야 한다는 것인데, 이는 애슐리의 사례에서는 보다 복잡한 문제다.

수년간 임상가들과 연구자들은 자폐증과 지적장애의 경계에 대해 논란을 거듭해 왔다. IQ를 낮출수록, 자폐증의 기준에 부합되는 아동과 성인의 비율이 증가하게 되는데, IQ가 30 미만인 사람들은 지적장애뿐 아니라 ASD로 진단되기 때문이다.

DSM-5의 ASD와 지적장애 기준에 부합되려면, 애슐리는 ASD와 연관되는 특정한 결손과 행동이 전반적으로 지적 발달이 이루어진 사람들에게서 나타날 수 있는 것보다 훨씬 더 심한 상태여야 한다. 달리 말하면, 애슐리의 결손이 오직 제한된 지적능력으로 인한 것이라면, 애슐리는 전형적인 3~4세 아동의 사회적 기술과 놀이기술을 이미 습득했어야 할 것이다. 그러나 애슐리의 사회적 상호작용은 전형적인 취학 전 아동의 것과 전혀 같지 않았고, 단 한 번도 그런 모습을 보인 적이 없었다. 그녀는 제한된 얼굴 표정, 빈약한 시선 접촉, 그리고 또래들에 대한 최소한의 관심을 갖고 있다. 애슐리는 '정신연령'에 비해 관심 범위와 인간의 기본 정서 이해에 있어서 심한 한계를 보이고 있다. 더욱이, 어떤 연령대에서도 볼 수 없는 행동을 나타내고 있다.

자폐증의 이질성(서로 상이한 특징으로 이루어짐)은 임상가들과 연구자들 사이에 심한 갈등의 원인이 되어 왔다. 예를 들어, 최고도의 지적장애가 있는 아동들은 ASD에서 제외되어야 한다고 주장하는 사람들이 있는가 하면, ASD가 있지만 지적능력이 높은 아동들은 아스퍼거증후군으로 진단해야 한다고 주장하는 사람들도 있다. 그러나 아직 이렇게 구분해야 하는 근거를 뒷받침해 주는 연구는 없다. 반면, 자폐 증상과 고도의 지적장애가 있는 아동들이 자주 자폐증과 고도의 지적능력이 있는 형제자매를 가지고 있다는 연구들은 있다. 여전히 ASD에 관한 많은 것이 밝혀져야겠지만, IQ는 핵심적인 구분 인자는 아닌 것 같다.

실용적 측면에서 볼 때, 중요한 요인은 ASD 진단이 치료와 진료의 가능성 안내에 도움이 되는 정보를 제공하는가의 여부다. 애슐리에 대해 ASD 진단을 내리게 되면, 그녀의 낮은 사회적 기술에 초점을 맞추게 하는 효과가 있다. 이는 그녀의 동기와 구조화의 필요성에 있어서의 차이에 대해 주의를 환기시킬 수 있다. 또한

ASD 진단을 통해 그녀의 인지적 강점(예, 단순 암기, 시각적 묘사)과 약점(예, 이해력, 사회적 상호작용, 변화에 대한 적응력)에 대한 면밀한 탐색의 중요성을 강조할 수 있다. 이 모든 것은 애슐리가 독립적으로 살아갈 수 있도록 돕는 데 있어서 큰 역할을 할 수 있을 것이다.

애슐리의 부모 역시 최근 실시된 유전자 검사 결과가 애슐리의 치료와 그녀의 언니들의 가족계획에 미칠 영향에 대해 염려하고 있다. 수백 개의 개별 유전자들은 자폐증과 관련된 복잡한 신경학적 문제들에 있어서 역할을 하겠지만, 대부분의 ASD 사례에서는 명확한 원인이 밝혀지지 않고 있다. 애슐리의 유전적 상태, 즉 클리프스트라 증후군은 확실히 지적장애와 ASD 증상과 연관이 있다. 유전적 또는 의학적 상태나 환경적 인자가 원인으로 여겨진다면, 명시자로 기록될 뿐 ASD 진단에는 아무런 영향이 없다.

애슐리의 지적장애와 ASD의 유전적 원인에 대한 이해가 중요한 이유는 다음과 같다. 이는 담당의사들에게 클리프스트라 증후군에서 자주 발생하는 의학적 동반 이환comorbidities(***역자 주**. 한 환자가 2가지 또는 그 이상의 병을 동시에 앓고 있는 상태), 즉 (예를 들어, 재발성 요로감염의 원인을 제공하고 있을 가능성이 있는) 심장과 신장 관련 문제를 탐색할 필요성을 일깨워 주고 있다. 유전적 원인에 대한 이해는 또한 애슐리의 가족을 이 희귀한 증후군이 있는 다른 가족들과 연결시켜 줌으로써 정보 자원의 폭을 넓혀 줄 수 있다.

이 새로운 유전적 진단에 있어서 특히 중요한 측면은 애슐리의 언니들에게 미칠 영향이다. 보고된 거의 모든 사례의 경우, 클리프스트라 증후군은 후천적으로 발병되었다. 따라서 애슐리의 가족들 중 누구라도 애슐리와 동일한 유전자 영역에 이상이 있을 가능성은 극히 희박하다. 드물게, 영향을 받지 않은 부모가 염색체 전좌chromosomal traslocation(***역자 주**. 자리 옮김) 또는 증후군으로 이어지는 모자이크 현상mosaicism(***역자 주**. 생체에 유전적으로 다른 세포군이 혼재하는 상태)을 지니고 있는 경우는 있다.

그러나 애슐리의 부모가 모두 '음성'으로 판명된 사실은 이들이 유전적 보균자들이 아니라는 것을 보여 주고 있다. 이것이 기타 자폐증 관련 유전적 장애가 수반되는 상황에 대해서도 적용되는 것은 아닐 수 있지만, 애슐리에 대한 유전적 진단은 애슐리의 언니들이 장차 자폐증이 있는 자녀를 낳을 위험이 높지 않음을 가리킨다. 이러한 정보는 애슐리의 언니들에게는 매우 고무적이고 유용할 수 있다. 자폐증과 지적장애가 유전적인 영향을 받는다는 사실은 의심할 여지가 없지만, 대부분의 사례에서는 확실히 예측될 수 없다. 그러므로 아동기 내내 지속적인 종단적 관찰을 통해 진단이 내려져야 할 것이다.

읽을거리

Kleefstra T, Nillesen WM, Yntema HG: Kleefstra syndrome, GeneReviews October 5, 2010

Lord C, Pickles A: Language level and nonverbal social-communicative behaviors in autistic and language-delayed children. J Am Acad Child Adolesc Psychitry 35(11):1542-1550, 1996

Lord C, Spence SJ: Autism spectrum disorders: phenotype and diagnosis, in Understanding Autism: From Basic Neuroscience to Treatment. Edited by Moldin SO, Rubenstein JLR. Boca Raton, FL, Taylor & Francis, 2006, pp 1-24

Shattuck PT, Durkin M, Maenner M, et al: Timing of identification among children with an Autism spectrum disorder: findings from a population-based surveillance study. J Am Acad Child Adolesc Psychiatry 48(5):474-483, 2009

Wing L, Gould J: Severe impairments of social interaction and associated abnormalities in children: epidemiology and classification. J Autism Dev Disord 9(1):11-29, 1879

사례 2: 분노폭발
Temper Tantrums

Arshya Vahabzadeh, M.D.
Eugene Beresin, M.D.
Christopher McDougle, M.D.

브랜든Brandon(12세, 남)은 학교 성적 하락의 원인이 되는 것 같은 심한 분노폭발에 대한 정신의학적 평가를 받기 위해 어머니와 함께 클리닉을 찾았다. 브랜든의 어머니는 그동안 어려움이 많았지만, 브랜든이 중학교에 입학하면서 그 어려움이 더욱 심해졌다면서 울먹였다.

6학년 때 브랜든을 가르쳤던 교사들에 의하면, 브랜든은 학업능력은 있었지만 친구를 사귀는 능력은 거의 없었다. 브랜든은 자기에게 잘 대해 주려는 급우들의 의도를 신뢰하지 않는 것처럼 보이는 반면, 자기가 집에서 가져온 장난감 자동차와 트럭에 대해 미소로 관심을 보이는 척하는 아이들을 신뢰했다. 교사들에 의하면 브랜든은 수업시간에 자주 울음을 터뜨렸고, 말을 거의 하지 않았다. 최근 수개월간, 여러 명의 교사가 브랜든이 다른 남자아이들에게 큰 소리로 악쓰는 소리를 들었다고 했다. 이러한 일은 대체로 복도에서 발생했지만, 때로 수업시간에 일어나기도 했다. 교사들은 원인을 확인하지는 않았지만, 브랜든이 어떤 자극에 반응하는 것으로 여겨서 그를 제재하지는 않았다.

단독 면담에서 브랜든은 학교, 급우들, 가족들에 관한 질문에 대해 묻는 내용과 관계없이 혼잣말로 중얼거렸다. 그러나 검사자가 장난감 자동차에 대한 관심에 대해 묻자, 갑자기 브랜든의 표정이 밝아졌다. 브랜든은 자기 배낭에서 여러 개의 자동차, 트럭, 비행기 장난감을 꺼냈다. 그리고 시선 접촉 없이 자동차의 정확한 명칭을 사용하면서 자동차에 관한 이야기를 길게 늘어놓았다(예, 대형 삽이 달린 트랙터, B-52, 재규어). 학교생활에 대해 묻자, 브랜든은 자신의 휴대폰을 꺼내더니 '덤보dumbo!!!!' '미스터 말더듬mr. stutter' '루저LoSeR' '괴물freak!' '모두 널 미워해

EVERYBODY HATES YOU'라고 한 줄로 적힌 문자메시지를 보여 주었다. 브랜든이 이전에 저장해 놓고 아무에게도 보여 주지 않았던 긴 문자메시지를 검사자가 읽는 동안, 브랜든은 수업시간에 다른 아이들이 자기에게 '나쁜 말'을 속삭였고, 복도에서도 자기 귀에 대고 소리를 질렀다고 했다. "그리고 저는 큰 소리를 싫어해요."라는 말을 덧붙였다. 브랜든은 멀리 도망칠까도 생각했지만, 그때 당시는 자신의 침실로 도망치기로 마음을 먹었었다고 했다.

발달사를 살펴보면, 브랜든은 생후 11개월이 되어서야 말을 하기 시작했고, 3세경 짧은 문장으로 말하기 시작했다. 그는 언제나 트럭, 자동차, 기차에 관심이 많았다. 브랜든의 어머니는 브랜든이 항상 '너무 수줍어해서' 친한 친구가 없었다고 했다. 브랜든은 농담과 아동기의 전형적인 우스갯소리를 잘 받아들이지 못했다. 그 이유는 "말 그대로 받아들이기 때문이었다." 브랜든의 어머니는 오랫동안 이러한 행동이 "약간 이상했다"면서, 잘 나가는 변호사인 브랜든 아버지의 경우와 크게 다르지 않았다는 말을 덧붙였다. 브랜든과 마찬가지로 브랜든의 아버지 역시 자신의 관심사에 집착하는 경향이 있었다. 두 사람 모두 '유머 감각이 결여되었고 정해진 일을 동일한 순서와 방법으로 철저히 규칙적으로 하는 사람들'이었다.

검사 당시 브랜든은 수줍어했고, 대체로 비자발적이었다. 그의 시선 접촉 수준은 평균에 미치지 못했다. 그럼에도 그의 말은 일관성이 있었고, 목표 지향적이었다. 브랜든은 때로 말을 더듬었고, 한참 동안 말을 멈추기도 했다. 그런가 하면 때로 단어나 단어의 일부를 빠른 속도로 반복해서 말했다. 그는 기분은 괜찮지만, 학교는 무섭다고 했다. 그는 슬퍼 보였지만, 장난감 자동차에 대해 이야기할 때만은 밝은 표정이었다. 브랜든은 자살경향성suicidality과 살해경향성homicidality, 정신병적 증상은 없다고 했다. 그는 인지적으로 아무 문제가 없었다.

진단

- 자폐스펙트럼장애, 지적 손상 없이 언어 손상 동반: 아동기 발병 유창성장애(말더듬)

논의

브랜든은 DSM-5의 새로운 진단명인 자폐스펙트럼장애(ASD)와 일치하는 증상을 보이고 있다. ASD는 종전에는 분리되어 있던 장애들, 즉 자폐성장애(자폐증), 아스퍼거장애, 달리 분류되지 않는 전반적 발달장애를 하나로 통합시킨 진단명이다. ASD는 2가지 주요 증상 범주(① 사회적 의사소통 결손, ② 일련의 고정적인 관심과 반복적 행동)가 특징이다.

브랜든은 또래들과의 사회적 상호작용에 심한 어려움을 겪고 있는 것 같다. 브랜든은 교우관계 형성, 상호작용이 필요한 놀이 참여, 사회적 단서 읽기를 어려워한다. ASD가 있는 사람들은 전형적으로 얼굴표정, 신체언어, 기타 비언어적 행동에 대한 해석을 어려워한다. 브랜든은 유머가 없고, "말을 있는 그대로 받아들인다." 이러한 증상들은 사회적 의사소통 결함이라는 ASD 기준에 부합된다.

ASD의 두 번째 증상 범주와 관련해서, 브랜든은 심한 고통의 원인이 되는 고정된 관심과 반복적 행동을 보이고 있다. 그는 장난감 자동차와 기차 외에, 다른 것에는 관심이 거의 없을 뿐 아니라 다른 아이들이 그의 관심사를 공유하지 않는 것에 대해 전혀 인식하지 못하고 있는 것 같다. 그는 '동일성sameness'을 요구하고 있다. 만일 규칙적으로 하는 일의 순서와 방법이 조금이라도 어긋나는 경우, 심한 고통을 느끼게 된다. 그러므로 브랜든은 DSM-5의 ASD의 주요 증상 기준 2가지 모두에 부합된다.

또한 브랜든은 말을 더듬고, 과도하게 말을 멈추며, 단어나 단어의 일부를 반복한다. 이러한 증상은 말더듬과 일치한다. 이는 DSM-5의 의사소통장애, 즉 아동기 발병 유창성장애로 분류된다. 전형적으로 지속적이고 소리의 잦은 반복과 길게 늘어뜨림, 깨진 단어, 말의 중지, 에둘러 말하는 것이 특징인 아동기 발병 유창성장애는 심각한 사회적·학업적·직업적 기능이상을 초래할 수 있다.

기타 DSM-5의 의사소통장애로는 ① 음성 산출 곤란(말소리장애), ② 구술 및 문자 언어 사용 곤란(언어장애), ③ 언어적·비언어적 의사소통의 사회적 사용 곤란(사회적[실용적] 의사소통장애)이 있다. 이러한 어려움은 사례보고서에는 나타나 있지 않지만, 브랜든은 이러한 기준에 대한 평가가 필요하다. 왜냐하면 언어 손상은 ASD에서 자주 공통적으로 나타나므로, 이러한 기준은 동반이환 진단으로 따로 기록되기보다는 ASD의 명시자로 기록되기 때문이다.

DSM-5가 출간되기 전이라면, 브랜든은 아스퍼거장애의 진단기준에 부합될 것이다. 이 장애는 핵심적인 자폐증 양상(사회적 결손과 고정된 관심)과 정상 지능이 특징이다. 그러나 브랜든은 아버지와 마찬가지로 자폐 스펙트럼 증상들을 가지고 있다. 따라서 브랜든은 '조금 이상한 것'처럼 보이지만, 특정한 임상적 주의가 요구되는 문제는 없는 것 같다. 진단이 없음으로 인해, 브랜든은 무방비 상태로 악의적 괴롭힘의 표적이 되었다. 이는 ASD로 진단되는 사람들에게서 자주 나타나는 현상은 아니다. 자폐증 증상과 말더듬에 대해 적절한 개입이 없다면, 브랜든은 지속적으로 심리적 외상을 입고, 학업적으로 이탈하게 될 위험성이 높다.

읽을거리

Sterzing, PR, Shattuck PT, Narendorf SC, et al: Bullying involvement and autism spectrum disorders: prevalence and correlates of bullying involvement among adolescents with an autism spectrum disorder. Arch Pediatr Adolesc Med 166(11):1058–1064, 2012

Toth K, King BH: Asperger's syndrome: diagnosis and treatment. Am J Psychiatry 165(8): 958–963, 2008

사례 3: 학업곤란
Academic Difficulties

Rosemary Tannock, Ph.D.

카를로스Carlos(19세, 남)는 히스패닉 대학생으로, 학업곤란 문제로 도움을 얻기 위해 일차진료 클리닉을 찾았다. 6개월 전 대학생활을 시작한 이래, 카를로스는 시험 성적이 형편없었고 공부시간을 제대로 관리하지 못했다. 낙제점수를 받고 대학에서 퇴학당할 것을 걱정하던 카를로스에게 불면증, 집중력 저하, 전반적인 무망감이 이어졌다. 특히 힘들었던 한 주를 보낸 뒤, 카를로스는 무턱대고 집으로 돌아와서는 가족들에게 학교를 그만두겠다는 의향을 밝혔다. 그러자 어머니는 재빨리 아들 카를로스를 클리닉으로 데려왔다. 이 클리닉은 과거에도 카를로스와 그의 형을 진료했던 곳이었다. 카를로스의 어머니는 특별히 카를로스의 'ADHD'가 현재 문제의 원인으로 작용하고 있는지, 아니면 이젠 나이가 들어서 이 문제가 사라졌는지 알고 싶어 했다.

카를로스는 9세 때 이 클리닉을 방문한 적이 있었다. 당시 카를로스는 주의력결핍 과잉행동장애(ADHD), 복합형으로 진단받았다. 당시의 임상평가 결과에 의하면, 카를로스는 학교생활에서 지시 불이행, 숙제 미제출, 자리 뜨기, 물건 분실, 순서 기다리지 않기, 경청하지 않기 등의 문제가 있었다. 그는 '몇 시간이고 할 수 있는' 비디오게임을 제외하고는 집중력에 문제가 있었다. 카를로스는 눈에 띄게 언어 발달이 늦은 것 외에는 출생과 발달력은 정상이었다. 카를로스의 가족은 카를로스가 5세 때 멕시코에서 미국으로 이민을 왔다. 그 후 카를로스는 행동 미성숙과 읽기 학습 곤란으로 1학년 때 유급했다. 카를로스가 제2언어인 영어의 습득을 수월하게 해냈다는 사실은 기록에 없었다.

카를로스가 9세 때 받은 임상심리학자에 의한 심리교육적 평가 결과, 읽기에 문제(특히 읽기 유창성과 이해력에 있어서의 문제)가 있음이 확인되었다. 그러나 카를로스는 학습장애에 대한 학교당국의 기준(IQ와 성취도 점수 사이에 20점 차이가 있음을 반드시 입증해야 함)에 부합될 정도는 아니어서 특수교육 수혜 대상에 들지 못했다. 카를로스의 일차진료 의사는 약물요법pharma-cotherapy을 권했으나, 어머니는 아들에게 약물을 투여하는 것을 원치 않았다. 대신, 그녀는 아들의 '집중력과 읽기'를 도울 수 있는 가정교사를 두기 위해 일을 더하게 되었다.

대학에 입학한 이래, 카를로스는 책 읽기와 강의시간에 자주 주의집중 곤란을 겪었고, 주의산만으로 보고서를 기한 내에 제출하는 데 어려움을 겪었다. 또한 가만히 앉아 있지 못하고, 쉽게 과민해졌으며, 걱정이 많아졌다. 그리고 수면개시 곤란, 기력 감퇴 그리고 또래들처럼 '즐겁게 지낼 수 없음'을 호소하곤 했다. 게다가 일주일 내내 우울 증상이 '오르내리기'를 반복했지만, 집중력에는 영향을 미치는 것 같지는 않았고, 물질사용은 하지 않는다고 했다.

카를로스는 고등학교 때 자신을 이해해 주고, 읽은 내용의 의미를 파악할 수 있게 도와주고, 수업 내용을 녹음해 주고, 다른 형태의 수업 자료(예, 비디오, 위키wikis[*역자 주. 인터넷 사용자들이 내용을 수정 · 편집할 수 있는 웹사이트])를 활용할 수 있도록 해 준 훌륭한 선생님들을 만났다고 말했다. 대학에서는 이러한 지원이 없어서 '외롭고, 어리석어 보이며, 헤어나기 힘든 실패감'에 시달린다고 호소했다. 고등학교 때 교사의 조언에도 불구하고, 카를로스는 대학의 학생장애서비스센터에 등록하지 않았다. 그 이유는 또래들과 다르게 보이고 싶지 않았고, 혼자 힘으로 대학을 졸업할 수 있다고 생각했기 때문이었다. 카를로스의 가족력에 의하면, 형은 ADHD 양성이었다. 카를로스가 7세 때 세상을 떠난 아버지에게는 '난독증'이 있어서 지역 전문대학에 한 학기 다닌 뒤, 학업을 그만두었다고 했다.

검사 당시 카를로스는 깨끗한 진 바지, 티셔츠, 후디hoodie(*역자 주. 모자 달린 옷)를 입었는데, 계속해서 얼굴 위로 끌어내리곤 했다. 그는 조용히 허리를 굽히고 앉아 있었다. 카를로스는 하품을 자주 하면서 임상가와는 시선 접촉을 거의 하지 않았다. 그는 의자에 앉은 채로 손가락을 자주 두드렸고, 발을 이리저리 움직이면서도 질문에는 공손하고 적절하게 대답했다. 카를로스는 영어를 아주 잘 했지만, 히스패닉 억양이 약간 섞여 있었다. 카를로스는 자주 중얼거리듯 말했고, 일부 다음절

multisyllabic 단어들(예, '리터러처literature'를 '리터랄처literalchure'로, '인티미데이트intimidate'를 '인티미트intimate'로)을 잘못 발음하기도 했다. 그는 자살사고는 없다고 했고, 자신의 문제에 대해 적절하게 인식하고 있는 것 같았다.

카를로스는 정밀검사를 위해 심리학자에게 의뢰되었다. 심리교육적 재평가 결과, 카를로스의 읽기와 쓰기 능력이 연령에 비해 현저히 낮다는 사실이 확인되었다. 평가보고서는 또한 이러한 학업곤란이 지적장애, 교정되지 않은 시력이나 청력, 심리사회적 시련 또는 학업수행에 필요한 언어능력의 결여에 의한 것이 아니라고 결론지었다. 이 보고서에는 카를로스가 철자와 쓰기뿐 아니라 읽기 유창성과 이해력에 특정 곤란이 있다고 결론이 내려져 있었다.

진단

- 주의력결핍 과잉행동장애, 주의력결핍 우세형, 경도에서 중등도 심각도
- 특정학습장애, 읽기(유창성과 이해력 모두)와 쓰기(철자와 쓰기 구성) 영역에 영향을 미침, 모두 현재 중등도 심각도

논의

카를로스는 ADHD로 진단된 적이 있다. 9세 때, 최근 평가 시, ADHD에 대한 DSM-IV의 기준에 의하면, 2개 범주(부주의성inattention, 과잉행동hyperactivity/충동성impulsivity[뿐만 아니라 12세 이전 발병]) 중 한 개 범주에 속하는 9가지 증상 가운데 6가지가 부합되어야 했다. 카를로스는 ADHD 복합형 진단을 받았다. 이는 전문클리닉에서 2개 범주 가운데 한 개 범주에서 적어도 6가지 증상이 발견되었음을 가리킨다.

카를로스는 19세가 되어 다시 클리닉을 찾았다. 사례보고서에 의하면, 그는 5가지 주의력결핍 증상 그리고 과잉행동/충동성과 관련된 2가지 증상을 보이고 있다. 이는 증상이 개선되었음을 의미하는 것 같다. ADHD의 부분 관해는 나이를 먹으면서 자주 나타나는데, 특히 과잉행동 증상에 있어서 그렇다. DSM-IV 기준에 의

하면, 카를로스의 ADHD는 관해될 것이다. 그러나 DSM-5는 각 범주에 있는 5가지 증상의 역치가 낮다. 그러므로 카를로스는 ADHD의 진단기준에 부합된다.

그러나 ADHD에 대한 대안적 설명 탐색이 중요하다. 한 가지 가능성은 카를로스의 현재 증상들은 기분장애에 의해 더 잘 설명될 것이라는 점이다. 지난 6개월 동안 카를로스는 불안과 우울 증상을 보였다. 그러나 주의력결핍과 낮은 수준의 집중력은 명백히 이러한 삽화들에 의해 제한 또는 악화되지 않는다. 카를로스의 ADHD 증상은 만성적이면서 기분장애나 불안장애를 동반하지 않은 상태로 아동기에 발병한 적이 있다. 더욱이 그의 우울증 증상들은 고작 일주일 정도 유지되는 반면, 학업곤란은 만성적이다.

학업문제는 ADHD에서 자주 나타나는데, 특정학습장애specific learning disorder(SLD)가 없는 상태에서조차 나타난다. SLD는 또한 자주 ADHD와 동반해서 나타난다. 카를로스의 과거력에 의하면, 반복적으로 심리검사를 받기 이전에도 그에게 SLD가 있었을 가능성을 암시하는 많은 문제가 있었다. 그의 언어표현 능력은 제1언어인 스페인어에서조차 지체되어 있었다. 카를로스의 읽기능력 발달은 스페인어와 영어 모두에서 느렸다. 그리고 고등학교 시절에는 교육적 선처를 받았다. 이러한 개인력은 카를로스에게 SLD가 있었음을 암시하고 있고, 학습장애가 있는 그의 가족력도 이를 뒷받침하고 있다.

카를로스가 이전에 받은 심리교육적 평가에서는 그에게 학습장애가 있음을 확인할 수 없었다. 그 이유는 그가 SLD 진단에 필수적인 IQ와 성취도 사이의 차이에 관한 기준을 충족시키지 못했기 때문이었다. 10년 이상의 과학적 증거를 토대로, DSM-5에서는 이러한 불일치 기준이 삭제되었다. 그 결과, 나이 든 청소년 환자들에 대한 재평가 의뢰가 적절하다는 인식이 확대되었다. 반복적인 심리검사로 카를로스에게 고도의 SLD가 있음이 확인되었다. 학령기에 시작된 카를로스의 학습장애는 계속해서 학업능력 손상의 원인이 되어 왔다는 점에서 카를로스는 DSM-5의 SLD 진단범주에 부합된다. ADHD와 SLD에 대한 기록을 제공함으로써, 카를로스는 대학에서의 학업을 보다 힘차게 할 수 있도록 학업상의 편의를 제공받을 수 있게 될 것이다.

읽을거리

Frazier TW, Youngstrom EA, Glutting JJ, Watkins MW: ADHD and achievement: meta-analysis of the child, adolescent, and adult literatures and a concomitant study with college students. J Learn Disabil 40(1):49–65, 2007

Sexton CC, Gelhorn H, Bell JA, Classi PM: The co-occurrence of reading disorder and ADHD: epidemiology, treatment, psychosocial impact, and economic burden. J Learn Disabil 45(6):538–564, 2012

Svetaz MV, Ireland M, Blum R: Adolescents with learning disorder: risk and protective factors associated with emotional well-being: findings from the National Longitudinal Study of Adolescent Health. J Adolesc Health 27(5):340–348, 2000

Turgay A, Goodman DW, Asherson P, et al: Lifespan persistence of ADHD: the life transition model and its applications. J Clin Psychiatry 73(2):192–201, 2012

사례 4: 학교문제
School Problems

Arden Dingle, M.D.

다프네[Daphne](13세, 9학년, 여)는 학업과 행동상의 어려움으로 정신의학적 평가에 의뢰되었다. 다프네는 학교 공부의 시작과 완결 그리고 지시이행에 특히 어려움이 있었다. 다프네는 수학 과목에서 낙제점수를 받았다. 과제 완결 지시를 받는 경우, 다프네는 언성을 높여 시비조로 말하며 몹시 화를 냈다. 다프네는 어머니와 함께 집에 있게 해 달라고 간청하면서 점점 더 학교에 가지 않으려고 했다.

검사결과에 의하면, 다프네는 지능이 평균 이상이었고, 수학을 제외한 모든 과목에서 연령에 부합되는 성취도를 보였으나, 시공간 기술에서는 다소 어려움을 겪고 있었다. 수년 전, 다프네를 담당했던 소아과 전문의는 다프네를 주의력결핍 과잉행동장애(ADHD)로 진단했고, 자극제stimulant를 처방해 주었다. 다프네는 일주일간 처방 약물을 복용하였으나, 초조 증상이 나타난다는 이유로 다프네의 부모는 다프네의 약물 복용을 중단시켰다.

다프네의 부모는 가정에서 다프네의 숙제를 도와주려고 했으나, 이러한 시도는 거의 언제나 울음과 고성이 오가는 논쟁으로 이어지곤 했다. 다프네는 오랜 친구 2명이 있었을 뿐, 수년간 새로운 친구를 사귀지 않았다. 다프네는 대체로 자기보다 어린 여자아이들과 놀기를 좋아했다. 그러면서 친구들이 활동을 선택하거나 자신의 규칙을 따르지 않을 때면 철수하는 경향이 있었다. 다프네는 여러 사람과 함께 있을 때와 학교에서는 조용하였으나, 가족들과 함께 있을 때는 대담하기까지 한 모습을 보였다.

아동기 초기가 시작될 무렵, 다프네는 잠들기 어려워해서 밤새 전등을 켜 놓고 부모에게 함께 있어 줄 것을 요구하곤 했다. 그녀의 부모는 다프네가 변화에 의해 쉽게 짜증을 낸다는 점을 알고 있기 때문에 다프네에게 새로운 활동을 시도해 보도록 강요하지 않았다. 다프네는 특히 여름철을 좋아했다. 여름이 되면, 다프네는 호숫가에 위치한 집에서 할머니, 할아버지와 함께 시간을 보내곤 했다. 다프네의 부모에 의하면 다프네에게는 특별한 외상, 스트레스 또는 의학적/발달상의 문제가 없었다. 다프네는 평가를 받기 약 2개월 전에 월경을 시작했다. 다프네의 가족력에 의하면, 여러 명의 일차 친족(***역자 주.** 형제자매, 부모, 자녀와 같이 DNA를 50% 공유하고 있는 사람)과 이차 친족(***역자 주.** 조부, 조모, 손자, 손녀, 사촌, 조카와 같이 DNA를 25% 공유하고 있는 사람)에게 기분장애, 불안장애 또는 학습장애가 있었다.

첫 번째 만남에서 다프네는 수줍어하고 긴장하면서 시선 접촉을 잘 하지 않았다. 그러면서 자신의 플라스틱 말 인형 수집에 관한 것 외에는 말하기를 어려워했다. 15분 정도가 지나자, 다프네는 훨씬 편안해하면서 공부가 어렵고 다른 아이들이 자기를 배려해 주지 않아서 학교가 싫다고 말했다. 다프네는 실수, 성적 부진 그리고 교사와 부모를 실망시킬 것이 두렵다고 했다. 과거의 실패에 대한 집착은 주의력결핍과 우유부단으로 이어졌다. 다프네는 자신이 잘할 수 있는 것과 삶에 있어서 잘 진행되고 있는 측면에 대해 인정하지 않았다. 다프네는 더 많은 친구를 사귀고 싶어 했다. 적어도 기억할 수 있는 범위 내에서 다프네는 항상 이러한 느낌이 들었다고 했다. 이러한 이유로 다프네는 슬펐지만, 지속적인 우울 기분이나 자살사고는 없다고 했다. 다프네는 불안해 보였으나, 자신의 말 인형 수집과 가족에 관해 이야기를 나눌 때에는 표정이 밝아졌다.

진단

- 특정학습장애(수학)
- 범불안장애

논의

다프네에게는 부주의성, 불안, 학업곤란, 제한적인 또래관계, 낮은 자존감으로 인해 고통과 손상된 기능과 같은 증상들이 있다. 생물학적 측면에서는 기분장애, 불안장애, 학습장애가 있는 가족력을 배경으로 사춘기의 호르몬 변화를 겪고 있다. 심리학적 측면에서는 부적절하다는 신념으로 생활하고 있는데, 이러한 인자는 다프네가 학교생활에서 겪고 있는 지속적인 어려움과 연관된 것으로 보인다. 발달적 측면에서 볼 때, 다프네는 학령기 아동의 정서 수준으로 기능하고 있다. 사회적 측면에서는 다프네를 보살펴 주기 위해 애쓰고 있는 지지적인 가족이 있다. 그러나 다프네의 가족은 오히려 다프네의 독립성과 자율성과 관련된 기술의 습득을 방해하고 있을 가능성이 있다. 그동안 교육체제는 다프네가 학교생활을 잘 하는 데 필요한 지원을 제공하지 못했다.

다프네의 학업문제는 부분적으로 수학 과목에 있어서의 특정학습장애로 설명될 수 있다. 다프네는 이 과목에서 지속적으로 어려움을 겪고 있는데, 그녀의 수행력이 지적 수준과 생활연령에 비해 낮은 수준임을 보여 주는 검사 결과가 이를 입증하고 있다. 다른 학과목에서의 성취도와 적응기능 수준은 대체로 다프네의 연령에 적합한 것 같다. 이는 다프네가 전반적인 지능과 적응기능이 정상이고, 지적장애는 없다는 사실을 입증하는 것이다.

다프네와 같은 연령의 아동들에게서 불안장애와 기분장애를 구분하기는 어려울 수 있다. 다프네는 불안장애를 겪고 있을 가능성이 더 높다. 그 이유는 우울 증상이 흔히 그렇듯이, 다프네의 증상은 삽화적이기보다는 만성적이기 때문이다. 다프네의 슬픔은 실패감과 자신의 역량에 관한 걱정과 연관이 있다. 다프네에게는 수면장해sleep disturbance(***역자 주.** DSM-5 한국어판에서는 '수면교란'으로 번역됨) 외에는 자율신경계 증상은 없다. 다프네가 잠들기 어려워하는 것은 사회적 역량 부족, 학교의 요구에 대한 저항감, 그리고 달갑지 않은 과제수행에 대한 과잉반응에서 파생된 불안 때문인 것으로 보인다. 능력에 대한 불안 외에도 다프네는 안전에 대해 염려하는 것 같다. 이는 그녀가 긴장된 모습을 보이고 있는 이유에 대한 설명도 될 수 있다. 다프네는 활동 기피 또는 통제를 통해 불안을 관리하고 있다. 다프네는 다른 불안장애, 즉 사회불안장애(사회공포증) 또는 분리불안장애와 유사한 증상들을 보이고 있지만, 그녀의 걱정은 이러한 범주를 뛰어넘는 것들이다. 다프네의 불안이 광범위한 것을 고려한다면, 가장 적절한 진단은 범불안장애generalized anxiety disorder(GAD)다.

GAD의 특징은 지속적이고 과도한 불안과 걱정이다. 증상 기준에는 좌불안석, 낮은 집중력, 과민성, 근육긴장, 수면 장해 그리고 쉽게 피로해지는 것이 포함된다. 성인들에게는 총 6가지 기준 중에서 3가지가 필수로 요구되지만, 아동에서는 과도한 불안과 걱정 외에 한 가지 증상만 나타나도 GAD로 진단될 수 있다.

사회생활의 어려움은 아동과 청소년들 사이에 자주 나타난다. 정신과 장애가 있는 아동과 청소년들 사이에 특히 그렇다. 다프네의 문제는 자신감과 또래들에게 호감을 줄 수 있는 것에 대한 불안과 연관이 있다. 다프네는 학업곤란과 불안으로 발달이 지체되어 정서적 · 사회적으로 미성숙 상태를 벗어나지 못하고 있다.

다프네의 미성숙함은 자폐스펙트럼장애의 단서가 되기도 한다. 다프네는 또래들과 사회적 상호작용을 시작 · 참여하는 데 어려움(검사 중 눈에 띌 정도의 빈약한 시선 접촉)을 겪고 있다. 그러나 자폐증과 연관이 있는 의사소통 곤란, 경직성, 또는 상동적 행동은 보이지 않는다. 다프네의 행동은 상황에 익숙해지면서 나아지고, 또래들에게도 관심을 표현하기도 한다. 마찬가지로 언어, 말, 의사소통 기술 역시 발달적으로 적절하다는 점에서 다프네에게 이 영역에서의 장애가 존재할 가능성은 매우 낮은 것 같다.

다프네가 학교 공부를 해야 할 때가 되면, 학교와 가정에서 저항적이고 비협조적인 태도를 보인다는 점에서 적대적 반항장애oppositional defiant disorder도 고려해 볼 만하다. 그러나 이러한 태도와 행동은 다른 상황에서는 나타나지 않는다는 점에서 다프네의 행동은 증상 수준과 빈도에 있어서 적대적 반항장애의 필수요건에 부합되지 않는다. 이 장애의 필수요건들은 불안 징후와 관리를 위한 시도가 나타나는 경우에 더 잘 개념화된다.

주의력결핍은 다양한 진단에서 나타나는 증상이다. ADHD가 있는 사람은 주의력, 충동성 및/또는 과잉행동에 문제가 있다. 이러한 문제들은 12세 이전에 여러 상황에서 나타나고, 심한 손상의 원인이 된다. 다프네가 주의력결핍과 관련된 갖가지 증상을 보이고 있지만, 이 증상들은 학교 장면에 한정된 것 같다. 다프네에게는 충동성 또는 활동 조절과 관련된 심한 행동은 없는 것 같다. ADHD는 가능한 진단으로 남겨 두겠지만, 다른 진단들은 다프네의 어려움을 잘 설명해 주고 있다.

읽을거리

Connolly SD, Bernstein GA: Work Group on Quality Issues: Practice parameter for the assessment and treatment of children and adolescents with anxiety disorders. J Am Acad child Adolesc Psychiatry 46(2):267–283, 2007

Lagae L: Learning disorder: definitions, epidemiology, diagnosis, and intervention strategies. Pediatr Clin North Am 55(6):1259-1268, 2008

사례 5: 좌불안석과 주의산만
Fidgety and Distracted

Robert Haskell, M.D.
John T. Walkup, M.D.

에단[Ethan](9세, 남)은 그의 주의력이 점차 산만해지는 것을 지켜보던 교사에 의해 정신과 클리닉에 의뢰되었다. 당시 에단은 정규 교육기관이자 남학교인 사립초등학교 4학년이었다. 교사는 에단의 부모에게 에단이 가을 학기까지만 하더라도 우수한 학생군에 속했는데, 봄 학기가 되면서 성적이 크게 하락했다고 말했다. 학교 공부가 점차 어려워지게 되면서 에단이 초조해하고 산만한 경향성을 보이자, 교사는 부모에게 신경정신과 검사를 받아 보도록 제안했다.

에단의 어머니는 에단이 최근 들어 가정에서 보다 감정적이 된 것 같다고 하면서, "어떤 때는 금방이라도 눈물을 흘릴 것 같은 모습을 보이곤 하는데, 이런 적이 없었거든요."라고 말했다. 에단의 어머니는 가정에 아무런 어려움이 없다고 말하면서, 남편, 아들, 8세인 딸 그리고 자신을 '행복한 가족'으로 묘사했다. 그러나 에단이 혼자 있기를 어려워하는 것 같은 모습은 자주 어머니의 눈에 띄었다. 에단은 혼자 방에 남아 있기를 싫어하면서 자주 부모에게 들러붙어서 집 주변을 졸졸 따라다녔다. 또한 한밤중에 부모의 침대에 기어오르곤 했는데, 이 또한 전에는 없던 일이었다. 에단에게는 이웃과 학교에서 사귄 친구들 몇 명이 있었다. 에단은 다른 아이들이 자신의 집에 오는 것을 반가워했지만, 자기가 다른 아이의 집에서는 자고 싶어 하지 않았다.

에단의 어머니는 에단이 초조해 보인다는 말에 동의했다. 에단이 자주 어깨를 들썩거리고, 얼굴을 찡그리는가 하면, 눈을 깜빡거리기도 하는 광경이 어머니의 눈에 자주 띄었기 때문이었다. 어머니는 이러한 행동을 불안의 징후로 여겼다. 이러한 움직임들은 에단이 피곤하거나 좌절할 때 더욱 악화되는 반면, 클라리넷 연습이나 숙제를 할 때처럼 차분하고 집중이 필요한 활동을 하는 경우에는 발생 빈도가 낮아졌다. 특히, 어머니가 도와주는 상황에서는 안정을 되찾았다.

에단의 어머니는 에단이 갑자기 '미신적'이 되었다고 했다. 에단은 출입구를 지날 때마다 왔다 갔다 하다가 두 차례 연속해서 두 손으로 동시에 문설주를 잡곤 했다. 에단의 어머니는 이렇게 눈에 띄는 습관들이 가족들이 매년 휴가를 떠나는 여름이 되기 전까지 진정되기를 바랐다. 여름휴가 장소로 에단의 어머니는 디즈니랜드가 적합하다는 느낌이 들었지만, 에단의 아버지는 에단을 낚시 여행에 데리고 가자고 제안했다. 그러자 에단의 어머니는 딸과 함께 뉴욕에 살고 있는 친척집을 방문하기로 했다.

에단의 어머니는 에단을 '순하지만 민감한 아이'로 기억했다. 에단은 계획되고 복잡하지 않은 임신으로 얻은 아들이었고, 발달상 중요한 모든 과업을 시기에 맞추어 완수했다. 에단은 아무런 의학적 문제도 없었고, 최근에 감염된 적도 없었다. 그러나 에단의 어머니는 에단이 복통으로 학교 보건실을 자주 방문하기 시작했다고 말했다.

검사 당시 에단은 피부가 뽀얗고, 주근깨가 많은 피부에 금발을 가진 튼튼한 남자아이였다. 에단은 다소 초조해하면서 바지를 잡아당겼고, 의자에 앉은 채 자세를 연신 바꿨다. 에단은 어머니가 자신의 새로운 동작에 관하여 말하는 것을 들을 때마다 그러한 행동들을 더 자주 나타냈다. 검사자는 에단이 때로 눈을 심하게 깜빡이고, 눈동자를 굴리면서 헛기침하는 모습을 관심 있게 관찰했다. 에단은 때로 부모에게 '나쁜 일'이 생기고 있어서 걱정된다고 말했다. 그러나 에단이 무엇에 대해 염려하고 있는지는 확실치 않았다. 에단은 다만 강도들이 자신의 집에 침입할 수 있다는 것에 대해서만 두려워하는 것 같았다.

진단

- 잠정적 틱장애
- 분리불안장애

논의

에단은 학업 성적 하락으로 클리닉을 찾았다. 에단의 가족들은 비교적 최근에 발병한 일련의 불안 증상에 원인 제공을 하고 있는 것 같다. 에단은 혼자 있기를 힘들어했고, 또래 친구들의 집에서 자는 것을 꺼렸다. 또한 부모에게 나쁜 일이 일어날 것에 대한 두려움이 있었고, 학교 보건실을 수시로 찾았다. 에단은 DSM-5의 분리불안장애 기준에 부합되는 것 같다. 이 장애의 진단기준에 부합되려면 관련 증상들이 아동과 청소년들에게서 1개월만 지속되면 된다.

에단의 어머니에 의하면 에단은 최근 들어 더욱 초조해하고 있다. 에단의 어깨 들썩이기, 얼굴 찡그리기, 눈 깜빡거림이 최근에 발병된 분리불안으로 인한 것이라는 생각이 들기 때문이다. 에단의 부모뿐 아니라 교사들도 에단의 이러한 행동이 틱이라는 사실을 인식한 사람은 아무도 없었다. 틱tics이란 지속시간이 짧고 갑작스럽게 발병되는 불규칙적인 움직임을 말한다. 에단은 면담자의 관찰 내용, 즉 운동 틱motor tics(눈 깜빡거림, 어깨 돌리기)과 음성 틱vocal tics(쩝쩝 소리, 웅얼거림, 헛기침, 코를 킁킁거리기, 딸깍 소리 내기) 외에도 다양한 틱이 있는 것 같다. 틱은 단순해서 수천분의 일초가 걸리거나, 지속시간이 좀 더 길거나, 체인처럼 연결되어 일어나거나, 연속적인 행동 등 복잡한 양상으로 나타날 수 있다. 틱은 틱장애가 진행되면서 폭넓게 변하지만, 주어진 기간에 특정 형태로 재발하는 경향이 있다.

특정 틱장애(만일 있다면)는 움직임의 유형과 지속시간에 의해 결정된다. 투렛장애에서는 운동 틱과 음성 틱이 나타나는 반면, 지속성(만성) 운동 틱 또는 음성 틱에서는 운동 틱 또는 음성 틱만 나타난다. 에단은 혼재된 틱을 나타내고 있는데, 이 시점에서는 6개월 동안만 나타났다. 투렛장애나 지속성 틱장애로 진단되려면 적어도 1년 동안 틱이 나타나야 한다. 그러므로 에단은 잠정적 틱장애로 진단되어야 한다.

틱은 아동의 15~20%에게서 나타나는데, 0.6~1.0%가 투렛장애로 이어진다. 평균적으로 틱은 4~6세 사이에 나타나기 시작해서 10~12세 때 가장 심한 상태에 도달했다가 일반적으로 청소년기가 되면서 점차 나아진다. 성인기에 발생하는 틱은 이미 아동기에 나타났을 가능성이 매우 높지만, 대체로 눈에 잘 띄지 않는다. 틱은 전형적으로 불안, 흥분, 소진에 의해 악화된다. 그리고 차분하고 집중할 수 있는 활동에 참여하는 경우에는 약화되는 경향이 있다. 이것이 바로 아버지와의 낚시 여행이 에단의 여름휴가를 위한 최적의 선택일 수 있다는 이유다.

불안은 에단이 교실에서 보이는 부주의성 증상을 설명하고 있는 것 같다. 주의력결핍 과잉행동장애, 주의력결핍형을 배제시킬 수는 없지만, 틱과 불안이 에단의 과제수행을 방해했을 가능성이 더 높은 것 같다. 에단은 생애 초기에 주의력결핍이나 과잉행동을 나타내지 않았다. 가을 학기의 학업 성적이 우수했다는 점에서 에단의 학습장애 가능성은 배제될 수 있는데, 이에 대한 검사를 실시했다는 기록 역시 없다. (일반적으로, 검사는 항상 불안과 같이 내재된 문제의 치료 후에 이루어져야 한다.) 불안장애와 틱장애 둘 다와 연관성이 있는 질환인 강박장애 obsessive-compulsive disorder에 관해서 말하면, 에단이 출입구에서 보이는 의식적ritual 행동은 이 진단의 타당성을 따지기에 앞서, 고통과 손상의 원인이 되고 있을 것이다.

읽을거리

Plessen KJ: Tic disorders and Tourette's syndrome. Eur Child Adolesc Psychiatry 22(suppl 1): S55–S60, 2013

Walkup JT, Ferrão Y, Leckman JF, et al: Tic disorders: some key issues for DSM-V. Depress Anxiety 27:600–610, 2010

04

신경발달장애 DSM-5® 확인문제

01 다음 중 지적장애(지적발달장애)에 대한 DSM-5 진단의 필수요건이 아닌 것은?

A. 70 미만의 전체 척도 IQ

B. 임상적 평가에 의해 확인된 지적기능 결함

C. 개인의 독립성과 사회적 책임에 대한 발달적·사회문화적 기준을 충족시키지 못하는 적응기능 결함

D. 발달시기 동안 증상 발병

E. 표준화된 개인 지능검사에 의해 확인된 지적기능 결함

02 초등학교 2학년인 7세 남자아이가 문제 추론과 해결 및 경험을 통한 학습에 심각한 정도의 지연을 나타내고 있다. 이 아동은 학교에서 읽기, 쓰기, 수학을 위한 기술 발달에 있어서도 지연 증상을 보이고 있다. 비록 조금씩 나아지고는 있지만, 발달 기간 내내 이러한 기술들은 또래 아이들에 비해 훨씬 뒤처져 있다. 이러한 결함들은 또래아이들의 연령에 적절한 방식으로 노는 것과 가정에서의 독립적인 기술습득 능력에 심각하게 손상을 주고 있다. 이 아이는 매일 기본 기술(옷 입기, 급식, 목욕, 학교 공부 관련 행동)에 있어서 지속적인 도움을 필요로 한다. 다음 중 이러한 증상에 가장 적합한 진단은?

A. 아동기 발병 주요신경인지장애

B. 특정학습장애

C. 지적장애(지적발달장애)

D. 의사소통장애

E. 자폐스펙트럼장애

03 초등학교 2학년인 7세 남자아이가 문제 추론과 해결 및 경험을 통한 학습에 심각한 정도의 지연을 나타내고 있다. 이 아동은 학교에서 읽기, 쓰기, 수학을 위한 기술 발달에 있어서도 지연 증상을 보이고 있다. 비록 조금씩 나아지고는 있지만, 발달 기간 내내 이러한 기술들은 또래 아이들에 비해 훨씬 뒤처져 있다. 이러한 결함들은 심각하게 또래 아이들의 연령에 적절한 방식으로 노는 것과 가정에서의 독립적인 기술습득 능력에 손상을 주고 있다. 이 아이는 매일 기본 기술(옷 입기, 급식, 목욕, 학교 공부 관련 행동)에 있어서 지속

적인 도움을 필요로 한다. 이 환자의 현재 증상에 적절한 심각도는?

A. 경도
B. 중등도
C. 고도
D. 최고도
E. IQ 점수가 없는 상태에서는 결정할 수 없음

04 다음 중 지적장애(지적발달장애)에 관한 진술로 옳지 않은 것은?

A. 지적장애가 있는 사람들은 동일한 언어학적·사회문화적 집단의 동일한 연령과 성별의 또래들에 비해 일상생활의 적응기능에 있어서 전반적인 정신능력에 결함과 손상이 있다.
B. 지적장애가 있는 사람들에게 IQ 전체 척도 점수는 하위검사 점수들이 크게 불일치하지만, 전반적인 정신능력과 적응기능에 대한 타당한 평가다.
C. 지적장애가 있는 사람들은 행동, 정서, 대인관계 관리와 학습과정에 대한 동기 유지를 어려워한다.
D. 지적장애는 일반적으로 모집단 평균으로부터 2 표준편차인 IQ, 즉 약 70 이하의 IQ 점수(± 5점)와 연관이 있다.
E. 지적장애에 대한 평가절차는 사회문화적 배경, 모국어, 연관된 의사소통/언어장애, 그리고 운동 또는 감각 장애와 같이 수행을 제한할 수 있는 인자들을 반드시 고려해야 한다.

05 다음 중 지적장애(지적발달장애)의 진단에 관한 진술로 옳지 않은 것은?

A. IQ가 70 이하인 사람은 적응기능에 심각한 결함이 없다면 이 진단을 받게 될 것이다.
B. IQ가 75 이상인 사람은 적응기능에 손상이 있다고 하더라도 이 장애의 진단기준에 충족되지 않을 것이다.
C. 법의학적 평가에서는 적응기능에 심각한 결함이 있다면, IQ가 75 이상이라고 하더라도 이 진단이 내려진다.

D. 적응기능으로는 반드시 개념적 · 사회적 · 실행적 기능의 세 영역을 고려해야 한다.
E. 경도, 중등도, 고도, 최고도 명시자는 IQ 점수를 기반으로 한 것이다.

06 다음 중 지적장애(지적발달장애)의 진단적 특징이 아닌 것은?

A. 70 미만의 전체 척도 IQ
B. 지원 없이는 복합적인 일상생활 과업(예, 금전관리, 의학적 결정)의 수행 불가
C. 사회적 상황에서의 순진함으로 인해 잘 속고 타인에 의해 쉽게 이끌리는 경향성
D. 사회적 · 대인 간 기능에 필요한 연령에 부합되는 의사소통 기술 결여
E. 위의 보기 모두는 지적장애의 진단적 특징에 해당됨

07 다음 중 지적장애(지적발달장애)의 진단에서 적응기능에 관한 진술로 옳은 것은?

A. 적응기능은 개인의 IQ 점수에 기초한다.
B. "적응기능 결함"이란 운동 협응 문제를 말한다.
C. 지적장애로 진단하기 위해 진단기준 B를 충족시키려면, 최소한 적응기능의 2개 영역이 손상된 상태여야 한다.
D. 지적장애에서의 적응기능은 인지능력의 역치와 연관된 발달장애로 인해 제한될 수 있지만, 시간이 가면서 나아지는 경향이 있다.
E. 아동기에 지적장애로 진단된 사람들은 적응기능이 향상되더라도 전형적으로 성인기에도 계속해서 진단범주에 부합될 것이다.

08 다음 중 지적장애(지적발달장애)의 발달과 위험 요인에 관한 진술로 옳은 것은?

A. 지적발달장애는 알려진 유전 증후군(예, 레쉬-니한 증후군 또는 프래

더-윌리 증후군)이 발현된 상태에서 진단되어서는 안 된다.

B. 병인은 주산기와 출산 후 인자들에 국한되고 출산 전 사건들은 배제된다.

C. 고도의 후천성 지적발달장애는 발달시기 동안 발생하는 질병(예, 뇌막염) 또는 두부 외상에 의해 급작스럽게 발병할 수 있다.

D. 심한 외상성 뇌손상(TBI)의 경우처럼, 지적장애가 종전의 후천성 인지적 기술의 소실로 인한 경우, TBI 진단만 내린다.

E. 지적발달장애의 출산 전, 주산기, 출산 후 병인은 사례의 약 33% 정도가 명백하다.

09 다음 중 지적장애(지적발달장애)의 발달 경과에 관한 진술로 옳은 것은?

A. 지연된 운동, 언어, 사회적 이정표는 생후 2년이 지난 후에야 확인될 수 있다.

B. 발달시기 동안 발생하는 질병(예, 뇌염) 또는 두부 외상에 의한 지적장애는 지적장애(지적발달장애)가 아닌 신경인지장애로 진단될 것이다.

C. 지적장애는 항상 비점진적nonprogressive이다.

D. 주요신경인지장애는 지적발달장애와 동반이환될 수 있다.

E. 아동기와 성인기에 걸쳐서 이루어지는 조기 및 지속적인 개입이 적응 및 지적기능 향상으로 이어지더라도, 지적장애 진단은 계속 유효할 것이다.

10 DSM-5의 지적발달장애 진단에는 다양한 적응기능 영역에서 필요로 하는 지원 수준을 나타내는 심각도 명시자—경도, 중등도, 고도, 최고도—가 포함되어 있다. 다음 중 "고도" 수준의 손상을 가진 사람의 특징에 해당되지 않는 것은?

A. 일반적으로 문어written language와 숫자, 양, 시간, 돈과 같은 개념을 거의 이해하지 못한다.

B. 구어spoken language가 어휘력과 문법에 있어서 매우 제한적이다.

C. 식사, 옷 입기, 목욕, 배변 등 모든 일상생활에 있어서 지원을 필요로 한다.

D. 성인기에는 개념적 기술이 강조되지 않는 직업에서 경쟁력 있는 고용 상

태를 유지할 수 있다.

E. 자신 또는 타인의 안녕에 관한 책임 있는 결정을 내릴 수 없다.

11 난독증 과거력 외에는 발달적으로 정상인 10세 남자아이가 스케이트보드 사고로 심한 외상성 뇌손상을 입었다. 이 사고로 심한 정도의 전반적인 지적 손상이 나타났다(기타 새롭게 습득되었지만 안정된 상태의 결함에 비해 더욱 현저해진 지속적인 읽기 결함이 있고 전체 척도 IQ가 75임). 그의 적응기능에는 기능 영역의 일부에서 지원을 필요로 할 정도로 경미한 손상이 있다. 그는 또한 사고와 입원의 여파로 불안과 우울 증상을 나타내고 있다. 이 사례에 대해 가장 거리가 먼 진단은?

A. 지적장애(지적발달장애)

B. 외상성 뇌손상

C. 특정학습장애

D. 외상성 뇌손상으로 인한 주요신경인지장애

E. 적응장애

12 다음 중 전반적 발달지연 진단을 내리기에 부적절한 상황은?

A. 환자가 너무 어려서 특정 증상들을 충분히 드러내 보이지 않거나 필수적인 평가를 완수할 수 없는 아동인 경우

B. 환자가 7세 된 남자아이로 전체 척도 IQ 점수가 65이고, 적응기능에 고도 손상이 있는 경우

C. 환자의 심리측정 검사점수에 의하면, 환자는 지적장애(지적발달장애)이지만 환자의 적응기능 기술에 관한 정보가 불충분한 경우

D. 환자의 손상된 적응기능은 지적발달장애임을 가리키지만, 표준화된 도구에 의해 측정된 인지 손상 수준에 관한 정보는 불충분한 경우

E. 환자의 인지적·적응적 손상은 지적발달장애임을 가리키지만, 그 상태의 발병 연령에 관한 정보가 불충분한 경우

13 다음 중 전반적 발달지연에 관한 진술로 옳은 것은?

A. 진단은 전형적으로 5세 미만의 아동들에게 내려진다.

B. 병인은 보통 결정될 수 있다.

C. 유병률은 0.5~2%로 추산된다.

D. 상태는 점진적이다.

E. 상태는 일반적으로 다른 신경발달장애와 함께 발현되지 않는다.

14 납 노출과 발작장애의 과거력이 있는 3.5세 여자아이가 상당한 지원을 필요로 할 정도로 의사소통, 학습, 주의력, 운동 발달 등 다수의 기능 영역에서 상당한 지연을 보이고 있다. 이는 동년배 또래들과의 상호작용 능력을 제한하고 있고, 가정에서 일상생활의 제반 활동에 있어서 많은 지원을 필요하게 하는 원인이 되고 있다. 불운하게도 아이의 어머니는 극도로 가난한 역사학자이고, 아동은 그때까지 정식으로 심리적 또는 학습 평가를 받아 본 적이 없었다. 이제 아이는 유치원에 다닐 준비가 되었는지에 대한 평가를 받고자 한다. 이 사례에 가장 적절한 진단은?

A. 주요신경인지장애

B. 발달성 협응장애

C. 자폐스펙트럼장애

D. 전반적 발달지연

E. 특정학습장애

15 5세 남자아이가 친구를 사귀기 어려워하고 있고, 대화를 주고받는 것을 시작·유지, 사회적 단서 읽기, 그리고 자신의 감정을 다른 사람들과 나누는 데 있어서 문제가 있다. 아이는 시선 접촉을 잘하고 있고, 말의 억양이 정상적이며, 안면 제스처를 사용할 수 있고, 일반적으로 상황에 적절하게 보이는 정동 범위를 가지고 있다. 아이는 강도와 초점에 있어서 비정상적으로 장난감 기차에 대해 흥미를 보이고 있고, 상상 놀이나 상징놀이는 거의 하지 않는다. 다음 중 이 사례에 해당되지 않는 자폐스펙트럼장애의 진단적 필수요건은?

A. 사회적·정서적 상호성 결핍

B. 사회적 상호작용에 사용되는 비언어적 의사소통 행동 결함
C. 관계 발달 · 유지에 있어서의 결함
D. 명시된 4개 범주 중 2가지 증상에 의해 발현되는 제한적 · 반복적 행동, 흥미, 또는 활동 패턴
E. 임상적으로 심각한 손상을 초래하는 아동기 초기에 발병된 증상들

16 다음 중 자폐스펙트럼장애(ASD)의 발달과 경과에 관한 진술로 옳지 않은 것은?

A. ASD 증상은 전형적으로 출생 후 만 12개월에서 24개월 이내에 나타난다.
B. ASD 증상은 5~6세 또는 그 이후에 두드러진다.
C. 처음 나타나는 증상으로는 자주 사회적 관심 결여 또는 특이한 사회적 상호작용을 동반한 지연된 언어 발달이 있다.
D. ASD는 퇴행성 장애[degenerative disorder]가 아니고, 전형적으로 학습과 보상이 일생 동안 지속된다.
E. 많은 수의 정상적으로 발달하는 어린 아동들이 강하게 선호하는 것이 있고 반복하는 것을 즐긴다는 점에서 학령전기 아동들의 제한적 · 반복적 행동을 ASD의 진단적 특징으로 식별하는 것은 어려울 수 있다.

17 다음 중 DSM-5 자폐스펙트럼장애 진단기준에서 삭제된 DSM-IV의 자폐장애 진단기준에 속했던 증상은?

A. 상동증적 또는 제한된 흥미 패턴
B. 상동증적 및 반복적인 운동 매너리즘
C. 일상적인 것에 대한 융통성 없는 고집
D. 물체의 부분에 대한 지속적 집착
E. 위의 보기 모두 아님

18 7세 여자아이가 정상적인 언어기술의 과거력(어휘와 문법이 온전함)이 있지만, 생각과 감정 공유에 있어서 사회적으로 실용적인 방식으로 언어를 사용하지 못한다. 아이는 시선접촉을 잘해 본 적이 없고 사회적 단서를 잘 읽지 못한다. 결과적으로, 아이는 친구 사귀기를 어려워한다. 이러한 문제는 아이가 반복해서 그리고 있는 만화영화 캐릭터에 다소 집착을 보임으로써 더욱 복잡해지게 되었다. 아이는 과도하게 물건의 냄새를 맡는 경향이 있다. 또 계절에 관계없이 매일 똑같은 셔츠와 반바지를 입으려고 고집을 부리기 때문에 옷 입기는 아주 어려운 활동이 되었다. 이러한 증상들은 아동기 초기에 시작되었고, 기능에 심각한 손상을 초래하고 있다. 이 아이의 증상에 가장 적절한 진단은?

A. 아스퍼거장애

B. 자폐스펙트럼장애

C. 달리 명시되지 않는 광범위성 발달장애(NOS)

D. 사회적(실용적) 의사소통장애

E. 레트증후군

19 15세 남자아이는 비언어적 의사소통 결함의 오랜 과거력이 있다. 유아기에 아이는 누군가 손가락으로 가리킴으로써 아이의 주의를 끌려는 행동에 반응을 보이지 않았다. 걸음마기에는 부모와 함께 하는 행사, 감정 공유, 또는 게임에 흥미를 보이지 않았다. 학령기에서 청소년기로 넘어가면서 아이의 말은 조음과 표현방법이 특이했고, 신체언어가 어색했다. 이러한 증상이 나타내는 것은?

A. 상동증

B. 제한된 관심 범위

C. 발달적 퇴행

D. 전구기 조현양상 증상

E. 비언어적 의사소통 행동에 있어서의 결함

20 10세 남자아이가 손을 펄럭이고 손가락을 튕기는 증상을 보이고 있다. 또한 반복적으로 동전을 뒤집고 장난감 트럭들을 일렬로 세운다. 아이는 묻는 말에 답하기 전에 질문의 끝부분 단어들을 "메아리"처럼 반복하는 경향이 있고, 대명사를 뒤죽박죽으로 말하며(자신을 2인칭으로 나타냄), 집요하게 구문들을 반복해서 말하는 경향이 있고, 옷 입기, 먹기, 여행하기, 놀이와 관련된 일상적인 것에 심하게 고착된 경향을 보인다. 아이는 자신의 차고에서 아버지의 공구들을 가지고 놀면서 시간을 보낸다. 이런 행동들이 나타내고 있는 것은?

A. 자폐스펙트럼장애의 특징인 제한적 · 반복적 행동, 흥미, 또는 활동 패턴

B. 강박장애의 증상

C. 강박성 성격의 원형적 발현

D. 소아 급성-발병 신경정신의학적 증후군(PANS Pediatric Acute-onset Neuropsychiatric Syndrome) 증상

E. 복합 틱

21 25세 남성이 장기간 지속되어 온 비언어적 의사소통의 결함이 있고, 적절한 방식으로 대화를 주고받거나 관심을 공유할 수 없으며, 다른 사람들과의 관계 형성에 대한 관심을 전혀 보이지 않는 증상을 나타내고 있다. 그의 말은 어색한 표현 방식과 억양이 있고, 기계적인 특징을 보이고 있다. 그는 아동기 내내 다양한 게임과 물체에 대해 순차적 고착 sequential fixation 과 강박사고의 과거력을 가지고 있다. 그러나 이것은 현재 그에게 있어서 주요 쟁점은 아니다. 이 환자가 자폐스펙트럼장애의 진단범주에 충족된다는 진술은 옳은가, 그른가?

A. 옳음

B. 그름

22 9세 여자아이가 지적 손상의 과거력, 구조적 언어 손상, 비언어적 의사소통 결함, 또래들에 대한 흥미 결여, 그리고 사회적 방식으로의 언어사용 능력 결여와 같은 증상을 보이고 있다. 아이는 음식과 촉감에 대해 극도로 민감하다. 또한 매일 몇 시간씩 하는 특정 컴퓨터 게임에 집착하고 있다. 그리고 게임에 나오는 캐릭터들을 그림으로 그리면서 모방한다. 아이는 행동이 어설프고, 보행이 특이하며, 발뒤꿈치로 걷는다. 과거에 아이는 발작장애를 가지고 있

었고, 자신의 손목을 벽에 부딪혀서 피멍이 들게 하는 행동을 하기 시작했다. 그런가 하면 아이는 극도로 조숙한 방식으로 몇몇 악기를 연주한다. DSM-5의 자폐스펙트럼장애의 진단기준에 충족되는 이 아이의 임상적 발현 증상의 특징은?

A. 운동 비정상성

B. 발작

C. 구조적 언어 손상

D. 지적 손상

E. 비언어적 의사소통 결함

23 자폐스펙트럼장애가 있는 11세 여자아이가 말이 없고 다른 사람들에 대해 최소로 반응한다. 아이는 융통성이 없는 편인데, 이는 여행, 학교 공부, 가정에서의 자기관리 능력을 저해하고 있다. 또한 변화를 어려워하고 있고 활동의 조직과 계획에 문제가 있다. 이러한 문제들은 보통 보상과 강화물로 해결될 수 있다. DSM-5 진단에서 명시되어야 하는 심각도 수준은?

A. 사회적 의사소통은 수준 3(상당히 많은 지원을 필요로 함)이고, 제한적 · 반복적 행동은 수준 1(지원을 필요로 함)

B. 사회적 의사소통은 수준 1(지원을 필요로 함)이고, 제한적 · 반복적 행동은 수준 3(상당히 많은 지원을 필요로 함)

C. 사회적 의사소통은 수준 1(지원을 필요로 함)이고, 제한적 · 반복적 행동은 수준 2(많은 지원을 필요로 함)

D. 사회적 의사소통은 수준 3(상당히 많은 지원을 필요로 함)이고, 제한적 · 반복적 행동은 수준 1(지원을 필요로 함)

E. 사회적 의사소통은 수준 2(많은 지원을 필요로 함)이고, 제한적 · 반복적 행동은 수준 1(지원을 필요로 함)

24 다음 중 자폐스펙트럼장애 진단기준에 포함되어 있는 명시자가 아닌 것은?

A. 지적 손상 동반 있음 또는 없음

B. 연관된 치매 있음 또는 없음

C. 언어 손상 동반 있음 또는 없음

D. 알려진 의학적 또는 유전적 상태나 환경적 인자와 연관됨

E. 다른 신경발달, 정신, 또는 행동 장애와 연관됨

25 다음 중 자폐스펙트럼장애의 발달적 경과의 특징이 아닌 것은?

A. 행동상의 특징이 3세 이전에 나타난다.

B. 전체적인 증상 패턴은 2~3세가 되어야 나타난다.

C. 발달적 고원plateaus 또는 사회적 의사소통 행동의 퇴행은 자주 부모에 의해 보고된다.

D. 다양한 영역에 걸친 퇴행이 2~3세 이후에 발현된다.

E. 첫 증상에는 흔히 지연된 언어 발달, 사회적 관심 결여 또는 특이한 사회적 행동, 괴상한 놀이 그리고 특이한 의사소통 패턴들이 포함된다.

26 5세 여자아이가 경미한 정도의 음식 혐오증을 가지고 있다. 아이는 매일 밤 똑같은 책을 읽어 주는 것을 좋아하지만, 어머니가 다른 책을 고르도록 하는 경우 크게 화를 내지는 않는다. 아이는 때로 자신이 좋아하는 쇼 프로그램이 방영될 때면 신이 나서 빙글빙글 돌기도 한다. 아이는 일반적으로 자신의 장난감들을 상자 속에 가지런히 배열하는 것을 좋아하지만, 자신의 여동생이 방바닥에 꺼내 놓는 경우 단지 경미하게 짜증을 낼 뿐이다. 이러한 행동들을 자폐스펙트럼장애로 의심해야 한다는 진술은 옳은가 그른가?

A. 옳음

B. 그름

27 다음 중 자폐스펙트럼장애의 전형적인 발달적 경과의 특징이 아닌 것은?

A. 퇴행 경과의 결여

B. 청소년기 동안의 행동 악화

C. 생애에 걸쳐 지속적인 학습 및 보상

D. 아동기 초기와 학령기 초기에 뚜렷한 증상 발현 및 아동기 후기에 사회적

상호작용과 같은 영역에서의 발달적 이득gain

E. 독립적인 생활과 돈벌이가 되는 고용으로 확인할 수 있는 성인기의 양호한 심리사회적 기능

28 이전에 발달장애로 진단을 받은 적이 없는 21세 남성이 심리적인 이유로 대학을 그만두고 평가를 요청한다. 그는 시선 접촉을 거의 하지 않고, 사회적 단서를 잘 인식하는 것 같지 않으며, 친구들에 대해 관심이 없고, 매일 인터넷 서핑과 게임을 하느라 컴퓨터를 하면서 시간을 보내고 있으며, 냄새에 너무 민감해서 집 안 곳곳에 여러 개의 방향제를 사 놓았다. 그는 아동기와 고등학교 시절에 맺은 교우관계를 오랫동안 유지해 오고 있다고 한다(그의 부모가 입증하였음). 그는 대학의 동아리에서 많은 친구를 사귀고 있다고 한다. 부모에 의하면, 그는 아동기에 집에서는 매우 수줍어했고 다소 융통성이 없었으며 의식적이기는 했지만, 사회적 기술과 의사소통 기술은 양호했다고 한다. 이 사례에 대해 가장 거리가 먼 진단은?

A. 우울증

B. 조현양상장애 또는 조현병

C. 자폐스펙트럼장애

D. 강박장애

E. 사회불안장애(사회공포증)

29 다음 중 일반적으로 자폐스펙트럼장애와 관련이 없는 특징은?

A. 성인으로서 불안, 우울, 고립

B. 긴장증

C. 빈약한 심리사회적 기능

D. 일상적인 것에 대한 집착과 변화에 대한 혐오

E. 정규 학교 장면에의 성공적인 적응

30 다음 중 일반적으로 자폐스펙트럼장애(ASD)와 동반이환이 되지 않는 장애는?

A. 주의력결핍 과잉행동장애(ADHD)
B. 레트증후군
C. 선택적 함구증
D. 지적장애(지적발달장애)
E. 상동증적 운동장애

31 다음 중 주의력결핍 과잉행동장애(ADHD)의 DSM-5 진단기준이 아닌 것은?

A. 12세 이전에 몇 가지 부주의성 또는 과잉행동/충동성 증상의 발병
B. 둘 이상의 장면(예, 가정, 학교, 또는 직장에서; 친구들 또는 친척들과 함께 있는 상황에서; 기타 활동에서)에서 몇몇 부주의성 또는 과잉행동/충동성 증상의 발현
C. 적어도 12개월 동안 증상 지속
D. 증상이 사회적 · 학업적 또는 직업적 기능의 질 저해 또는 감소의 원인이 된 증거
E. 다른 정신장애(예, 기분장애, 불안장애, 해리성 장애, 성격장애, 물질중독 또는 금단)의 발현으로 증상 설명 불가

32 15세 10학년 여학생의 부모는 자신의 딸이 총명해 보이고 8학년 내내 거의 A학점을 받았다는 점에서 고등학교에서도 공부를 잘하고 있다고 믿고 있다. 이 여학생은 숙제를 늦게 제출하기 일쑤고, 시험에서도 부주의로 인해 생기는 실수를 하곤 한다. 이에 부모는 딸을 검사에 의뢰하였고, WAIS-IV의 결과는 언어적 IQ 125, 지각적 추론지수Perceptual Reasoning Index 122; 전체 척도 IQ 123, 작업기억지수 55 백분위수, 진행속도지수 50 백분위수로 나타났다. 실행기능이 약하다는 내용도 있었다. 정신의학적 평가에서 이 여학생은 세부사항에 대해 면밀하게 주의를 집중하지 못하고, 수업 중 또는 숙제를 하는 동안 주의집중 상태를 유지하기 어려워하며, 잡일과 과업을 끝마치지 못하고, 시간관리, 계획, 조직에 심각한 어려움 등의 오랜 과거력이 있다고 털어놓았다. 그녀는 건망증이 있고, 자주 물건을 잃어버리며, 쉽게 산만해진다. 그녀에게는 동요나 충동성의 과거력은 없다. 그리고 또래들이 그녀를 아주 좋

아하는 편이다. 이 사례에 가장 적절한 진단은?

A. 적응장애, 불안 동반

B. 특정학습장애

C. 주의력결핍 과잉행동장애, 부주의성 우세형

D. 발달성 협응장애

E. 주요우울장애

33 7세 남자아이가 2학년 학급에서 행동적 · 사회적 어려움을 겪고 있다. 학교 출석은 잘 할 수 있는 것 같고 학업적 관점에서도 "잘" 하고 있지만(할 수 있을 것처럼 보이지는 않지만), 아이는 계속해서 수업을 방해하고, 안절부절못하며, 잡담을 과도하게 하고, 자리에 가만히 앉아 있지 못한다. 이 아이에게 친구들은 있지만, 아이는 때로 공유하지 않고 자기 차례를 기다리지 않으며 끊임없이 말을 해대기 때문에 또래 아이들을 짜증나게 한다. 아이는 데이츠 놀이play dates(*역자 주. 아이들이 함께 놀 수 있도록 부모끼리 약속해서 노는 것)를 손꼽아 기다리지만, 그의 친구들은 그가 쉼 없이 운동을 하고 싶어 하기 때문에 그에게 싫증을 느낀다. 가정에서는 식사시간에 자신의 의자에 거의 머물지 못하고 조용히 놀지 못한다. 그는 자신의 행동결과를 지적받는 경우 후회하는 모습을 보이지만, 금방 화를 내면서 자신을 억제할 수 없는 것처럼 보인다. 이 사례에 가장 적절한 진단은?

A. 양극성장애

B. 자폐스펙트럼장애

C. 범불안장애

D. 주의력결핍 과잉행동장애, 과잉행동/충동 우세형

E. 특정학습장애

34 37세 월스트리트 트레이더trader가 자신의 아들이 주의력결핍 과잉행동장애(ADHD), 부주의성과 과잉행동 혼합형 진단을 받게 되자 클리닉 방문 예약을 한다. 현재 자신의 아들처럼 운동성 초조 증상이 눈에 띄지는 않지만, 그는 자신이 어릴 적에 매우 주의력결핍했고, 충동적이었으며, 과도하게 말을 많이 했고, 주위 사람들을 방해했으며, 차례를 기다리지 못하는 문제가 있었다는

사실을 떠올렸다. 그는 고등학교와 대학에서 저성취 학생이었다. 당시 그는 지속적으로 학업에 집중하지 못하였고 규칙 준수에 어려움이 있었음에도 불구하고 낙제한 과목은 하나도 없었고, 심리학자나 정신과 의사의 평가를 받은 적도 없었다. 그는 요즘 주당 60~80시간 정도 일을 하는데, 자주 충분한 수면을 취하지 못한다. 그는 사업 결정을 충동적으로 하고, 잘 참지 못하고 성미가 급하며, 동료뿐 아니라 아내와 일대일 상호작용하는 경우와 업무 회의 중에 마음이 떠도는 경향이 있다는 것을 알고 있다. 그는 자주 지각을 하고, 잘 잊어버리며, 와해된 상태를 보이고 있다. 그럼에도 그는 업무수행을 꽤 잘하고 매우 성공적인 경향이 있다. 하지만 간혹 압도당하는 느낌이 들고 사기가 떨어지는 경우도 있다. 이 사례에 가장 적절한 진단은?

A. 주요우울장애

B. 범불안장애

C. 특정학습장애

D. ADHD, 부분관해

E. 적대적 반항장애

35 과잉행동을 보이고, 충동적이며, 부주의한 5세 남자아이가 격리증hypertelorism, 심한 아치형 구개(*역자 주. 입천장), 아래쪽에 위치한 귀low-set ears를 가지고 있다. 그는 협응이 잘 안 되고 어설프며, 시간관념이 없고, 지속적으로 자신의 장난감과 옷을 집 안 곳곳에 흩뜨려 놓는다. 그는 최근 눈 깜빡이기를 비롯한 운동 틱처럼 보이는 행동을 보이고 있다. 그는 또래 아이들과 노는 것을 좋아한다. 하지만 그는 부모와 유치원 교사의 모든 요청을 고의로 거역하는 것처럼 보인다. 그는 읽는 법 습득에 지연이 있다. 이 사례에 대해 가장 거리가 먼 진단은?

A. 자폐스펙트럼장애

B. 발달성 협응장애

C. 적대적 반항장애(ODD)

D. 특정학습장애

E. 주의력결핍 과잉행동장애(ADHD)

36 아동의 주의력결핍 과잉행동장애(ADHD) 유병률은?

A. 8%

B. 10%

C. 2%

D. 0.5%

E. 5%

37 성인의 주의력결핍 과잉행동장애(ADHD) 유병률은?

A. 8%

B. 10%

C. 2.5%

D. 0.5%

E. 5%

38 아동의 주의력결핍 과잉행동장애(ADHD) 발생의 남녀 성비는?

A. 2:1

B. 1:1

C. 3:2

D. 5:1

E. 1:2

39 다음 중 주의력결핍 과잉행동장애(ADHD)가 있는 사람들에 대한 생물학적 연구결과에 해당되는 것은 ?

A. 뇌전도상의 서파slow-wave 활동 감소

B. 자기공명영상(MRI)상의 전체 뇌 부피 감소

C. 후두부에서 전두부 피질로의 조숙

D. 시상 용적thalamic volume 감소

E. B와 C

40 다음 중 주의력결핍 과잉행동장애(ADHD)와 관련이 없는 것은?

A. 학업 수행력 감소
B. 직업적 수행 및 출석 저조
C. 높은 실직 가능성
D. 높은 대인 간 갈등
E. 물질사용장애 위험 감소

41 다음 중 주의력결핍 과잉행동장애(ADHD)와 관련이 없는 것은?

A. 사회적 거부
B. 아동기에 품행장애, 성인기에 반사회성 성격장애 발병 위험 증가
C. 알츠하이머병 발병 위험 증가
D. 교통사고 및 법규 위반 증가
E. 돌발적인 부상 위험 증가

42 학교에서 집중력 문제로 성적이 크게 하락한 15세 남자아이가 있다. 면담에서 그는 심각한 자기면역 질환을 앓고 있는 어머니가 너무 걱정돼서 다른 데 신경 쓸 여력이 없다고 한다. 성적이 흔들리면서 그는 점차 의기소침해지고 슬픔에 차 있다. 그러면서 스스로도 자신의 에너지 수준이 떨어지면서 학교에서의 집중력도 하락된 것을 인식하고 있다. 동시에 그는 초조해서 잠을 잘 수 없음을 호소한다. 이 사례에 가장 적절한 진단은?

A. 양극성장애
B. 특정학습장애
C. 주의력결핍 과잉행동장애(ADHD)
D. 적응장애, 불안 및 우울 기분 동반
E. 분리불안장애

43 지속적으로 우울해하고, 과민해하며, 좌절을 못 견뎌 하는 5세 남자아이가 있다. 게다가 그는 광범위하고 만성적으로 좌불안석, 충동성, 부주의성이 있다. 이 아이의 임상상에 가장 적절한 진단은?

A. 주의력결핍 과잉행동장애(ADHD)

B. ADHD와 파괴적 기분조절부전장애(DMDD)

C. 양극성장애

D. 적대적 반항장애(ODD)

E. 주요우울장애(MDD)

44 다음 중 주의력결핍 과잉행동장애(ADHD)의 동반이환에 관한 진술로 옳은 것은?

A. 적대적 반항장애는 ADHD, 복합형 아동의 1/2과 부주의성 우세형 아동의 1/4에서 동반이환된다.

B. 파괴적 기분조절부전장애가 있는 대부분의 아동은 ADHD 진단범주에 부합되지 않는다.

C. ADHD가 있는 성인들의 15%는 어떤 유형의 불안장애를 가지고 있다.

D. 간헐적 폭발장애는 ADHD가 있는 성인의 약 5%에서 발생한다.

E. 특정학습장애는 ADHD와 거의 동반이환되지 않는다.

45 특정학습장애는 지속적인 학업기술 습득의 어려움과 발달시기 동안의 발병으로 정의된다. 다음 중 이 장애에 관한 진술로 옳은 것은?

A. 지적장애(지적발달장애)에서 나타나는 보다 일반적인 학습 손상의 일부다.

B. 보통 감각, 신체, 또는 신경학적 장애로부터 기인될 수 있다.

C. 정보처리의 다양한 영역에서 전반적이고 광범위한 결함을 포함한다.

D. 경제적 불리 또는 교육 부족과 같은 외현적 인자들에 의해 발병될 수 있다.

E. DSM-IV의 읽기장애, 수학장애, 쓰기장애, 그리고 달리 분류되지 않는 학습장애 진단을 대체한다.

46 DSM-IV와 비교할 때, DSM-5에서는 특정학습장애의 진단범주에 명시된 것처럼, 평가 시점에서 "손상된 모든 학업 영역과 보조기술에 대해 세부화할 것"이라는 필수요건에 따라 모든 학습장애를 분류하고 있다. 다음 중 특정학습장애에 관한 진술로 옳지 않은 것은?

A. 공식적인 학령기 동안 읽기, 쓰기, 산술, 또는 수학적 추론 기술의 습득에 지속적인 어려움이 있다.

B. 한 가지 이상의 학업 영역에서 현재의 기술 수준이 개인의 연령, 성별, 문화적 집단, 교육 수준의 평균 범위에 비해 훨씬 낮다.

C. 성취와 IQ 사이에 2 표준편차(SD) 이상의 차이가 있다.

D. 학습곤란은 이러한 학업기술을 필요로 하는 학업적 성취, 직업적 수행, 또는 일상생활의 활동을 심각하게 저해한다.

E. 학습곤란은 생애 후반에 습득될 수 없다.

47 다음 중 특정학습장애의 진단에 관한 진술로 옳지 않은 것은?

A. 특정학습장애는 신경퇴행성 인지장애와 연관된 학습문제와 구분된다.

B. 지적장애(지적발달장애)가 발병하는 경우, 학습의 어려움은 기대 이상으로 나타나야 한다.

C. 고르지 않은 능력 프로파일은 특정학습장애의 전형적인 특징이다.

D. 주의력결핍 과잉행동장애 또는 발달성 협응장애의 역치에 미달하는 주의집중 곤란과 운동성 서투름은 흔히 특정학습장애와 관련이 있다.

E. 특정학습장애에는 4개의 공식적인 아형이 있다.

48 다음 중 특정학습장애의 유병률에 관한 진술로 옳지 않은 것은?

A. 유병률은 서로 다른 언어와 문화권에 걸쳐 학령기 아동들 사이에 5~15% 정도다.

B. 성인의 유병률은 약 4%다.

C. 특정학습장애는 남성과 여성 사이에 동일하게 자주 나타난다.

D. 유병률은 동일한 표본의 연령 범위, 선발 기준, 특정학습장애의 심각도,

그리고 조사 대상인 학업적 영역에 따라 다르다.

E. 성별 비율은 확인 편향ascertainment bias, 정의 또는 측정 변이, 인종, 또는 사회경제적 지위 같은 인자에 기인될 수 없다.

49 다음 중 특정학습장애의 동반이환에 관한 진술로 옳은 것은?

A. 주의력결핍 과잉행동장애(ADHD)는 우연히 기대되는 것보다 더 자주 특정학습장애와 동반이환되지 않는다.

B. 말소리장애와 특정 언어 손상은 보통 특정학습장애와 동반이환되지 않는다.

C. 확인된 동반이환 장애군에는 심한 읽기장애, 미세운동 문제와 손글씨 쓰기 문제, 그리고 산술, 읽기, 총체적인 운동계획 문제가 포함된다.

D. 특정학습장애와 특정 언어 손상의 동반이환은 언어문제가 있는 아동의 20%까지에서 나타난다.

E. 동반이환 장애들은 일반적으로 특정학습장애의 경과 또는 치료에 영향을 미치지 않는다.

50 다음 중 발달성 협응장애(DCD)에 관한 진술로 옳은 것은?

A. DCD가 있는 아동들 중에는 힘을 줄 수 없는 팔다리의 무도형 운동이나 거울상 움직임과 같은 추가적인(보통 억제된) 운동활동을 보인다.

B. 5~11세 아동의 DCD의 유병률은 1~3%다.

C. 초기 성인기에는 복합적·자동적 운동 기술(예, 운전과 연장 사용)을 포함한 새로운 과업 학습에 있어서 개선이 있다.

D. DCD는 출산 전 알코올에의 노출 또는 저체중 출산이나 조산과는 관련이 없다.

E. 근본적인 신경 발달과정의 손상이 주로 시각운동 기술visuomotor skills에 영향을 준다는 사실은 발견되지 않았다.

51 다음 중 발달성 협응장애(DCD)에 관한 진술로 옳은 것은?

A. 보통 7세 이전에는 진단되지 않는다.
B. 증상은 보통 1년 후의 추수 조치에서 크게 개선된다.
C. 대부분의 사례에서 증상은 청소년기가 되면 더 이상 눈에 띄지 않는다.
D. DCD는 출산 전 알코올 노출, 조산, 또는 저체중 출산과 명확한 관계가 없다.
E. 소뇌 기능이상은 DCD에서 역할을 하는 것으로 가정된다.

52 다음 중 상동증적 운동장애의 DSM-5 진단기준이 아닌 것은?

A. 운동행동은 반복적이고, 억제할 수 없는 것처럼 보이며, 목적이 없는 것 같은 형태로 나타난다.
B. 초기 발달시기에 발병한다.
C. 행동은 스스로 가한 신체 부상을 초래하여 의학적 치료를 필요로 하게 된다.
D. 행동은 물질의 생리적 효과나 신경학적 상태로 인한 것이 아니며 다른 신경발달장애나 정신장애로 잘 설명되지 않는다.
E. 행동은 사회적 · 학업적 또는 기타 활동을 저해한다.

53 다음 중 상동증적 운동장애의 발달 경과에 관한 진술로 옳지 않은 것은?

A. 상동증적 운동의 발현은 특히 1~3세 된 아동에게서 발견되지 않은 신경발달 문제를 나타내는 것일 수 있다.
B. 전형적으로 발달하고 있는 아동들의 경우, 이들에게 주의가 집중되거나 아동의 주의가 다른 것에 집중될 때 반복적 운동이 멈추게 될 수 있다.
C. 보호 조치가 사용되지 않는 경우, 일부 아동에게 있어서 상동증적 운동은 자해를 초래할 수 있다.
D. 단순 상동증적 운동(예, 몸을 좌우로 흔들기)은 전형적으로 발달하고 있는 어린 아동들에게서 흔한 반면 복합 상동증적 운동은 훨씬 덜 흔하다(약 3~4%).
E. 상동증적 운동은 전형적으로 출생 후 1년 이내에 시작된다.

54 다음 중 투렛장애의 DSM-5 진단기준에 해당되는 것은?

A. 틱은 1년 이상의 기간 내내 발생하고, 이 기간에 연속해서 3개월 이상의 틱이 없는 기간은 없다.

B. 5세 이전에 발병한다.

C. 틱 발생 빈도는 악화와 완화를 반복하지만, 처음 틱이 나타난 시점에서 1년 이상 지속된다.

D. 반드시 운동 틱이 음성 틱보다 먼저 발생해야 한다.

E. 틱은 적어도 4주 동안 하루에 여러 차례 발생할 수 있지만, 연속해서 12개월 이상 발생하지는 않는다.

55 과도한 눈 깜빡임과 간헐적으로 짹짹거리는 소리를 내는 증상이 6개월간 지속된 과거력이 있는 8세 남자아이의 세 번째 클리닉 방문에서 아이의 어머니는 아이가 학교에 입학한 이래 꿀꿀거리는 소리를 내고 있다고 말한다. 이 사례에 가장 적절한 진단은?

A. 투렛장애

B. 잠정적 틱장애

C. 일시적 틱장애

D. 지속성(만성) 음성 틱장애

E. 일과성 틱장애, 재발성

56 5세 여자아이가 DSM-IV의 만성 운동 또는 음성 틱장애 진단을 받고 클리닉에 의뢰되었다. DSM-5에 의하면, 이 아이는 지속성(만성) 운동 또는 음성 틱장애의 진단범주에 부합될 것이다. 다음 중 이 여아에 대한 DSM-5의 새로운 진단에 관한 진술로 옳지 않은 것은?

A. 이 아이는 단일 또는 다수의 운동 또는 음성 틱장애를 가지고 있을 수 있지만, 둘 다는 아니다.

B. 진단기준을 충족시키려면 이 아이의 틱은 연속해서 3개월 동안 틱이 없는 기간이 없이 틱이 처음 나타난 시점으로부터 1년 이상 지속되어야 한다.

C. 이 아이의 틱의 빈도는 증감을 반복하지만, 틱이 처음 나타난 시점으로부터 1년 이상 지속된다.

D. 이 아이는 투렛장애의 진단범주에 부합되지 않는다.

E. 이 아이가 운동 또는 음성 틱을 가지고 있는지의 여부를 나타내려면 지속성(만성) 운동 또는 음성 틱장애 진단에 명시자를 추가할 수 있다.

57 불안 증상과 주의력결핍 과잉행동장애의 과거력이 있고 리스덱스암페타민 lisdexamphetamine(비반스 Vyvanse) 처방약을 복용하고 있는 기능 수준이 높은 20세 대학생이 담당 정신과 의사에게 자신의 수업과제들 중 하나로 자신이 복용하고 있는 처방약물의 부작용에 대해 연구하고 있다고 말한다. 게다가 그녀는 지난주에 학교 공부로 스트레스를 받았고, 친구들이 그녀가 간헐적으로 하루에도 여러 번 고개를 빠르게 끄덕거리는 이유를 묻는다고 털어놓는다. 이 사례에 가장 적절한 진단은?

A. 잠정적 틱장애

B. 명시되지 않는 틱장애

C. 명시되지 않는 불안장애

D. 강박성 성격장애

E. 명시되지 않는 자극제로 유발된 장애

58 다음 중 DSM-5의 언어장애 진단기준이 아닌 것은?

A. 언어의 이해 또는 생성의 결함으로 인해 언어양식의 습득과 사용에 지속적인 어려움이 있다.

B. 언어능력이 연령에 기대되는 수준보다 상당히, 그리고 정량적으로 낮아야 한다.

C. 초기 발달시기에 발병한다.

D. 이러한 어려움은 청력이나 다른 감각 손상, 운동 기능이상, 또는 다른 의학적 · 신경학적 상태에 기인한 것이 아니어야 한다.

E. 혼재성 수용-표현성 언어장애 또는 전반적 발달장애의 진단범주에 부합되지 않아야 한다.

59 다음 중 말소리장애에 관한 진술로 옳은 것은?

A. 말소리 생성이 2세까지 나타나야 한다.

B. "발달적으로 기대되는 말소리 사용 실패"는 동일 연령과 사투리를 쓰는 또래 아동들과 비교함으로써 평가된다.

C. 진단기준에 말소리 생성의 어려움이 기능 손상을 초래해야 한다는 필수 요건은 없다.

D. 초기 발달시기에 발병한다.

E. A와 C

60 한 어머니가 아들이 아주 어려서부터 말 조음에 어려움을 겪고 있다면서 평가해 달라고 4세 아들을 데리고 왔다. 아이는 두부 손상은 없고, 그 외에는 건강하며, IQ가 정상이다. 아이의 유치원 교사에 의하면, 아이가 말하는 것을 항상 이해하지 못하고 있고, 그의 의사소통의 어려움으로 인해 다른 아이들이 "아기baby"라는 별명을 부르며 그를 놀린다고 한다. 이 아이는 다른 사람들과 관계를 맺거나 비언어적인 사회적 단서를 이해하는 데는 문제가 없다. 이 사례에 가장 적절한 진단은?

A. 선택적 함구증

B. 전반적 발달지연

C. 말소리장애

D. 회피성 성격장애

E. 명시되지 않는 불안장애

61 6세 남자아이가 낙제를 하고 있고, 계속해서 문법, 문장 구성, 어휘에 심각한 어려움을 겪고 있다. 또한 이 아이는 말할 때 모든 단어 사이에 "그리고and"를 끼워서 말한다. 아이의 담임교사에 의하면, 아이가 과업에 집중하게 하려면 다른 학생들에게보다 더 언어적으로 다시 설명해 주어야 한다고 한다. 아이는 대체로 조용하고, 다른 문제를 일으키지는 않는다. 다음 중 이 아이에 대한 감별진단에 해당되는 것은?

A. 언어장애

B. 표현성 언어장애

C. 아동기 발병 유창성장애

D. 주의력결핍 과잉행동장애(ADHD)

E. A와 D

62 다음 중 DSM-IV의 말더듬 진단범주에 포함되었다가 DSM-5의 아동기 발병 유창성장애(말더듬) 진단범주에서 삭제된 정상적인 말 유창성/속도 패턴에 있어서의 장해 유형은?

A. 소리 연장sound prolongation

B. 돌려 말하기circumlocution

C. 끼워 말하기interjection

D. 극도의 신체적 긴장과 함께 생성되는 단어들

E. 소리와 음절 반복

63 정규 교육을 받고 있는 14세 남학생이 같은 반 여학생이 자신을 좋아한다는 생각이 든다고 말한다. 이 남학생의 어머니는 이 말에 놀란다. 왜냐하면 어릴 적부터 이 남학생은 자주 다른 사람들이 말하는 것의 미묘한 차이를 추론 또는 이해하는 데 어려움을 겪어 왔기 때문이다. 그의 교사 역시 그가 때로 비언어적 단서들을 놓치는 것을 보아 왔다. 그는 어른들과 더 잘 지내는 경향이 있다. 그 이유는 아마도 어른들은 그의 지나치게 형식적인 말에 크게 영향을 받지 않기 때문일 것이다. 그가 농담을 하는 경우, 또래 아이들은 그의 유머가 항상 적절하지 않음을 안다. 그는 가장 친한 친구와 시간을 보내는 것을 좋아하지만, 말이 많아지고 대화에서 차례를 기다리는 것을 어려워한다. 이 사례에 가장 적절한 진단은?

A. 사회적(실용적) 의사소통장애

B. 아스퍼거장애

C. 자폐스펙트럼장애

D. 사회불안장애

E. 언어장애

64 이전에 투렛장애로 진단받은 15세 남자아이가 클리닉에 의뢰되었다. 그의 어머니에 의하면, 중학교 시절 그는 음성 틱과 운동 틱으로 놀림을 받았다. 9학년이 된 이래로 그의 틱은 발생 빈도가 감소되었다. 현재는 경미한 정도의 운동 틱만 남아 있다. 이 사례에 적절한 DSM-5 진단은?

A. 투렛장애

B. 지속성(만성) 운동 틱장애

C. 잠정적 틱장애

D. 명시되지 않는 틱장애

E. 지속성(만성) 음성 틱장애

65 전형적으로 틱이 처음 발병하는 발달단계는?

A. 유아기

B. 사춘기 이전 시기

C. 잠복기

D. 청소년기

E. 성인기

66 말하기에 지연 증상이 있는 7세 남자아이가 오래전에 시작된 반복적 손 흔들기, 팔 펄떡이기, 그리고 손가락 튕기기 증상을 나타내고 있다. 그의 어머니는 아이가 갓난아기 때 이러한 증상들을 처음 발견하였고, 그것들이 틱인지의 여부가 궁금하다고 말한다. 그녀는 아이가 자신이 좋아하는 TV 프로그램을 시청하는 동안과 같이 특정 활동에 몰입하는 경우에 펄떡이는 경향이 있지만, 누군가 아이를 부르거나 주의를 다른 데로 돌리는 경우에는 그만둔다고 말한다. 어머니의 진술을 고려할 때, 다음 중 가장 적절한 진단은?

A. 잠정적 틱장애

B. 지속성(만성) 운동 또는 음성 틱장애

C. 무도병

D. 근육긴장이상

E. 운동 상동증

67 동반이환 상태의 평가는 개인에 대한 틱의 전반적인 기능상의 결과를 이해하는 데 중요하다. 다음 중 틱장애와 연관이 있는 상태는?

A. 주의력결핍 과잉행동장애(ADHD)

B. 강박 및 관련 장애

C. 기타 운동장애

D. 우울장애

E. 위의 보기 모두

68 언어적 · 비언어적 의사소통의 사회적 규칙을 이해 · 준수하고, 대화와 이야기 나누는 규칙을 따르고, 청자[listener] 또는 상황의 필요성에 따라 언어에 변화를 주기 위해 아이들이 적절한 말과 언어 능력 습득을 완료해야 하는 연령은?

A. 2~3세

B. 3~4세

C. 4~5세

D. 5~6세

E. 6~7세

69 다음 중 사회적(실용적) 의사소통장애의 발생 위험을 증가시키는 정신병적 장애의 가족력은?

A. 사회불안장애(사회공포증)

B. 자폐스펙트럼장애

C. 주의력결핍 과잉행동장애(ADHD)

D. 특정학습장애

E. B 또는 D

70 경미한 언어 지연 과거력이 있는 6세 남자아이가 어머니에 의해 클리닉에 왔다. 아이가 학교에서 비언어적 단서들을 잘못 해석하고, 또래들과 드러나게 형식적인 언어로 말함으로써 놀림을 당하고 있는 것에 대한 염려 때문이었다. 어머니는 아들이 조기 개입 프로그램에 참여했지만, 그의 문어와 구어는 현재 학년 수준에 머무르고 있다고 말한다. 이 아이는 반복적 운동, 감각문제, 또는 의례적ritualized 행동의 과거력은 없다. 아이는 항상성constancy을 선호하지만, 새로운 상황에 잘 적응한다. 게다가 오래전부터 장난감 기차와 자동차에 대해 관심이 있어서 교통수단 역사에 관한 서적에서 암기한 모든 자동차 모델을 기억해 낼 수 있다. 다음 중 감별진단에서 일차적으로 고려할 수 있는 장애는?

A. 사회적(실용적) 의사소통장애

B. 자폐스펙트럼장애

C. 전반적 발달지연

D. 언어장애

E. A와 B

71 언어장애와 정상적인 발달상의 변이를 구별하기 어려운 연령은?

A. 2세

B. 3세

C. 4세

D. 5세

E. 6세

72 다음 중 언어장애와 연관성이 높은 정신의학적 진단은?

A. 주의력결핍 과잉행동장애

B. 발달성 협응장애

C. 자폐스펙트럼장애

D. 사회적(실용적) 의사소통장애

E. 위의 보기 모두

73 다음 중 말소리장애에 해당되는 말의 발달에 관한 진술로 옳지 않은 것은?

A. 말소리장애가 있는 아동들 대부분이 치료에 잘 반응한다.

B. 말소리 생성은 3세경까지 대부분 이해될 수 있어야 한다.

C. 대부분의 말소리는 10세 이전에 연령과 공동체 규준에 따라 분명하고 정확하게 발음되어야 한다.

D. 혀 짧은 소리lisping는 말소리장애와 연관되거나 되지 않을 수 있다.

E. 말하는 법을 습득하고 있는 아동들이 단어들을 줄여서 말하는 것은 비정상적이다.

74 다음 중 말소리장애의 감별진단에서 배제해야 할 중요한 상태에 해당되지 않는 것은?

A. 말의 정상적 변이

B. 청각 또는 다른 감각 손상

C. 구음곤란dysarthria

D. 우울증

E. 선택적 함구증

75 다음 중 아동기 발병 유창성장애(말더듬)의 발달에 관한 진술로 옳은 것은?

A. 말더듬은 영향을 받은 사람들의 80~90%가 6세 이내에 발현된다.

B. 말더듬은 항상 갑자기 시작되고, 누구나 알아차릴 수 있다.

C. 스트레스와 불안은 말더듬을 악화시키지 않는다.

D. 운동성 움직임은 이 장애와 연관이 없다.

E. 위의 보기 모두 아님

05

신경발달장애 DSM-5® 확인문제 정답

01 다음 중 지적장애(지적발달장애)에 대한 DSM-5 진단의 필수요건이 아닌 것은?

A. 70 미만의 전체 척도 IQ

B. 임상적 평가에 의해 확인된 지적기능 결함

C. 개인의 독립성과 사회적 책임에 대한 발달적·사회문화적 기준을 충족시키지 못하는 적응기능 결함

D. 발달시기 동안 증상 발병

E. 표준화된 개인 지능검사에 의해 확인된 지적기능 결함

정답 A. 70 미만의 전체 척도 IQ

해설 지적장애(지적발달장애)의 필수적인 특징은 적응기능상의 지적 손상 및 결함과 연관이 있다. "정신지체" 진단에서 "약 70 이하의 IQ 점수"라고 명시되었던 종전의 DSM-IV 기준과는 달리, 지적장애로 명칭이 바뀐 DSM-5 진단에는 IQ에 대한 필수요건이 없다.

지적장애(지적발달장애) / 진단기준 (pp. 20-21); 진단적 특징 (pp. 24-26)

02 초등학교 2학년인 7세 남자아이가 문제 추론과 해결 및 경험을 통한 학습에 심각한 정도의 지연을 나타내고 있다. 이 아동은 학교에서 읽기, 쓰기, 수학을 위한 기술 발달에 있어서도 지연 증상을 보이고 있다. 비록 조금씩 나아지고는 있지만, 발달 기간 내내 이러한 기술들은 또래 아이들에 비해 훨씬 뒤처져 있다. 이러한 결함들은 또래아이들의 연령에 적절한 방식으로 노는 것과 가정에서의 독립적인 기술습득 능력에 심각하게 손상을 주고 있다. 이 아이는 매일 기본 기술(옷 입기, 급식, 목욕, 학교 공부 관련 행동)에 있어서 지속적인 도움을 필요로 한다. 다음 중 이러한 증상에 가장 적합한 진단은?

A. 아동기 발병 주요신경인지장애

B. 특정학습장애

C. 지적장애(지적발달장애)

D. 의사소통장애

E. 자폐스펙트럼장애

정답 C. 지적장애(지적발달장애)

해설 지적장애는 지적기능과 적응기능의 손상을 초래하는 전반적인 정신능력에 있어서의 결함이 특징이다. 특정학습장애와 의사소통장애에 있어서는 전반적인 지적 손상이 없다. 자폐스펙트럼장애로 진단되려면, 반드시 "다양한 분야에 걸쳐 나타나는 사회적 의사소통 및 사회적 상호작용의 지속적인 결함"(진단기준 A) 또는 "제한된, 반복적인 행동, 흥미 또는 활동 패턴"(진단기준 B)의 과거력이 있어야 한다. 지적장애는 신경발달장애의 범주에 속하되, 인지기능 소실이 특징인 신경인지장애와는 구분된다. 이 사례에서는 신경인지장애의 증거는 없다. 단, 주요신경인지장애가 지적장애와 동반이환될 수는 있다(예, 다운증후군이 있는 사람에게 알츠하이머병이 발병되거나 지적장애가 있는 사람이 두부 손상으로 인해 보다 심한 정도로 지적능력이 소실됨). 이 경우, 지적장애와 신경인지장애 둘 다 진단될 수 있다.

지적장애(지적발달장애) / 감별진단 (p. 29)

03 초등학교 2학년인 7세 남자아이가 문제 추론과 해결 및 경험을 통한 학습에 심각한 정도의 지연을 나타내고 있다. 이 아동은 학교에서 읽기, 쓰기, 수학을 위한 기술 발달에 있어서도 지연 증상을 보이고 있다. 비록 조금씩 나아지고는 있지만, 발달 기간 내내 이러한 기술들은 또래 아이들에 비해 훨씬 뒤처져 있다. 이러한 결함들은 심각하게 또래 아이들의 연령에 적절한 방식으로 노는 것과 가정에서의 독립적인 기술습득 능력에 손상을 주고 있다. 이 아이는 매일 기본 기술(옷 입기, 급식, 목욕, 학교 공부 관련 행동)에 있어서 지속적인 도움을 필요로 한다. 이 환자의 현재 증상에 적절한 심각도는?

A. 경도

B. 중등도

C. 고도

D. 최고도

E. IQ 점수가 없는 상태에서는 결정할 수 없음

정답 B. 중등도

해설 심각도에 있어서 중등도는 이 환자의 기술 수준(또래들보다 만성적으로 뒤떨어져 있음)과 일상생활 활동의 대부분에 있어서 도움이 필요한 상태를 나타낸다. 그러나 이 아이가 이러한 기술들을 천천히 발달시키고 있다(DSM-5에 의하면, 대략 초등학교 수준에서 최고치에 도달할 것임)는 사실을 고려해야 한다.

지적장애의 진단에는 IQ검사가 유용한 정보를 제공하겠지만(종전의 DSM 분류에서는 경도, 중등도, 고도, 최고도 아형들은 IQ 점수를 기반으로 결정되었음), DSM-5에는 "다양한 수준의 심각도는 IQ 점수가 아니라 적응기능을 기반으로 정의되어야 한다. 필요한 지원 수준을 결정짓는 것은 적응기능이기 때문이다."(p. 33)라고 명시되어 있다. 적응기능 결함이란 개인이 유사한 연령과 사회문화적 배경의 다른 사람들과 비교할 때, 개인의 독립성과 사회적 책임에 대한 공동체 기준을 얼마나 잘 충족하고 있는지를 말한다. 적응기능은 임상적 평가와 개인화되고, 문화적으로 적합하며, 심리측정학적으로 건전한 측정방법으로 평가된다.

적응기능에는 3가지 영역(개념적 · 사회적 · 실행적 영역)에서의 적응적 추론이 포함된다. **개념적(학업적) 영역**에는 기억, 언어, 읽기, 쓰기, 산수, 추론, 실행적 지식 습득, 문제해결, 그리고 특이한 상황에서의 판단이 포함된다. **사회적 영역**에는 다른 사람들의 사고, 감정, 경험 인식, 공감, 대인간 의사소통 기술, 교우관계 능력, 그리고 사회적 판단이 포함된다. **실행적 영역**에는 개인관리, 직무에 대한 책임, 금전관리, 여가, 행동관리, 그리고 학업 및 직무상의 조직 등 생활 장면에서의 학습 및 자기관리가 포함된다. 지적능력, 교육, 동기, 사회화, 성격 특성, 직업 관련 기회, 문화적 경험, 그리고 공존하는 일반적인 의학적 상태나 정신장애는 적응기능에 영향을 미친다.

지적장애(지적발달장애) / 진단적 특징 (pp. 24-26)

04 다음 중 지적장애(지적발달장애)에 관한 진술로 옳지 않은 것은?

A. 지적장애가 있는 사람들은 동일한 언어학적 · 사회문화적 집단의 동일한 연령과 성별의 또래들에 비해 일상생활의 적응기능에 있어서 전반적인 정신능력에 결함과 손상이 있다.

B. 지적장애가 있는 사람들에게 IQ 전체 척도 점수는 하위검사 점수들이 크게 불일치하지만, 전반적인 정신능력과 적응기능에 대한 타당한 평가다.

C. 지적장애가 있는 사람들은 행동, 정서, 대인관계 관리와 학습과정에 대한 동기 유지를 어려워한다.

D. 지적장애는 일반적으로 모집단 평균으로부터 2 표준편차인 IQ, 즉 약 70 이하의 IQ 점수(± 5점)와 연관이 있다.

E. 지적장애에 대한 평가절차는 사회문화적 배경, 모국어, 연관된 의사소통/언어장애, 그리고 운동 또는 감각 장애와 같이 수행을 제한할 수 있는 인자들을 반드시 고려해야 한다.

정답 B. 지적장애가 있는 사람들에게 IQ 전체 척도 점수는 하위검사 점수들이 크게 불일치하지만, 전반적인 정신능력과 적응기능에 대한 타당한 평가다.

해설 IQ 점수는 개념적 기능의 근사치로, IQ 점수 하나로는 실제 생활 상황에서의 실행적 과업과 추론 능력의 터득 정도를 평가하기에는 불충분하다. 하위검사 점수들 간의 높은 불일치도는 전체 IQ 점수의 타당도를 떨어뜨릴 수 있다. 따라서 하위검사 점수들의 약점 프로파일profile of weaknesses은 일반적으로 IQ의 전체 척도보다 개인의 전반적인 정신능력을 보다 정확하게 반영하고 있다.

지적장애(지적발달장애) / 진단적 특징 (pp. 24-26)

05 다음 중 지적장애(지적발달장애)의 진단에 관한 진술로 옳지 않은 것은?

A. IQ가 70 이하인 사람은 적응기능에 심각한 결함이 없다면 이 진단을 받게 될 것이다.
B. IQ가 75 이상인 사람은 적응기능에 손상이 있다고 하더라도 이 장애의 진단기준에 충족되지 않을 것이다.
C. 법의학적 평가에서는 적응기능에 심각한 결함이 있다면, IQ가 75 이상이라고 하더라도 이 진단이 내려진다.
D. 적응기능으로는 반드시 개념적 · 사회적 · 실행적 기능의 세 영역을 고려해야 한다.
E. 경도, 중등도, 고도, 최고도 명시자는 IQ 점수를 기반으로 한 것이다.

정답 E. 경도, 중등도, 고도, 최고도 명시자는 IQ 점수를 기반으로 한 것이다.

해설 지적장애(지적발달장애) 진단기준에는 심각도 명시자가 포함되어 있다. 심각도 수준은 IQ 점수가 아닌 적응기능을 기반으로 정의된다. 필요한 지원 수준의 결정은 적응기능에 의해 이루어지기 때문이다. 더욱이, IQ 측정은 IQ 범위의 하단부에서의 타당성이 더 낮기 때문이다. 이는 정신지체 심각도 수준이 IQ 점수를 기반으로 했던 DSM-IV로부터의 변화를 보여 주고 있다.

지적장애(지적발달장애) / 명시자 (p. 21)

06 다음 중 지적장애(지적발달장애)의 진단적 특징이 아닌 것은?

A. 70 미만의 전체 척도 IQ
B. 지원 없이는 복합적인 일상생활 과업(예, 금전관리, 의학적 결정)의 수행 불가
C. 사회적 상황에서의 순진함으로 인해 잘 속고 타인에 의해 쉽게 이끌리는 경향성
D. 사회적 · 대인 간 기능에 필요한 연령에 부합되는 의사소통 기술 결여
E. 위의 보기 모두는 지적장애의 진단적 특징에 해당됨

정답 A. 70 미만의 전체 척도 IQ

해설 DSM-5 진단에서는 70 미만의 전체 척도 IQ 점수가 아닌 적응기능 손상이 필수 요건이다. 일반적으로 지적장애가 있는 사람들은 사회적 판단에 어려움이 있다. 의사소통 기술 결여 역시 파괴적 · 공격적 행동의 전조가 된다. 의사소통, 대화, 언어는 해당 연령에서 기대되는 수준보다 더 구체적concrete이거나 미성숙하다. 더욱이, 잘 속는 경향성은 지적발달장애의 중요한 특징이다. 이는 특히 법의학적 상황에서 중요하며, 판결에 영향을 미칠 수 있다.

지적장애(지적발달장애) / 진단적 특징 (pp. 24-26)

07 다음 중 지적장애(지적발달장애)의 진단에서 적응기능에 관한 진술로 옳은 것은?

A. 적응기능은 개인의 IQ 점수에 기초한다.
B. "적응기능 결함"이란 운동 협응 문제를 말한다.
C. 지적장애로 진단하기 위해 진단기준 B를 충족시키려면, 최소한 적응기능의 2개 영역이 손상된 상태여야 한다.
D. 지적장애에서의 적응기능은 인지능력의 역치와 연관된 발달장애로 인해 제한될 수 있지만, 시간이 가면서 나아지는 경향이 있다.
E. 아동기에 지적장애로 진단된 사람들은 적응기능이 향상되더라도 전형적으로 성인기에도 계속해서 진단범주에 부합될 것이다.

정답 D. 지적장애에서의 적응기능은 인지능력의 역치와 연관된 발달장애로 인해 제한될 수 있지만, 시간이 가면서 나아지는 경향이 있다.

해설 DSM-IV의 정신지체 진단과는 달리, DSM-5의 지적장애(지적발달장애) 진단

에서 심각도의 다양한 수준은 IQ 점수 한 가지보다는 적응기능을 기반으로 정해진다. 필요로 하는 지원 수준을 결정하는 것은 바로 적응기능이기 때문이다. 더욱이, IQ 수치의 타당도는 IQ 범위의 하단부에서 더 낮다. 심각도 수준은 평가 당시의 기능 정도만을 가리키는 것으로, 만일 개인이 지원을 받고 보상 전략을 발달시킬 수 있다면 시간이 지나면서 긍정적인 방향으로 변화될 수 있음을 의미한다. 적응기능은 개인이 성인기에 더 이상 진단에 필요한 진단범주에 충족되지 않는 수준까지 개선될 수 있다.

지적장애(지적발달장애) / 명시자 (p. 21); 진단적 특징 (pp. 24–26); 발달과 경과 (pp. 26–28)

08 다음 중 지적장애(지적발달장애)의 발달과 위험 요인에 관한 진술로 옳은 것은?

A. 지적발달장애는 알려진 유전 증후군(예, 레쉬–니한 증후군 또는 프래더–윌리 증후군)이 발현된 상태에서 진단되어서는 안 된다.
B. 병인은 주산기와 출산 후 인자들에 국한되고 출산 전 사건들은 배제된다.
C. 고도의 후천성 지적발달장애는 발달시기 동안 발생하는 질병(예, 뇌막염) 또는 두부 외상에 의해 급작스럽게 발병할 수 있다.
D. 심한 외상성 뇌손상(TBI)의 경우처럼, 지적장애가 종전의 후천성 인지적 기술의 소실로 인한 경우, TBI 진단만 내린다.
E. 지적발달장애의 출산 전, 주산기, 출산 후 병인은 사례의 약 33% 정도가 명백하다.

정답 C. 고도의 후천성 지적발달장애는 발달시기 동안 발생하는 질병(예, 뇌막염) 또는 두부 외상에 의해 급작스럽게 발병할 수 있다.

해설 지적발달장애의 진단범주가 충족되는 경우, 알려진 유전 증후군의 발현은 배제되지 않는다. 출산 전, 주산기, 출산 후 병인은 사례의 약 70%가 명백하다. 만일 진단이 외상성 뇌손상^traumatic brain infury^(TBI)으로 인한 것이라면, 2가지 진단이 내려진다.

지적장애(지적발달장애) / 발달과 경과 (pp. 26–28); 위험 및 예후 요인 (p. 28)

09 다음 중 지적장애(지적발달장애)의 발달 경과에 관한 진술로 옳은 것은?

A. 지연된 운동, 언어, 사회적 이정표는 생후 2년이 지난 후에야 확인될 수 있다.

B. 발달시기 동안 발생하는 질병(예, 뇌염) 또는 두부 외상에 의한 지적장애는 지적장애(지적발달장애)가 아닌 신경인지장애로 진단될 것이다.

C. 지적장애는 항상 비점진적nonprogressive이다.

D. 주요신경인지장애는 지적발달장애와 동반이환될 수 있다.

E. 아동기와 성인기에 걸쳐서 이루어지는 조기 및 지속적인 개입이 적응 및 지적기능 향상으로 이어지더라도, 지적장애 진단은 계속 유효할 것이다.

정답 D. 주요신경인지장애는 지적발달장애와 동반이환될 수 있다

해설 지적장애는 신경발달장애 범주에 속하고 인지적 기능 소실이 특징인 신경인지장애와 구별된다. 주요신경인지장애는 지적장애와 동반이환될 수 있다(예, 다운증후군이 있는 사람에게 알츠하이머병이 발병되거나 지적장애가 있는 사람이 두부 손상으로 인해 보다 심한 정도로 지적능력이 소실됨). 이 경우, 지적장애와 신경인지장애 진단 둘 다 내려질 수 있다.

지연된 운동, 언어, 사회적 이정표는 좀 더 심각한 수준의 지적장애가 있는 사람들 사이에서 생후 첫 2년 이내에 확인된다. 두부 외상으로 인한 인지적 결함은 후천성 지적발달장애로 나타난다. 지적장애는 일반적으로 비점진적nonprogressive이지만, 특정 유전장애(예, 레트증후군)에서는 악화기에 이어 안정기로 이어지고, 다른 장애들(예, 산필리포 증후군San Phillippo syndrome)에서는 지적기능이 점진적으로 악화된다. 아동기 초기 이후, 장애는 시간이 지나면서 심각도 수준이 변하기도 하지만, 일반적으로 평생 지속된다. 만일 조기 · 지속적인 개입을 통해 적응기능이 개선되고 눈에 띌 정도로 지적기능의 개선이 이루어진다면, 지적장애 진단은 더 이상 적절하지 않다.

지적장애(지적발달장애) / 발달과 경과 (pp. 26-28); 감별진단 (p. 29); 동반이환 (p. 30)

10 DSM-5의 지적발달장애 진단에는 다양한 적응기능 영역에서 필요로 하는 지원 수준을 나타내는 심각도 명시자—경도, 중등도, 고도, 최고도—가 포함되어 있다. 다음 중 "고도" 수준의 손상을 가진 사람의 특징에 해당되지 않는 것은?

A. 일반적으로 문어written language와 숫자, 양, 시간, 돈과 같은 개념을 거의

이해하지 못한다.

B. 구어spoken language가 어휘력과 문법에 있어서 매우 제한적이다.

C. 식사, 옷 입기, 목욕, 배변 등 모든 일상생활에 있어서 지원을 필요로 한다.

D. 성인기에는 개념적 기술이 강조되지 않는 직업에서 경쟁력 있는 고용 상태를 유지할 수 있다.

E. 자신 또는 타인의 안녕에 관한 책임 있는 결정을 내릴 수 없다.

정답 D. 성인기에는 개념적 기술이 강조되지 않는 직업에서 경쟁력 있는 고용 상태를 유지할 수 있다.

해설 경쟁력 있는 고용은 "경도" 수준의 손상이 있는 사람들의 경우에 해당될 뿐, "고도" 수준의 손상이 있는 사람들에게는 해당되지 않는다. 지적장애(지적발달장애)는 개념적 · 사회적 · 실행적 영역에 있어서의 지적기능 및 적응기능 결함을 포함해서 발달시기 동안 발병되는 장애다(DSM-5, 표 1, pp. 34-35 참조). **개념적 영역**에는 다른 것들 중에서도 기억, 언어, 읽기, 쓰기, 산수, 추론, 특이한 상황에서의 실행적 지식, 문제해결, 판단력 습득에 있어서의 능력이 포함되어 있다. **사회적 영역**에는 다른 것들 중에서도 타인의 사고 · 감정 · 경험 인식, 공감, 대인 간 의사소통 기술, 교우관계 능력, 사회적 판단이 포함되어 있다. **실행적 영역**에는 개인관리, 직무에 대한 책임, 금전관리, 여가, 행동관리, 학교 · 직무 조직 등 생활 장면에서의 학습과 자기관리가 포함된다.

지적장애(지적발달장애) / 진단기준 (pp. 20-21) / 표 1 [지적장애(지적발달장애)의 심각도 수준] (pp. 22-23); 진단적 특징 (pp. 24-26)

11 난독증 과거력 외에는 발달적으로 정상인 10세 남자아이가 스케이트보드 사고로 심한 외상성 뇌손상을 입었다. 이 사고로 심한 정도의 전반적인 지적 손상이 나타났다(기타 새롭게 습득되었지만 안정된 상태의 결함에 비해 더욱 현저해진 지속적인 읽기 결함이 있고 전체 척도 IQ가 75임). 그의 적응기능에는 기능 영역의 일부에서 지원을 필요로 할 정도로 경미한 손상이 있다. 그는 또한 사고와 입원의 여파로 불안과 우울 증상을 나타내고 있다. 이 사례에 대해 가장 거리가 먼 진단은?

A. 지적장애(지적발달장애)

B. 외상성 뇌손상

C. 특정학습장애

D. 외상성 뇌손상으로 인한 주요신경인지장애

E. 적응장애

정답 D. 외상성 뇌손상으로 인한 주요신경인지장애

해설 DSM-5의 지적발달장애의 진단에는 배제 범주가 없다. 이는 진단범주에만 부합된다면, 특정학습장애와 의사소통장애가 동반이환될 수 있음을 의미한다. 환자의 전체 척도 IQ가 75이지만, 그의 지능과 연관된 통계적 모형에 의하면, 실제 IQ는 ±5점이다. 그의 적응기능은 대부분의 기능 영역에서 몇 가지 지원만 받을 필요가 있다는 점에서 경도의 심각도 수준의 지적발달장애 진단을 받는 데 있어서 핵심적인 요인이 될 것이다. 그의 나머지 인지적 프로파일에 비해 불균형적으로 손상된 그의 읽기기술을 감안할 때, 그리고 이러한 손상 발생이 발달시기 동안이었기 때문에 그는 계속해서 특정학습장애(난독증) 진단을 받게 될 것이다. 사고에 대한 반응에 의한 정서적 증상들은 잠재적으로 적응장애로 진단받을 여지를 남겨 놓고 있다. 이 아이의 결함은 주요신경인지장애 진단을 받을 정도로 심각하지는 않다.

지적장애(지적발달장애) / 감별진단 (p. 29)

12 다음 중 전반적 발달지연 진단을 내리기에 부적절한 상황은?

A. 환자가 너무 어려서 특정 증상들을 충분히 드러내 보이지 않거나 필수적인 평가를 완수할 수 없는 아동인 경우

B. 환자가 7세 된 남자아이로 전체 척도 IQ 점수가 65이고, 적응기능에 고도 손상이 있는 경우

C. 환자의 심리측정 검사점수에 의하면, 환자는 지적장애(지적발달장애)이지만 환자의 적응기능 기술에 관한 정보가 불충분한 경우

D. 환자의 손상된 적응기능은 지적발달장애임을 가리키지만, 표준화된 도구에 의해 측정된 인지 손상 수준에 관한 정보는 불충분한 경우

E. 환자의 인지적·적응적 손상은 지적발달장애임을 가리키지만, 그 상태의 발병 연령에 관한 정보가 불충분한 경우

정답 B. 환자가 7세 된 남자아이로 전체 척도 IQ 점수가 65이고, 적응기능에 고도 손상이 있는 경우

해설 이 남자아이에게 지적장애(지적발달장애) 진단을 내리는 데 필요한 정보는 충

분하다. 지적발달장애 진단을 내리기에 정보가 불충분한 경우에는 전반적 발달지연 진단이 사용된다.

전반적 발달지연 (p. 31)

13 다음 중 전반적 발달지연에 관한 진술로 옳은 것은?

A. 진단은 전형적으로 5세 미만의 아동들에게 내려진다.

B. 병인은 보통 결정될 수 있다.

C. 유병률은 0.5～2%로 추산된다.

D. 상태는 점진적이다.

E. 상태는 일반적으로 다른 신경발달장애와 함께 발현되지 않는다.

정답 A. 진단은 전형적으로 5세 미만의 아동들에게 내려진다

해설 전반적 발달지연 진단은, 지적기능의 일부 영역에서 기대되는 발달이정표를 충족시키지 못하며, 아동기 초기 동안 임상적 심각도 수준이 신뢰성 있게 측정될 수 없는 경우의 5세 미만의 아동들에게 내려진다. 이 진단은 너무 어려서 표준화된 검사를 받을 수 없는 아동들을 포함해서 체계적인 지적기능 평가를 받을 수 없는 사람들에게 사용된다.

전반적 발달지연 (p. 31)

14 납 노출과 발작장애의 과거력이 있는 3.5세 여자아이가 상당한 지원을 필요로 할 정도로 의사소통, 학습, 주의력, 운동 발달 등 다수의 기능 영역에서 상당한 지연을 보이고 있다. 이는 동년배 또래들과의 상호작용 능력을 제한하고 있고, 가정에서 일상생활의 제반 활동에 있어서 많은 지원을 필요하게 하는 원인이 되고 있다. 불운하게도 아이의 어머니는 극도로 가난한 역사학자이고, 아동은 그때까지 정식으로 심리적 또는 학습 평가를 받아 본 적이 없었다. 이제 아이는 유치원에 다닐 준비가 되었는지에 대한 평가를 받고자 한다. 이 사례에 가장 적절한 진단은?

A. 주요신경인지장애

B. 발달성 협응장애

C. 자폐스펙트럼장애

D. 전반적 발달지연

E. 특정학습장애

정답 D. 전반적 발달지연

해설 이 여자아이의 결함은 지적장애(지적발달장애)를 암시하고 있지만, 정보(예, 대략적인 증상 발병 연령)가 부족하고 너무 어려서 표준화된 검사를 받을 수 없으므로, 이 진단은 이 사례에서 내려질 수 없다. 이 시점에서 이 아이가 치매(주요신경인지장애), 자폐스펙트럼장애(핵심적인 자폐스펙트럼장애의 범주에 속하는 증상의 증거 결여), 협응과 관련된 특정 장애, 또는 특정 영역에서의 학습문제(일반적으로 초등학교 시기가 되어서야 진단이 가능함)가 있음을 암시하는 정보가 없다.

전반적 발달지연 (p. 31)

15 5세 남자아이가 친구를 사귀기 어려워하고 있고, 대화를 주고받는 것을 시작·유지, 사회적 단서 읽기, 그리고 자신의 감정을 다른 사람들과 나누는 데 있어서 문제가 있다. 아이는 시선 접촉을 잘하고 있고, 말의 억양이 정상적이며, 안면 제스처를 사용할 수 있고, 일반적으로 상황에 적절하게 보이는 정동 범위를 가지고 있다. 아이는 강도와 초점에 있어서 비정상적으로 장난감 기차에 대해 흥미를 보이고 있고, 상상 놀이나 상징놀이는 거의 하지 않는다. 다음 중 이 사례에 해당되지 않는 자폐스펙트럼장애의 진단적 필수요건은?

A. 사회적·정서적 상호성 결핍

B. 사회적 상호작용에 사용되는 비언어적 의사소통 행동 결함

C. 관계 발달·유지에 있어서의 결함

D. 명시된 4개 범주 중 2가지 증상에 의해 발현되는 제한적·반복적 행동, 흥미, 또는 활동 패턴

E. 임상적으로 심각한 손상을 초래하는 아동기 초기에 발병된 증상들

정답 B. 사회적 상호작용에 사용되는 비언어적 의사소통 행동 결함

해설 DSM-5의 자폐스펙트럼장애의 진단기준 A에서는 반드시 3가지 증상군(보기 A, B, C에 요약되어 있음) 모두가 부합되어야 한다고 명시되어 있다. 이 남자아이의 비언어적 의사소통은 손상되지 않은 것으로 보고되고 있다(이 점은 자폐증 진단 관찰 척도Autism Diagnostic Observation Schedule와 같은 표준도구로 확인되어야 함). 현재의 과거력을 기반으로 이 아이는 DSM-5에서 자폐스펙트럼장애로 진단될 수 없다. 진단기준 B를

충족시키려면, 최소한 2가지 증상군이 반드시 충족되어야 한다. 이 남자아이는 "강도 또는 초점에 있어서 비정상적인 고도로 제한·고착된 홍미"를 가지고 있지만, 진단기준 B의 범주(① 상동증적 또는 반복적 운동성 동작, 물건 사용, 또는 말하기, ② 동일성에 대한 고집, 일상적인 것에 대한 융통성 없는 집착, 또는 의례적인 언어적 또는 비언어적 행동 패턴, 또는 ③ 감각 정보에 대한 과잉 또는 과소 반응, 또는 환경의 감각 영역에 대한 특이한 관심)에서 적어도 한 가지 다른 증상을 가지고 있어야 한다.

자폐스펙트럼장애 / 진단기준 (pp. 46-48)

16 다음 중 자폐스펙트럼장애(ASD)의 발달과 경과에 관한 진술로 옳지 않은 것은?

A. ASD 증상은 전형적으로 출생 후 만 12개월에서 24개월 이내에 나타난다.
B. ASD 증상은 5~6세 또는 그 이후에 두드러진다.
C. 처음 나타나는 증상으로는 자주 사회적 관심 결여 또는 특이한 사회적 상호작용을 동반한 지연된 언어 발달이 있다.
D. ASD는 퇴행성 장애degenerative disorder가 아니고, 전형적으로 학습과 보상이 일생 동안 지속된다.
E. 많은 수의 정상적으로 발달하는 어린 아동들이 강하게 선호하는 것이 있고 반복하는 것을 즐긴다는 점에서 학령전기 아동들의 제한적·반복적 행동을 ASD의 진단적 특징으로 식별하는 것은 어려울 수 있다.

정답 B. ASD 증상은 5~6세 또는 그 이후에 두드러진다.

해설 연령과 발병 패턴에 관한 세부사항은 중요하므로 과거력에서 반드시 확인해야 한다. ASD 증상은 전형적으로 생후 2년(12~24개월) 동안 눈에 띄게 된다. 그러나 발달지연이 심한 경우, 12개월보다 더 이른 시기에 보일 수 있지만, 증상이 미미한 경우에는 24개월 이후에 보이기도 한다. 발병 패턴에 대한 진술에는 초기 발달지연 또는 사회적 또는 언어 기술 소실에 관한 정보가 포함될 수 있다. 이러한 기술들이 소실된 경우, 부모나 보호자들이 사회적 행동이나 언어기술이 점진적 또는 비교적 급속히 악화된 과거력에 대한 정보를 제공할 것이다. 전형적으로, 이는 생후 12~24개월 사이에 나타날 것이고, 적어도 2년간의 정상적인 발달이 있은 후에 발병하는 발달적 퇴행의 드문 경우와는 구별된다(종전에는 아동기 붕괴성장애childhood disintegrative disorder로 불렸음).

자폐스펙트럼장애 / 발달과 경과 (pp. 55-57)

17 다음 중 DSM-5 자폐스펙트럼장애 진단기준에서 삭제된 DSM-IV의 자폐장애 진단기준에 속했던 증상은?

A. 상동증적 또는 제한된 흥미 패턴
B. 상동증적 및 반복적인 운동 매너리즘
C. 일상적인 것에 대한 융통성 없는 고집
D. 물체의 부분에 대한 지속적 집착
E. 위의 보기 모두 아님

정답 D. 물체의 부분에 대한 지속적 집착

해설 DSM-5에서는 물체에 관한 이전의 필수요건은 진단기준 B3에서 다음과 같이 수정되었다. 즉, "강도나 초점에 있어서 비정상적으로 극도로 제한되고, 고정된 흥미(예, 특이한 물체에 대한 강한 애착 또는 집착, 과도하게 국한되거나 고집스러운 흥미)"로 수정되었다. DSM-5에는 진단기준 B4에서 "빛 또는 회전물체에 대한 매료"가 언급되었다. DSM-5에는 "물체의 부분"에 대한 집착이라는 말은 없다(DSM-IV의 자폐장애 진단기준 A3d 참조).

자폐스펙트럼장애 / 진단기준 (pp. 46-48)

18 7세 여자아이가 정상적인 언어기술의 과거력(어휘와 문법이 온전함)이 있지만, 생각과 감정 공유에 있어서 사회적으로 실용적인 방식으로 언어를 사용하지 못한다. 아이는 시선접촉을 잘해 본 적이 없고 사회적 단서를 잘 읽지 못한다. 결과적으로, 아이는 친구 사귀기를 어려워한다. 이러한 문제는 아이가 반복해서 그리고 있는 만화영화 캐릭터에 다소 집착을 보임으로써 더욱 복잡해지게 되었다. 아이는 과도하게 물건의 냄새를 맡는 경향이 있다. 또 계절에 관계없이 매일 똑같은 셔츠와 반바지를 입으려고 고집을 부리기 때문에 옷 입기는 아주 어려운 활동이 되었다. 이러한 증상들은 아동기 초기에 시작되었고, 기능에 심각한 손상을 초래하고 있다. 이 아이의 증상에 가장 적절한 진단은?

A. 아스퍼거장애
B. 자폐스펙트럼장애
C. 달리 명시되지 않는 광범위성 발달장애(NOS)
D. 사회적(실용적) 의사소통장애
E. 레트증후군

정답 B. 자폐스펙트럼장애

해설 이 아동은 DSM-IV의 아스퍼거장애 또는 달리 분류되지 않는 전반적 발달장애의 진단범주를 충족시킬 수 있었을 것이다. DSM-5의 자폐스펙트럼장애는 아스퍼거장애와 달리 분류되지 않는 전반적 발달장애를 포함한다. 이 아이의 형식적 언어기술은 온전하지만, 자폐스펙트럼장애에서 특별히 영향을 받는 것은 사회적 의사소통을 위한 언어 사용이다. 특정 언어의 지연은 필수로 요구되지 않는다. 이 아이의 경우, 진단기준 A의 3가지 요건(① 사회적·정서적 상호성 결함, ② 사회적 상호작용에 사용되는 비언어적 의사소통 행동의 결함, ③ 관계 발전, 유지 및 관계에 대한 이해 결함) 모두와 진단기준 B의 2가지 요소(① 강도나 초점에 있어서 비정상적으로 극도로 제한되고 고정된 흥미와 ② 감각 정보에 대한 과잉 또는 과소 반응, 또는 환경의 감각 영역에 대한 특이한 관심)에 부합된다.

자폐스펙트럼장애 / 진단적 특징 (pp. 51-54)

19 15세 남자아이는 비언어적 의사소통 결함의 오랜 과거력이 있다. 유아기에 아이는 누군가 손가락으로 가리킴으로써 아이의 주의를 끌려는 행동에 반응을 보이지 않았다. 걸음마기에는 부모와 함께 하는 행사, 감정 공유, 또는 게임에 흥미를 보이지 않았다. 학령기에서 청소년기로 넘어가면서 아이의 말은 조음과 표현방법이 특이했고, 신체언어가 어색했다. 이러한 증상이 나타내는 것은?

A. 상동증

B. 제한된 관심 범위

C. 발달적 퇴행

D. 전구기 조현양상 증상

E. 비언어적 의사소통 행동에 있어서의 결함

정답 E. 비언어적 의사소통 행동에 있어서의 결함

해설 이러한 증상들은 DSM-5의 자폐스펙트럼장애 진단범주의 진단기준 A2에 기술되어 있는 것처럼 비언어적 의사소통 행동 결함의 예들이다.

자폐스펙트럼장애 / 진단적 특징 (pp. 51-54)

20 10세 남자아이가 손을 펄럭이고 손가락을 튕기는 증상을 보이고 있다. 또한 반복적으로 동전을 뒤집고 장난감 트럭들을 일렬로 세운다. 아이는 묻는 말에 답하기 전에 질문의 끝부분 단어들을 "메아리"처럼 반복하는 경향이 있고, 대명사를 뒤죽박죽으로 말하며(자신을 2인칭으로 나타냄), 집요하게 구문들을 반복해서 말하는 경향이 있고, 옷 입기, 먹기, 여행하기, 놀이와 관련된 일상적인 것에 심하게 고착된 경향을 보인다. 아이는 자신의 차고에서 아버지의 공구들을 가지고 놀면서 시간을 보낸다. 이런 행동들이 나타내고 있는 것은?

A. 자폐스펙트럼장애의 특징인 제한적 · 반복적 행동, 흥미, 또는 활동 패턴

B. 강박장애의 증상

C. 강박성 성격의 원형적 발현

D. 소아 급성-발병 신경정신의학적 증후군(PANS Pediatric Acute-onset Neuropsychiatric Syndrome) 증상

E. 복합 틱

정답 A. 자폐스펙트럼장애의 특징인 제한된, 반복적 행동, 흥미, 또는 활동 패턴

해설 DSM-5에서 이 환자가 나타낸 자폐스펙트럼장애와 연관된 "제한적 · 반복적 행동, 흥미, 또는 활동 패턴"(진단기준 B) 범주의 증상에는 ① 상동증적 또는 반복적 운동성 동작, 물건 사용, 또는 말하기, ② 동일성에 대한 고집, 일상적인 것에 대한 융통성 없는 집착, 또는 의례적인 언어적 또는 비언어적 행동 패턴, 그리고 ③ 강도나 초점에 있어서 비정상적으로 극도로 제한되고 고정된 흥미가 포함된다. 자폐스펙트럼장애로 진단되려면, 이 아이는 이 범주(진단기준 A를 충족시키는 것과 함께)의 4가지 증상 중 2가지만 있어도 된다. 진단기준 B의 네 번째 증상(이 환자는 나타내지 않음)은 감각 정보에 대한 과잉 또는 과소 반응, 또는 환경의 감각 영역에 대한 특이한 관심이다.

자폐스펙트럼장애 / 진단적 특징 (pp. 51-54)

21 25세 남성이 장기간 지속되어 온 비언어적 의사소통의 결함이 있고, 적절한 방식으로 대화를 주고받거나 관심을 공유할 수 없으며, 다른 사람들과의 관계 형성에 대한 관심을 전혀 보이지 않는 증상을 나타내고 있다. 그의 말은 어색한 표현 방식과 억양이 있고, 기계적인 특징을 보이고 있다. 그는 아동기 내내 다양한 게임과 물체에 대해 순차적 고착sequential fixation과 강박사고의 과거력을 가지고 있다. 그러나 이것은 현재 그에게 있어서 주요 쟁점은 아니다. 이 환자가 자폐스펙트럼장애의 진단범주에 충족된다는 진술은 옳은가, 그른가?

A. 옳음

B. 그름

정답 A. 옳음

해설 이 젊은 남성은 진단기준 A에 해당되는 3가지 증상 모두 나타내고 있고, 진단기준 C(아동기 발병)를 만족시키며, 진단기준 D(기능에 있어서 임상적으로 심각한 손상)를 충족시키고 있다. 이 남성은 진단기준 B(상동증적 또는 반복적으로 말하기)에 해당되는 증상들 중 한 가지만 가지고 있다. 이 진단을 받기 위해서는 2가지가 필수로 요구되지만, 그의 고정성과 강박사고의 과거력이 있다는 사실이 진단범주에 부합된다. 따라서 이 남성은 자폐스펙트럼장애로 진단될 수 있다.

자폐스펙트럼장애 / 진단기준 (pp. 46–48)

22 9세 여자아이가 지적 손상의 과거력, 구조적 언어 손상, 비언어적 의사소통 결함, 또래들에 대한 흥미 결여, 그리고 사회적 방식으로의 언어사용 능력 결여와 같은 증상을 보이고 있다. 아이는 음식과 촉감에 대해 극도로 민감하다. 또한 매일 몇 시간씩 하는 특정 컴퓨터 게임에 집착하고 있다. 그리고 게임에 나오는 캐릭터들을 그림으로 그리면서 모방한다. 아이는 행동이 어설프고, 보행이 특이하며, 발뒤꿈치로 걷는다. 과거에 아이는 발작장애를 가지고 있었고, 자신의 손목을 벽에 부딪혀서 피멍이 들게 하는 행동을 하기 시작했다. 그런가 하면 아이는 극도로 조숙한 방식으로 몇몇 악기를 연주한다. DSM-5의 자폐스펙트럼장애의 진단기준에 충족되는 이 아이의 임상적 발현 증상의 특징은?

A. 운동 비정상성

B. 발작

C. 구조적 언어 손상

D. 지적 손상

E. 비언어적 의사소통 결함

정답 E. 비언어적 의사소통 결함

해설 자폐스펙트럼장애의 진단기준 A에는 증상의 하나로 비언어적 의사소통 결핍이 수록되어 있다. 나머지 보기는 '진단을 뒷받침하는 부수적 특징'에 해당된다. DSM-5 본문에서는, "지적기능과 적응기능 기술 간의 차이는 대개 크다."라고 명시되어 있다.

자폐스펙트럼장애 / 진단기준 (pp. 46-48); 진단을 뒷받침하는 부수적 특징 (pp. 54-55)

23 자폐스펙트럼장애가 있는 11세 여자아이가 말이 없고 다른 사람들에 대해 최소로 반응한다. 아이는 융통성이 없는 편인데, 이는 여행, 학교 공부, 가정에서의 자기관리 능력을 저해하고 있다. 또한 변화를 어려워하고 있고 활동의 조직과 계획에 문제가 있다. 이러한 문제들은 보통 보상과 강화물로 해결될 수 있다. DSM-5 진단에서 명시되어야 하는 심각도 수준은?

A. 사회적 의사소통은 수준 3(상당히 많은 지원을 필요로 함)이고, 제한적 · 반복적 행동은 수준 1(지원을 필요로 함)

B. 사회적 의사소통은 수준 1(지원을 필요로 함)이고, 제한적 · 반복적 행동은 수준 3(상당히 많은 지원을 필요로 함)

C. 사회적 의사소통은 수준 1(지원을 필요로 함)이고, 제한적 · 반복적 행동은 수준 2(많은 지원을 필요로 함)

D. 사회적 의사소통은 수준 3(상당히 많은 지원을 필요로 함)이고, 제한적 · 반복적 행동은 수준 1(지원을 필요로 함)

E. 사회적 의사소통은 수준 2(많은 지원을 필요로 함)이고, 제한적 · 반복적 행동은 수준 1(지원을 필요로 함)

정답 A. 사회적 의사소통은 수준 3(상당히 많은 지원을 필요로 함)이고, 제한적 · 반복적 행동은 수준 1(지원을 필요로 함)

해설 DSM-5에서 심각도는 사회적 의사소통 손상과 제한적 · 반복적 행동 패턴에 대해 별도로 명시된다. 이 사례에서 사회적 의사소통 결함은 꽤 심한 편이어서 수준 3이 확실시되고 있으나, 제한적 · 반복적 행동은 비교적 경미한 편이어서 가장 낮은 분류인 수준 1을 반영하고 있다. 수준 2는 "많은 지원"을 필요로 함을 나타내는 중간 범주다.

자폐스펙트럼장애 / 명시자 (pp. 49-50)

24 다음 중 자폐스펙트럼장애 진단기준에 포함되어 있는 명시자가 아닌 것은?

A. 지적 손상 동반 있음 또는 없음

B. 연관된 치매 있음 또는 없음

C. 언어 손상 동반 있음 또는 없음
D. 알려진 의학적 또는 유전적 상태나 환경적 인자와 연관됨
E. 다른 신경발달, 정신, 또는 행동 장애와 연관됨

정답 B. 연관된 치매 있음 또는 없음

해설 "연관된 치매 있음 또는 없음." 명시자는 자폐스펙트럼장애 진단기준에 포함되어 있지 않다.

자폐스펙트럼장애 / 진단기준 (pp. 46-48)

25 다음 중 자폐스펙트럼장애의 발달적 경과의 특징이 아닌 것은?

A. 행동상의 특징이 3세 이전에 나타난다.
B. 전체적인 증상 패턴은 2~3세가 되어야 나타난다.
C. 발달적 고원plateaus 또는 사회적 의사소통 행동의 퇴행은 자주 부모에 의해 보고된다.
D. 다양한 영역에 걸친 퇴행이 2~3세 이후에 발현된다.
E. 첫 증상에는 흔히 지연된 언어 발달, 사회적 관심 결여 또는 특이한 사회적 행동, 괴상한 놀이 그리고 특이한 의사소통 패턴들이 포함된다.

정답 D. 다양한 영역에 걸친 퇴행이 2~3세 이후에 발현된다.

해설 2~3세 이후에 여러 영역에 걸쳐서 퇴행이 일어날 수 있지만, 이는 자폐스펙트럼장애의 발달적 경과의 전형적인 현상은 아니다. DSM-5에 명시되어 있는 것처럼, 자폐스펙트럼장애가 있는 일부 아동은 흔히 생애 첫 2년 동안 사회적 행동 또는 언어 사용에 있어서 점진적 또는 비교적 빠른 악화와 함께 발달적 고원 또는 퇴행을 겪는다. 이러한 소실은 다른 장애들에서는 드물다는 점에서 자폐스펙트럼장애로서는 유용한 "빨간 깃발red flag"(***역자 주.** 확실한 표지자)이 될 수 있다. 아주 더욱 특이하고 보다 광범위한 의학적 연구가 요구되는 부분은 사회적 의사소통 이상의 기술(예, 자기관리, 배변, 운동기술의 소실) 또는 두 번째 생일 이후에 나타나는 기술의 소실이다.

자폐스펙트럼장애 / 발달과 경과 (pp. 55-57)

26 5세 여자아이가 경미한 정도의 음식 혐오증을 가지고 있다. 아이는 매일 밤 똑같은 책을 읽어 주는 것을 좋아하지만, 어머니가 다른 책을 고르도록 하는 경우 크게 화를 내지는 않는다. 아이는 때로 자신이 좋아하는 쇼 프로그램이 방영될 때면 신이 나서 빙글빙글 돌기도 한다. 아이는 일반적으로 자신의 장난감들을 상자 속에 가지런히 배열하는 것을 좋아하지만, 자신의 여동생이 방바닥에 꺼내 놓는 경우 단지 경미하게 짜증을 낼 뿐이다. 이러한 행동들을 자폐스펙트럼장애로 의심해야 한다는 진술은 옳은가 그른가?

A. 옳음

B. 그름

정답 B. 그름

해설 이 문항에서 기술된 여자아이는 자폐스펙트럼장애의 진단범주에 전혀 부합되지 않는다. 전형적으로 발달하는 많은 어린아이는 강한 선호성이 있고 반복(예, 동일한 음식 먹기, 동일한 동영상을 여러 차례 시청하기)을 좋아한다는 점에서 자폐스펙트럼장애의 진단범주인 제한적·반복적 행동들을 학령 전 아이들에게서 구분하는 일은 어려울 수 있다. 임상적 구분은 행동의 유형, 빈도, 강도를 기초로 한다(예, 매일 여러 차례 물건을 정렬하고 하나라도 움직이면 매우 고통스러워하는 아동).

자폐스펙트럼장애 / 발달과 경과 (pp. 55-57)

27 다음 중 자폐스펙트럼장애의 전형적인 발달적 경과의 특징이 아닌 것은?

A. 퇴행 경과의 결여

B. 청소년기 동안의 행동 악화

C. 생애에 걸쳐 지속적인 학습 및 보상

D. 아동기 초기와 학령기 초기에 뚜렷한 증상 발현 및 아동기 후기에 사회적 상호작용과 같은 영역에서의 발달적 이득gain

E. 독립적인 생활과 돈벌이가 되는 고용으로 확인할 수 있는 성인기의 양호한 심리사회적 기능

정답 B. 청소년기 동안의 행동 악화

해설 자폐스펙트럼장애가 있는 청소년들 대부분은 행동이 개선된다. 오직 소수만이 악화된다.

자폐스펙트럼장애 / 발달과 경과 (pp. 55-57)

28 이전에 발달장애로 진단을 받은 적이 없는 21세 남성이 심리적인 이유로 대학을 그만두고 평가를 요청한다. 그는 시선 접촉을 거의 하지 않고, 사회적 단서를 잘 인식하는 것 같지 않으며, 친구들에 대해 관심이 없고, 매일 인터넷 서핑과 게임을 하느라 컴퓨터를 하면서 시간을 보내고 있으며, 냄새에 너무 민감해서 집 안 곳곳에 여러 개의 방향제를 사 놓았다. 그는 아동기와 고등학교 시절에 맺은 교우관계를 오랫동안 유지해 오고 있다고 한다(그의 부모가 입증하였음). 그는 대학의 동아리에서 많은 친구를 사귀고 있다고 한다. 부모에 의하면, 그는 아동기에 집에서는 매우 수줍어했고 다소 융통성이 없었으며 의식적이기는 했지만, 사회적 기술과 의사소통 기술은 양호했다고 한다. 이 사례에 대해 가장 거리가 먼 진단은?

A. 우울증
B. 조현양상장애 또는 조현병
C. 자폐스펙트럼장애
D. 강박장애
E. 사회불안장애(사회공포증)

정답 C. 자폐스펙트럼장애

해설 아동기 동안 양호한 사회적 및 의사소통 기술과 오랜 교우관계 유지의 과거력은 자폐스펙트럼장애의 진단기준과 일치하지 않는다. 특히 조현병에 관하여, DSM-5 본문에는 "아동기에 발병되는 조현병은 보통 정상적이거나 거의 정상적인 발달시기 이후에 발병한다."라고 명시되어 있다. 전구 증상 상태는 사회적 손상과 비전형적 흥미와 신념이 발생하는 것이라고 기술되어 있다. 이는 자폐스펙트럼장애에서 볼 수 있는 사회적 결함과 혼동될 수 있다. 환각과 망상은 조현병의 특징이지 자폐스펙트럼장애의 특징은 아니다.

자폐스펙트럼장애 / 감별진단 (pp. 59-61)

29 다음 중 일반적으로 자폐스펙트럼장애와 관련이 없는 특징은?

A. 성인으로서 불안, 우울, 고립

B. 긴장증

C. 빈약한 심리사회적 기능

D. 일상적인 것에 대한 집착과 변화에 대한 혐오

E. 정규 학교 장면에의 성공적인 적응

정답 E. 정규 학교 장면에의 성공적인 적응

해설 자폐스펙트럼장애가 있는 어린 아동의 경우, 사회적 및 의사소통 능력의 결함은 학습, 특히 사회적 상호작용을 통한 학습 또는 또래들과 함께 하는 장면에서의 학습을 저해할 수 있다. 가정에서는 감각 민감성뿐 아니라 일상적인 것에 대한 고집과 변화를 싫어하는 것이 섭식과 수면을 방해하고, 일상적인 관리(예, 이발, 치과 치료)를 극도로 어렵게 할 수 있다. 적응기술은 전형적으로 평가된 IQ 수준보다 낮다. 계획, 조직, 변화에의 대처에 있어서의 극심한 어려움은 평균 이상의 학생인 경우에도 학업적 성취에 부정적인 영향을 미친다. 성인기 동안 이러한 사람들은 지속되는 특이한 경직성과 어려움 때문에 독립성을 갖추기 어려울 수 있다.

자폐스펙트럼장애 / 자폐스펙트럼장애의 기능적 결과 (p. 59)

30 다음 중 일반적으로 자폐스펙트럼장애(ASD)와 동반이환이 되지 않는 장애는?

A. 주의력결핍 과잉행동장애(ADHD)

B. 레트증후군

C. 선택적 함구증

D. 지적장애(지적발달장애)

E. 상동증적 운동장애

정답 C. 선택적 함구증

해설 선택적 함구증이 있는 아동들은 특정 맥락에서는 적절한 의사소통 기술을 가지고 있고, 사회적 상호작용의 심한 손상과 제한된 행동 패턴을 보이지 않는다. 선택적 함구증의 경우, 전형적으로 초기 발달에서는 비정상성뿐 아니라 제한적 · 반복적 행동 또는 흥미도 없다. ADHD는 DSM-5에서는 (DSM-IV와는 달리) ASD와 동반이환될 수 있다. 동반이환은 "다른 신경발달장애, 정신장애, 또는 행동장애와 연관된" 명시자와 함께 부호화된다. ASD와 레트증후군은 동반이환될 수 있다. 레트증후군의 경우, 아동이 자폐스펙트럼장애의 진단범주에도 부합된다면, 연관된 "알려진 의학적 또는 유전적 상태나 환경적 인자"로 부호화된다. ASD는 지적발달장애와 동반이환될 수 있다. 이는 두 장애의 모든 진단범주가 충족되고 "사회적 의사소통과 상호작용이 개인의 비언어적 기술의 발달 수준에 비해 심각하게 손상된 경우", 즉 사회적 및 의사소통 기술과 비언어적 기술 사이에 차이가 있는 경우에 한한다. ASD는 반복적 운동이 자폐스펙트럼장애의 일부(예, 손 펄럭이기)로 설명될 수 없다면, 상동증적 운동장애와 동반이환될 수 있다. 일반적으로 다른 장애의 진단범주가 ASD의 진단범주에 부합되는 경우, 두 장애 모두 진단된다. ASD에 있어서 추가 진단과 동반이환은 흔하다(자폐스펙트럼장애가 있는 사람들의 약 70%가 한 가지의 동반이환 정신장애를, 40%가 두 가지 이상의 동반이환 정신장애를 가지고 있다.

자폐스펙트럼장애 / 동반이환 (p. 61)

31 다음 중 주의력결핍 과잉행동장애(ADHD)의 DSM-5 진단기준이 아닌 것은?

A. 12세 이전에 몇 가지 부주의성 또는 과잉행동/충동성 증상의 발병

B. 둘 이상의 장면(예, 가정, 학교, 또는 직장에서; 친구들 또는 친척들과 함께 있는 상황에서; 기타 활동에서)에서 몇몇 부주의성 또는 과잉행동/충동성 증상의 발현

C. 적어도 12개월 동안 증상 지속

D. 증상이 사회적 · 학업적 또는 직업적 기능의 질 저해 또는 감소의 원인이 된 증거

E. 다른 정신장애(예, 기분 장애, 불안장애, 해리성 장애, 성격장애, 물질중독 또는 금단)의 발현으로 증상 설명 불가

정답 C. 적어도 12개월 동안 증상 지속

해설 ADHD의 필수적인 특징은 기능 또는 발달을 저해하는 전반적인 부주의성 및/또는 과잉행동/충동성 패턴이다. 이 증상은 적어도 6개월 동안 발달 수준과 불일치하는 수준까지 지속되어 사회적 · 학업적/직업적 활동에 부정적인 영향을 미친다. ADHD는 아동기에 시작된다. 12세 이전에 몇 가지 증상이 나타나야 한다는 필수요건은 아동기 동안 상당한 임상적 증거가 나타나는 것에 대한 중요성을 말하는 것이다. 장애의 발현은 한 가지 이상의 장면에서 나타나야 한다(예, 가정, 학교, 직장). 다양한 장면에서 증상이 나타나는지 정확히 확인하기 위해서는 이러한 장면에서 개인을 관찰해

온 사람에게 자문을 통해 정보를 구해야 한다.

주의력결핍 과잉행동장애 / 진단기준 (pp. 62-64); 진단적 특징 (pp. 64-65)

32 15세 10학년 여학생의 부모는 자신의 딸이 총명해 보이고 8학년 내내 거의 A학점을 받았다는 점에서 고등학교에서도 공부를 잘하고 있다고 믿고 있다. 이 여학생은 숙제를 늦게 제출하기 일쑤고, 시험에서도 부주의로 인해 생기는 실수를 하곤 한다. 이에 부모는 딸을 검사에 의뢰하였고, WAIS-IV의 결과는 언어적 IQ 125, 지각적 추론지수Perceptual Reasoning Index 122; 전체 척도 IQ 123, 작업기억지수 55 백분위수, 진행속도지수 50 백분위수로 나타났다. 실행기능이 약하다는 내용도 있었다. 정신의학적 평가에서 이 여학생은 세부사항에 대해 면밀하게 주의를 집중하지 못하고, 수업 중 또는 숙제를 하는 동안 주의집중 상태를 유지하기 어려워하며, 잡일과 과업을 끝마치지 못하고, 시간관리, 계획, 조직에 심각한 어려움 등의 오랜 과거력이 있다고 털어놓았다. 그녀는 건망증이 있고, 자주 물건을 잃어버리며, 쉽게 산만해진다. 그녀에게는 동요나 충동성의 과거력은 없다. 그리고 또래들이 그녀를 아주 좋아하는 편이다. 이 사례에 가장 적절한 진단은?

A. 적응장애, 불안 동반

B. 특정학습장애

C. 주의력결핍 과잉행동장애, 부주의성 우세형

D. 발달성 협응장애

E. 주요우울장애

정답 C. 주의력결핍 과잉행동장애, 부주의성 우세형

해설 환자는 주의력결핍 과잉행동장애(ADHD)의 부주의성 범주에 속하는 6가지 증상을 가지고 있고, 이 장애의 진단범주에 부합된다. 이 여학생은 작업기억과 처리 속도에 있어서의 한계, 그리고 기한 내 과제(특히 쓰기) 제출에 있어서의 문제를 비롯해서 ADHD에서 흔히 나타나는 부수적 특징이 있다. 그녀의 쓰기곤란이 쓰기를 포함한 일차성 장애에 대해 이차적인 것이고, 다른 특정학습장애를 가지고 있다는 검사나 과거력으로부터의 증거는 없다.

주의력결핍 과잉행동장애 / 감별진단 (pp. 69-72)

33 7세 남자아이가 2학년 학급에서 행동적 · 사회적 어려움을 겪고 있다. 학교 출석은 잘 할 수 있는 것 같고 학업적 관점에서도 "잘" 하고 있지만(할 수 있을 것처럼 보이지는 않지만), 아이는 계속해서 수업을 방해하고, 안절부절못하며, 잡담을 과도하게 하고, 자리에 가만히 앉아 있지 못한다. 이 아이에게 친구들은 있지만, 아이는 때로 공유하지 않고 자기 차례를 기다리지 않으며 끊임없이 말을 해대기 때문에 또래 아이들을 짜증나게 한다. 아이는 데이츠 놀이play dates(***역자 주.** 아이들이 함께 놀 수 있도록 부모끼리 약속해서 노는 것)를 손꼽아 기다리지만, 그의 친구들은 그가 쉼 없이 운동을 하고 싶어 하기 때문에 그에게 싫증을 느낀다. 가정에서는 식사시간에 자신의 의자에 거의 머물지 못하고 조용히 놀지 못한다. 그는 자신의 행동결과를 지적받는 경우 후회하는 모습을 보이지만, 금방 화를 내면서 자신을 억제할 수 없는 것처럼 보인다. 이 사례에 가장 적절한 진단은?

A. 양극성장애

B. 자폐스펙트럼장애

C. 범불안장애

D. 주의력결핍 과잉행동장애, 과잉행동/충동 우세형

E. 특정학습장애

정답 D. 주의력결핍 과잉행동장애, 과잉행동/충동 우세형

해설 이 남자아이는 주의력결핍 과잉행동장애(ADHD)의 과잉행동/충동성 군에 속하는 기본 특징들을 모두 가지고 있다. 이 아이는 현재 학업적 기능에 있어서 주의력결핍이나 손상을 나타내고 있지는 않지만, 학교 공부가 좀 더 복잡해지고 싫증나게 되고 학업적 요구가 증가하게 되면 쟁점이 될 가능성이 매우 높다. 이 아이의 행동은 또래들로부터 다소 소외되고 있는데, 이는 ADHD에서 흔한 현상이다. 이 아이가가 동반이환된 자폐스펙트럼장애를 가지고 있다는 증거는 없다. 특히, 교우관계를 지속하고 있기 때문이다. 이 아이는 "몇 가지 주의력결핍 또는 과잉행동/충동성 증상이 2가지 이상의 장면(예, ① 가정, 학교, 직장에서, ② 친구들 또는 친척들과 있을 때, ③ 기타 활동에서)에 나타난다."는 점에서 진단기준 C에 부합되고, "증상이 사회적, 학업적, 또는 직업적 기능의 질을 저해하거나 감소시킨다는 분명한 증거가 있다."는 점에서 진단기준 D에 부합된다.

주의력결핍 과잉행동장애 / 감별진단 (pp. 69–72)

34 37세 월스트리트 트레이더trader가 자신의 아들이 주의력결핍 과잉행동장애(ADHD), 부주의성과 과잉행동 혼합형 진단을 받게 되자 클리닉 방문 예약을 한다. 현재 자신의 아들처럼 운동성 초조 증상이 눈에 띄지는 않지만, 그는 자신이 어릴 적에 매우 주의력결핍했고, 충동적이었으며, 과도하게 말을 많이 했고, 주위 사람들을 방해했으며, 차례를 기다리지 못하는 문제가 있었다는 사실을 떠올렸다. 그는 고등학교와 대학에서 저성취 학생이었다. 당시 그는 지속적으로 학업에 집중하지 못하였고 규칙 준수에 어려움이 있었음에도 불구하고 낙제한 과목은 하나도 없었고, 심리학자나 정신과 의사의 평가를 받은 적도 없었다. 그는 요즘 주당 60~80시간 정도 일을 하는데, 자주 충분한 수면을 취하지 못한다. 그는 사업 결정을 충동적으로 하고, 잘 참지 못하고 성미가 급하며, 동료뿐 아니라 아내와 일대일 상호작용하는 경우와 업무 회의 중에 마음이 떠도는 경향이 있다는 것을 알고 있다. 그는 자주 지각을 하고, 잘 잊어버리며, 와해된 상태를 보이고 있다. 그럼에도 그는 업무수행을 꽤 잘하고 매우 성공적인 경향이 있다. 하지만 간혹 압도당하는 느낌이 들고 사기가 떨어지는 경우도 있다. 이 사례에 가장 적절한 진단은?

A. 주요우울장애

B. 범불안장애

C. 특정학습장애

D. ADHD, 부분 관해

E. 적대적 반항장애

정답 D. ADHD, 부분 관해

해설 이 사례는 어떤 특이한 부모에 관한 이야기가 아니다. 아들/딸이 ADHD 진단을 받게 되어 치료를 요청하게 되면서 부모는 자신의 아동기와 유사한 사실을 발견하게 된다는 이야기다. 이 남성은 자신이 아동기에 ADHD의 과거력이 있었을 가능성을 내비치고 있다. 그리고 이 전에 적대적 반항장애의 과거력을 가지고 있었을 가능성도 함께 내비치고 있다. 현재 그가 규칙에 어려움을 겪고 있다는 증거는 없다. 그리고 가만히 있지 못하는 증상이 없어졌다는 사실은 ADHD의 발달 경과에서 흔히 나타난다. 현재 그의 ADHD 증상에는 부주의성 범주에서 3가지 증상(① 지속적인 주의집중 곤란, ② 과업 및 활동 조직 곤란, ③ 잘 잊어버림), 그리고 한 가지 명백한 충동성 증상(참지 못함)이 포함된다. 이 남성은 증상의 일부만 보유하고 있으므로 ADHD, 부분 관해 상태 진단이 적절하고, 이는 DSM-5에 명시되어 있다. 그의 업무 일정과 불충분한 수면이 그의 고통에 얼마나 원인 제공을 하고 있는지는 분명하지 않다.

주의력결핍 과잉행동장애 / 감별진단 (pp. 69-72)

35 과잉행동을 보이고, 충동적이며, 부주의한 5세 남자아이가 격리증hypertelorism, 심한 아치형 구개(*역자 주. 입천장), 아래쪽에 위치한 귀low-set ears를 가지고 있다. 그는 협응이 잘 안 되고 어설프며, 시간관념이 없고, 지속적으로 자신의 장난감과 옷을 집 안 곳곳에 흩뜨려 놓는다. 그는 최근 눈 깜빡이기를 비롯한 운동 틱처럼 보이는 행동을 보이고 있다. 그는 또래 아이들과 노는 것을 좋아한다. 하지만 그는 부모와 유치원 교사의 모든 요청을 고의로 거역하는 것처럼 보인다. 그는 읽는 법 습득에 지연이 있다. 이 사례에 대해 가장 거리가 먼 진단은?

A. 자폐스펙트럼장애

B. 발달성 협응장애

C. 적대적 반항장애(ODD)

D. 특정학습장애

E. 주의력결핍 과잉행동장애(ADHD)

정답 A. 자폐스펙트럼장애

해설 이 남자아이가 관계 맺기relatedness 장애가 있다는 증거는 없다. 특히, 이 아이는 자신을 좋아하는 또래들과 함께 노는 것을 좋아하기 때문이다. 이 아이는 ADHD와 연관이 있을 수 있는 몇 가지 경미한 정도의 신경학적 징후와 사소한 신체적 기형과 함께 ADHD 징후와 증상을 가지고 있다(유전적 · 신경학적 평가가 요구됨). 아이는 읽기에서 부수적인 특정학습장애(이 역시 심리학자에게 검사를 의뢰하여 평가를 받아야 함)를 가지고 있을 수 있다. 그리고 그의 반항적 행동은 단순히 부주의성에 의한 것이 아니므로 적대적 반항장애oppositional defiant disorder(ODD) 동반이환 진단을 받았을 수 있다.

주의력결핍 과잉행동장애 / 감별진단 (pp. 69-72)

36 아동의 주의력결핍 과잉행동장애(ADHD) 유병률은?

A. 8%

B. 10%

C. 2%

D. 0.5%

E. 5%

정답 E. 5%

해설 인구 조사에 의하면, ADHD는 대부분의 문화권에서 약 5%의 아동에게서 나타난다. 지역에 따른 ADHD 유병률의 차이는 주로 진단 및 방법 실행의 차이에 의한 것으로 보인다. 그러나 아동의 행동에 대한 태도 또는 해석에 있어서의 문화적 변이가 있을 수 있다. 미국에서 아프리카계 미국인들과 남미계 인구에 대해 임상적으로 확인된 비율은 백인 인구에 비해 낮은 편이다. 정보제공자의 증상 평정은 아동과 정보제공자의 문화적 집단의 영향을 받을 수 있으므로 문화적으로 적절한 방식의 평정이 ADHD 평가에 적절하다.

주의력결핍 과잉행동장애 / 유병률 (p. 66); 문화와 관련된 진단적 쟁점 (p. 68)

37 성인의 주의력결핍 과잉행동장애(ADHD) 유병률은?

A. 8%

B. 10%

C. 2.5%

D. 0.5%

E. 5%

정답 C. 2.5%

해설 인구 조사에 의하면, ADHD는 대부분의 문화권에서 성인의 약 2.5%와 아동의 약 5%에서 발생한다.

주의력결핍 과잉행동장애 / 유병률 (p. 66)

38 아동의 주의력결핍 과잉행동장애(ADHD) 발생의 남녀 성비는?

A. 2:1

B. 1:1

C. 3:2

D. 5:1

E. 1:2

정답 A. 2:1

해설 ADHD는 일반 인구에서 여성보다는 남성의 유병률이 더 높다. 성별 비율은 아동에게 있어서는 약 2:1이고, 성인에게 있어서는 1.6:1이다. 여성은 남성보다 주로 부주의성 특징을 보일 가능성이 더 높다.

주의력결핍 과잉행동장애 / 성별과 관련된 진단적 쟁점 (p. 68)

39 다음 중 주의력결핍 과잉행동장애(ADHD)가 있는 사람들에 대한 생물학적 연구결과에 해당되는 것은 ?

A. 뇌전도상의 서파slow-wave 활동 감소

B. 자기공명영상(MRI)상의 전체 뇌 부피 감소

C. 후두부에서 전두부 피질로의 조숙

D. 시상 용적thalamic volume 감소

E. B와 C

정답 B. 자기공명영상(MRI)상의 전체 뇌 부피 감소

해설 ADHD 진단에는 생물학적 표지자가 없다. 집단으로서 또래들과 비교할 때, ADHD가 있는 아동들은 자기공명영상magnetic resonance imaging(MRI)을 통해 감소된 전체 뇌 부피, 증가된 서파 뇌전도 그리고 전두부 피질 성숙 후의 지체 가능성을 보인다.

주의력결핍 과잉행동장애 / 진단을 뒷받침하는 부수적 특징 (pp. 65-66)

40 다음 중 주의력결핍 과잉행동장애(ADHD)와 관련이 없는 것은?

A. 학업 수행력 감소

B. 직업적 수행 및 출석 저조

C. 높은 실직 가능성

D. 높은 대인 간 갈등

E. 물질사용장애 위험 감소

정답 E. 물질사용장애 위험 감소

해설 ADHD가 있는 아동들은 ADHD가 없는 또래들에 비해 청소년기에 품행장애를, 성인기에 반사회성 성격장애를 발달시킬 가능성이 매우 높아서 물질사용장애 발생과 투옥의 가능성이 높아진다. 특히, 이로 인해 물질사용장애의 위험성이 커지면서 특히 품행장애와 반사회성 성격장애가 발달한다.

주의력결핍 과잉행동장애 / ADHD의 기능적 결과 (pp. 68-69)

41 다음 중 주의력결핍 과잉행동장애(ADHD)와 관련이 없는 것은?

A. 사회적 거부
B. 아동기에 품행장애, 성인기에 반사회성 성격장애 발병 위험 증가
C. 알츠하이머병 발병 위험 증가
D. 교통사고 및 법규 위반 증가
E. 돌발적인 부상 위험 증가

정답 C. 알츠하이머병 발병 위험 증가

해설 알츠하이머병의 발병 가능성은 ADHD가 있는 사람들에게는 높지 않다. ADHD가 있는 사람들에게 있어서 또래관계는 흔히 또래들의 거부, 무시, 또는 조롱에 의해 저해된다. ADHD가 있는 아동들은 ADHD가 없는 또래들에 비해 청소년기에 품행장애를, 성인기에 반사회성 성격장애를 발달시킬 가능성이 매우 높아서, 물질사용장애 발생과 투옥의 가능성이 높아진다. ADHD가 있는 사람들은 또래들에 비해 부상을 입을 가능성이 높다. 교통사고와 법규 위반은 ADHD가 있는 운전자들에게서 발생 빈도가 더 높다.

주의력결핍 과잉행동장애 / ADHD의 기능적 결과 (pp. 68-69)

42 학교에서 집중력 문제로 성적이 크게 하락한 15세 남자아이가 있다. 면담에서 그는 심각한 자기면역 질환을 앓고 있는 어머니가 너무 걱정돼서 다른 데 신경 쓸 여력이 없다고 한다. 성적이 흔들리면서 그는 점차 의기소침해지고 슬픔에 차 있다. 그러면서 스스로도 자신의 에너지 수준이 떨어지면서 학교에서의 집중력도 하락된 것을 인식하고 있다. 동시에 그는 초조해서 잠을 잘 수 없음을 호소한다. 이 사례에 가장 적절한 진단은?

A. 양극성장애

B. 특정학습장애

C. 주의력결핍 과잉행동장애(ADHD)

D. 적응장애, 불안 및 우울 기분 동반

E. 분리불안장애

정답 D. 적응장애, 불안 및 우울 기분 함께 동반

해설 이 남자아이에게서 나타나는 주의력결핍은 어머니의 질병과 이에 따른 성적 하락에 대한 반응으로서의 불안과 우울 증상과 연관이 있다. ADHD와 관련된 부주의성은 불안장애의 사례에서처럼 걱정과 되새김과는 연관이 없다.

주의력결핍 과잉행동장애 / 감별진단 (pp. 69–72)

43 지속적으로 우울해하고, 과민해하며, 좌절을 못 견뎌 하는 5세 남자아이가 있다. 게다가 그는 광범위하고 만성적으로 좌불안석, 충동성, 부주의성이 있다. 이 아이의 임상상에 가장 적절한 진단은?

A. 주의력결핍 과잉행동장애(ADHD)

B. ADHD와 파괴적 기분조절부전장애(DMDD)

C. 양극성장애

D. 적대적 반항장애(ODD)

E. 주요우울장애(MDD)

정답 B. ADHD와 파괴적 기분조절부전장애(DMDD)

해설 이 남자아이의 기분 증상은 ADHD만으로 설명될 수 없다. 이 증상들은 파괴적 기분조절부전장애disruptive mood dysregulation disorder(DMDD)의 특징으로, ADHD는 그 자체로 정동 증상의 이 수준과는 연관성이 없다. 이 연령 집단에 대한 양극성장애 진단은 클리닉에 의뢰되는 청소년기 이전 단계 아이들의 1% 미만이 이 진단을 가지고 있다는 점에서, 특히 "조증" 주기가 하루 미만 지속될 때, 극히 조심스럽게 진단되어야 한다. 양극성장애가 있는 어린아이들은 활동이 증가되었을 수 있다. 그러나 이는 삽화성으로, 기분에 따라 다르고, 목표 지향적일 수 있다. 그러므로 이 아이의 과민성과 과잉행동은 양극성장애의 진단기준에 부합되지 않는다.

주의력결핍 과잉행동장애 / 감별진단 (pp. 69–72)

44 다음 중 주의력결핍 과잉행동장애(ADHD)의 동반이환에 관한 진술로 옳은 것은?

A. 적대적 반항장애는 ADHD, 복합형 아동의 1/2과 부주의성 우세형 아동의 1/4에서 동반이환된다.

B. 파괴적 기분조절부전장애가 있는 대부분의 아동은 ADHD 진단범주에 부합되지 않는다.

C. ADHD가 있는 성인들의 15%는 어떤 유형의 불안장애를 가지고 있다.

D. 간헐적 폭발장애는 ADHD가 있는 성인의 약 5%에서 발생한다.

E. 특정학습장애는 ADHD와 거의 동반이환되지 않는다.

정답 A. 적대적 반항장애는 ADHD, 복합형 아동의 1/2과 부주의성 우세형 아동의 1/4에서 동반이환된다.

해설 임상에서 ADHD의 진단기준에 부합하는 증상을 보이는 경우에 동반 질환이 흔하다. 일반 인구 집단에서 적대적 반항장애는 ADHD, 복합형 아동의 약 1/2에서, 주의력결핍 우세형 아동의 약 1/4에서 함께 나타난다. 파괴적 기분조절부전장애가 있는 대부분의 아동·청소년에서 ADHD의 진단기준을 충족하는 증상을 보인다. ADHD 아동에서는 파괴적 기분조절부전장애의 진단기준을 충족하는 비율이 더 낮다. 특정학습장애는 흔히 ADHD와 동반된다. 불안장애와 주요우울장애도 소수의 ADHD에서 나타나지만, 일반 인구 집단에 비해서는 더욱 흔히 나타난다. 간헐적 폭발장애도 성인 ADHD의 소수에서 나타나지만, 그 비율은 일반 인구 수준 이상이다. 성인의 경우, 반사회성 성격장애와 기타 성격장애 등이 ADHD와 함께 나타날 수 있다. ADHD와 함께 나타날 수 있는 기타 장애로는 강박장애, 틱장애, 자폐스펙트럼장애가 있다.

주의력결핍 과잉행동장애 / 동반이환 (pp. 72-73)

45 특정학습장애는 지속적인 학업기술 습득의 어려움과 발달시기 동안의 발병으로 정의된다. 다음 중 이 장애에 관한 진술로 옳은 것은?

A. 지적장애(지적발달장애)에서 나타나는 보다 일반적인 학습 손상의 일부다.

B. 보통 감각, 신체, 또는 신경학적 장애로부터 기인될 수 있다.

C. 정보처리의 다양한 영역에서 전반적이고 광범위한 결함을 포함한다.

D. 경제적 불리 또는 교육 부족과 같은 외현적 인자들에 의해 발병될 수 있다.

E. DSM-IV의 읽기장애, 수학장애, 쓰기장애, 그리고 달리 분류되지 않는

학습장애 진단을 대체한다.

정답 E. DSM-IV의 읽기장애, 수학장애, 쓰기장애, 그리고 달리 분류되지 않는 학습장애 진단을 대체한다.

해설 DSM-5의 특정학습장애 진단은 DSM-IV의 읽기장애, 수학장애, 쓰기표현장애, 그리고 달리 분류되지 않는 학습장애 진단을 통합한 것이다. 특정학습장애에서 보이는 어려움은 다음 4가지 이유로 "특정specific"으로 간주된다. 첫째, 학습의 어려움은 지적장애(지적발달장애), 전반적 발달지연, 청각장애나 시각장애, 또는 신경학적 장애나 운동장애에 의한 것이 아니어야 한다(진단기준 D). 둘째, 학습의 어려움은 경제적 또는 환경적으로 불리한 조건, 만성 무단결석, 교육 부족과 같은 일반적인 외부 인자에 의한 것이 아니어야 한다. 셋째, 학습의 어려움은 신경학적 장애(예, 소아 뇌졸중)나 운동장애 또는 시각장애나 청각장애에 의한 것이 아니어야 한다. 이러한 장애의 경우, 학업기술 습득 문제가 자주 동반되지만, 신경학적 징후의 존재로 감별할 수 있다. 끝으로, 학습의 어려움은 한 가지 학업기술이나 학업영역에 국한되어 있을 수 있다(예, 단어 읽기, 단순 연산값의 재인 또는 계산).

특정학습장애 / 진단기준 (pp. 74-76); 진단적 특징 (pp. 76-79)

46 **DSM-IV와 비교할 때, DSM-5에서는 특정학습장애의 진단범주에 명시된 것처럼, 평가 시점에서 "손상된 모든 학업 영역과 보조기술에 대해 세부화할 것"이라는 필수요건에 따라 모든 학습장애를 분류하고 있다. 다음 중 특정학습장애에 관한 진술로 옳지 않은 것은?**

A. 공식적인 학령기 동안 읽기, 쓰기, 산술, 또는 수학적 추론 기술의 습득에 지속적인 어려움이 있다.

B. 한 가지 이상의 학업 영역에서 현재의 기술 수준이 개인의 연령, 성별, 문화적 집단, 교육 수준의 평균 범위에 비해 훨씬 낮다.

C. 성취와 IQ 사이에 2 표준편차(SD) 이상의 차이가 있다.

D. 학습곤란은 이러한 학업기술을 필요로 하는 학업적 성취, 직업적 수행, 또는 일상생활의 활동을 심각하게 저해한다.

E. 학습곤란은 생애 후반에 습득될 수 없다.

정답 C. 성취와 IQ 사이에 2 표준편차(SD) 이상의 차이가 있다.

해설 DSM-IV에는 표준화된 검사에서 개인의 성취도가 연령, 학교교육, 지능으로 기대되는 수준에 비해 "현저하게 낮아야 한다."고 명시되어 있다. DSM-5 본문에는 학업기술은 연속적으로 고르게 분포되기 때문에 특정학습장애의 유무를 감별할 수 있는 자연발생적인 절단점은 없다고 명시되어 있다. 따라서 어떤 역치에 따라 학업적 성취의 뚜렷한 저하(예, 연령에 기대되는 수준에 비해 낮은 학업적 기술)를 명시하는 것은 대단히 임의적인 것이다. 진단적 확실성을 극대화하기 위해서는 한 가지 또는 그 이상의 표준화된 검사나 학업 영역에 대한 소검사에서 낮은 성취도(예, 연령 평균에서 적어도 1.5 표준편차 이하, 이는 표준점수상 78점 이하로 해석되며 7번째 백분위수 이하에 해당함)가 요구된다. 그러나 사용되는 특정 표준화된 검사에 따라 정확한 점수가 다를 수 있다. 학습의 어려움이 임상적 평가, 학업 과거력, 학교 기록이나 검사점수 등 다방면의 증거를 통해 뒷받침되는 경우에는 임상적 판단에 기초하여 좀 더 관대한 역치가 사용된다(연령 평균보다 1.0~2.5 표준편차 미만). 표준화된 검사가 모든 언어에서 사용 가능한 것이 아니므로, 이러한 경우에는 사용 가능한 검사로 측정한 점수에 대한 임상적 판단에 기초하여 진단을 내릴 수 있다.

특정학습장애 / 진단적 특징 (pp. 76-79)

47 다음 중 특정학습장애의 진단에 관한 진술로 옳지 않은 것은?

A. 특정학습장애는 신경퇴행성 인지장애와 연관된 학습문제와 구분된다.
B. 지적장애(지적발달장애)가 발병하는 경우, 학습의 어려움은 기대 이상으로 나타나야 한다.
C. 고르지 않은 능력 프로파일은 특정학습장애의 전형적인 특징이다.
D. 주의력결핍 과잉행동장애 또는 발달성 협응장애의 역치에 미달하는 주의집중 곤란과 운동성 서투름은 흔히 특정학습장애와 관련이 있다.
E. 특정학습장애에는 4개의 공식적인 아형이 있다.

정답 E. 특정학습장애에는 4개의 공식적인 아형이 있다.

해설 DSM-5의 특정학습장애에는 공식적인 아형이 없다. 읽기, 쓰기, 수학 영역에서의 학습 결핍은 분리된 명시자로 부호화된다.

특정학습장애 / 감별진단 (pp. 85-86)

48 다음 중 특정학습장애의 유병률에 관한 진술로 옳지 않은 것은?

A. 유병률은 서로 다른 언어와 문화권에 걸쳐 학령기 아동들 사이에 5~15% 정도다.

B. 성인의 유병률은 약 4%다.

C. 특정학습장애는 남성과 여성 사이에 동일하게 자주 나타난다.

D. 유병률은 동일한 표본의 연령 범위, 선발 기준, 특정학습장애의 심각도, 그리고 조사 대상인 학업적 영역에 따라 다르다.

E. 성별 비율은 확인 편향ascertainment bias, 정의 또는 측정 변이, 인종, 또는 사회경제적 지위 같은 인자에 기인될 수 없다.

정답 C. 특정학습장애는 남성과 여성 사이에 동일하게 자주 나타난다.

해설 특정학습장애는 여성보다 남성에게서 더 흔하다(성비는 2:1에서 3:1 정도이고 확인 편향, 정의상의 차이나 측정 차이, 언어, 인종 또는 사회경제적 지위와 같은 요인에 기인한 것이 아님). 읽기, 쓰기, 수학의 학업적 영역에 따른 특정학습장애의 유병률은 학령기 아동에서는 서로 다른 언어, 문화권에 걸쳐 5~15% 정도로 나타난다. 성인에서의 유병률은 알려진 바 없으나, 약 4%로 추정된다.

특정학습장애 / 유병률 (p. 80); 성별과 관련된 진단적 쟁점 (p. 85)

49 다음 중 특정학습장애의 동반이환에 관한 진술로 옳은 것은?

A. 주의력결핍 과잉행동장애(ADHD)는 우연히 기대되는 것보다 더 자주 특정학습장애와 동반이환되지 않는다.

B. 말소리장애와 특정 언어 손상은 보통 특정학습장애와 동반이환되지 않는다.

C. 확인된 동반이환 장애군에는 심한 읽기장애, 미세운동 문제와 손글씨 쓰기 문제, 그리고 산술, 읽기, 총체적인 운동계획 문제가 포함된다.

D. 특정학습장애와 특정 언어 손상의 동반이환은 언어문제가 있는 아동의 20%까지에서 나타난다.

E. 동반이환 장애들은 일반적으로 특정학습장애의 경과 또는 치료에 영향을 미치지 않는다.

정답 C. 확인된 동반이환 장애군에는 심한 읽기장애, 미세운동 문제와 손글씨 쓰기 문제, 그리고 산술, 읽기, 총체적인 운동계획 문제가 포함된다.

해설 특정학습장애는 신경발달장애(예, ADHD, 의사소통장애, 발달성 협응장애, 자폐스펙트럼장애) 또는 다른 정신장애(예, 불안장애, 우울장애, 양극성장애)와 흔히 동반된다. 이러한 동반질환이 특정학습장애의 진단을 배제하는 것은 아니지만, 각각의 동반질환은 독립적으로 학습을 포함한 일상생활의 수행을 방해하기 때문에 검사나 감별진단을 더 어렵게 만들 수 있다. 따라서 이러한 손상이 학습의 어려움을 초래한 것으로 간주하기 위해서는 임상적 판단이 요구된다. 만약 다른 진단으로 특정학습장애의 진단기준 A에 기술된 핵심적 학업기술의 학습문제를 설명할 수 있다면, 특정학습장애로 진단해서는 안 된다. 동반장애는 일반적으로 경과 또는 치료에 영향을 미친다. 그리고 아동·청소년이 평가를 받는 경우, 동반장애를 기입해야 한다.

특정학습장애 / 동반이환 (pp. 86-87)

50 다음 중 발달성 협응장애(DCD)에 관한 진술로 옳은 것은?

A. DCD가 있는 아동들 중에는 힘을 줄 수 없는 팔다리의 무도형 운동이나 거울상 움직임과 같은 추가적인(보통 억제된) 운동활동을 보인다.

B. 5~11세 아동의 DCD의 유병률은 1~3%다.

C. 초기 성인기에는 복합적·자동적 운동 기술(예, 운전과 연장 사용)을 포함한 새로운 과업 학습에 있어서 개선이 있다.

D. DCD는 출산 전 알코올에의 노출 또는 저체중 출산이나 조산과는 관련이 없다.

E. 근본적인 신경 발달과정의 손상이 주로 시각운동 기술visuomotor skills에 영향을 준다는 사실은 발견되지 않았다.

정답 A. DCD가 있는 아동들 중에는 힘을 줄 수 없는 팔다리의 무도형 운동이나 거울상 움직임과 같은 추가적인(보통 억제된) 운동활동을 보인다.

해설 발달성 협응장애developmental coordination disorder(DCD)에서 나타나는 무도형choreiform 운동 또는 거울상 움직임mirror movement에 대해 DSM-5에는 "이러한 '넘치는overflow' 움직임은 신경학적 이상이라기보다는 신경 발달적 미숙함 또는 신경학적 연성 징후neurological soft sign라고 불린다. 현재의 문헌이나 임상 상황 모두에서 진단에 대한 이들의 역할은 여전히 명확하지 않으며, 추가적인 평가가 필요하다."라고 기록되어 있다. DCD의 유병률은 5~11세 아동에서 5~6%(7세 아동의 1.8%는 고도 발달성 협응장애로 진단받으며, 3%는 이 장애의 가능성이 있음). 성인기에는 흔히 복합적·반사적 운동기술을 포함한 새로운 과업 학습에 있어서 지속적인 문제가 있다. DCD는 태아기 알코올 노출, 조산, 저체중 출생아인 경우에서 더 흔하다. DCD에서는 시각운동 인지와 공간 지각에서 손상이 발견되는데, 이는 움직임이 복잡해짐에 따라 빠르게 운동 협응이 요구되는 능력에 영향을 미친다.

발달성 협응장애 / 진단을 뒷받침하는 부수적 특징; 유병률; 위험 및 예후 요인 (pp. 89-90)

51 다음 중 발달성 협응장애(DCD)에 관한 진술로 옳은 것은?

A. 보통 7세 이전에는 진단되지 않는다.

B. 증상은 보통 1년 후의 추수 조치에서 크게 개선된다.

C. 대부분의 사례에서 증상은 청소년기가 되면 더 이상 눈에 띄지 않는다.

D. DCD는 출산 전 알코올 노출, 조산, 또는 저체중 출산과 명확한 관계가 없다.

E. 소뇌 기능이상은 DCD에서 역할을 하는 것으로 가정된다.

정답 E. 소뇌 기능이상은 DCD에서 역할을 하는 것으로 가정된다.

해설 DCD는 보통 5세 이전에 진단된다. 그리고 적어도 1년간의 추적 관찰에서는 안정적이다. 사례의 약 50~70%에서 증상이 청소년기까지 지속된다. 위험 요인으로는 태아기 알코올 노출, 미숙아, 저체중 출산이 있다.

발달성 협응장애 / 발달과 경과 (pp. 89-90)

52 다음 중 상동증적 운동장애의 DSM-5 진단기준이 아닌 것은?

A. 운동행동은 반복적이고, 억제할 수 없는 것처럼 보이며, 목적이 없는 것 같은 형태로 나타난다.

B. 초기 발달시기에 발병한다.

C. 행동은 스스로 가한 신체 부상을 초래하여 의학적 치료를 필요로 하게 된다.

D. 행동은 물질의 생리적 효과나 신경학적 상태로 인한 것이 아니며 다른 신경발달장애나 정신장애로 잘 설명되지 않는다.

E. 행동은 사회적 · 학업적 또는 기타 활동을 저해한다.

정답 C. 행동은 스스로 가한 신체 부상을 초래하여 의학적 치료를 필요로 하게 된다.

해설 반복적 행동은 자해를 초래할 수 있지만, 이는 진단을 위한 기준이 아니다. 다른 모든 보기는 상동증적 운동장애의 진단범주에 해당된다.

상동증적 운동장애 / 진단기준 (pp. 92-93)

53 다음 중 상동증적 운동장애의 발달 경과에 관한 진술로 옳지 않은 것은?

A. 상동증적 운동의 발현은 특히 1~3세 된 아동에게서 발견되지 않은 신경발달 문제를 나타내는 것일 수 있다.

B. 전형적으로 발달하고 있는 아동들의 경우, 이들에게 주의가 집중되거나 아동의 주의가 다른 것에 집중될 때 반복적 운동이 멈추게 될 수 있다.

C. 보호 조치가 사용되지 않는 경우, 일부 아동에게 있어서 상동증적 운동은 자해를 초래할 수 있다.

D. 단순 상동증적 운동(예, 몸을 좌우로 흔들기)은 전형적으로 발달하고 있는 어린 아동들에게서 흔한 반면 복합 상동증적 운동은 훨씬 덜 흔하다(약 3~4%).

E. 상동증적 운동은 전형적으로 출생 후 1년 이내에 시작된다.

정답 E. 상동증적 운동은 전형적으로 출생 후 1년 이내에 시작된다.

해설 상동증적 운동은 대개 생후 첫 3년 내에 시작된다. 단순한 상동증적 운동은 유아기에 흔하며, 운동 숙달의 습득에 관여할 수 있다. 복합 운동 상동증을 보이는 아동의 약 80%가 24개월 이전에 증상을 보이며, 약 12%는 24개월에서 35개월 사이, 8%는 36개월 이후에 증상을 보인다.

상동증적 운동장애 / 발달과 경과 (p. 95)

54 다음 중 투렛장애의 DSM-5 진단기준에 해당되는 것은?

A. 틱은 1년 이상의 기간 내내 발생하고, 이 기간에 연속해서 3개월 이상의 틱이 없는 기간은 없다.

B. 5세 이전에 발병한다.

C. 틱 발생 빈도는 악화와 완화를 반복하지만, 처음 틱이 나타난 시점에서 1년 이상 지속된다.

D. 반드시 운동 틱이 음성 틱보다 먼저 발생해야 한다.

E. 틱은 적어도 4주 동안 하루에 여러 차례 발생할 수 있지만, 연속해서 12개월 이상 발생하지는 않는다.

정답 C. 틱 발생 빈도는 악화와 완화를 반복하지만, 처음 틱이 나타난 시점에서 1년 이상 지속된다.

해설 보기 C만 DSM-5 투렛장애 진단기준에 해당된다. DSM-IV의 진단기준 B에는 틱은 반드시 "1년 이상의 기간"에 나타나야 하고, "이 기간에 연속해서 3개월 이상 틱이 없는 기간이 없어야 한다."라고 명시되어 있다. DSM-5에서 이 진단기준은 틱은 반드시 처음 발병된 이후 1년 이상 지속되어야 한다는 것으로 단순화되었다.

틱장애 / 진단기준 (pp. 98-99)

55 과도한 눈 깜빡임과 간헐적으로 짹짹거리는 소리를 내는 증상이 6개월간 지속된 과거력이 있는 8세 남자아이의 세 번째 클리닉 방문에서 아이의 어머니는 아이가 학교에 입학한 이래 꿀꿀거리는 소리를 내고 있다고 말한다. 이 사례에 가장 적절한 진단은?

A. 투렛장애

B. 잠정적 틱장애

C. 일시적 틱장애

D. 지속성(만성) 음성 틱장애

E. 일과성 틱장애, 재발성

정답 B. 잠정적 틱장애

해설 한 가지 또는 다수의 운동 틱 및/또는 음성 틱이 1년 미만 동안 나타난 것은 잠정적 틱장애의 진단범주 A와 B에 부합된다. 이는 틱이 반드시 1년 이상 나타나야 한다는 투렛장애와는 대조적이다. 따라서 보기 A는 오답이다. 일시적 틱장애라는 장애는 존재하지 않는다(보기 C). 지속성(만성) 음성 틱장애(보기 D)는 이 사례에서 남자아이가 운동 틱과 음성 틱 둘 다 가지고 있고, 1년 미만 동안 나타났기 때문에 오답이다. 만약 이 문제가 DSM-IV 진단을 묻는 것이었다면, 일과성 틱장애[transient tic disorder], 재발성(보기 E)이 정답이었을 것이다. 그러나 일과성 틱장애는 DSM-5에서 수정되어 잠정적 틱장애로 명칭이 바뀌었다.

틱장애 / 진단기준 (pp. 98-99)

56 5세 여자아이가 DSM-IV의 만성 운동 또는 음성 틱장애 진단을 받고 클리닉에 의뢰되었다. DSM-5에 의하면, 이 아이는 지속성(만성) 운동 또는 음성 틱장애의 진단범주에 부합될 것이다. 다음 중 이 여아에 대한 DSM-5의 새로운 진단에 관한 진술로 옳지 않은 것은?

A. 이 아이는 단일 또는 다수의 운동 또는 음성 틱장애를 가지고 있을 수 있지만, 둘 다는 아니다.

B. 진단기준을 충족시키려면 이 아이의 틱은 연속해서 3개월 동안 틱이 없는 기간이 없이 틱이 처음 나타난 시점으로부터 1년 이상 지속되어야 한다.

C. 이 아이의 틱의 빈도는 증감을 반복하지만, 틱이 처음 나타난 시점으로부터 1년 이상 지속된다.

D. 이 아이는 투렛장애의 진단범주에 부합되지 않는다.

E. 이 아이가 운동 또는 음성 틱을 가지고 있는지의 여부를 나타내려면 지속성(만성) 운동 또는 음성 틱장애 진단에 명시자를 추가할 수 있다.

정답 B. 진단기준을 충족시키려면 이 아이의 틱은 연속해서 3개월 동안 틱이 없는 기간이 없이 틱이 처음 나타난 시점으로부터 1년 이상 지속되어야 한다.

해설 DSM-5의 지속성(만성) 운동 또는 음성 틱장애 진단범주하에서 틱은 악화와 완화를 반복할 수 있다. 또한 틱이 없는 기간은 더 이상 진단의 필수요건이 아니다. 따라서 보기 C는 올바른 진술이고, 보기 B는 잘못된 진술이다. 보기 A와 D는 DSM-IV와 DSM-5 둘 다의 분류에서 올바른 진단기준이다. 보기 E는 DSM-5에서 '운동 틱만 있는 경우' 또는 '음성 틱만 있는 경우'로 명시될 수 있기 때문에 올바른 진술이다.

틱장애 / 진단기준 (pp. 98-99)

57 불안 증상과 주의력결핍 과잉행동장애의 과거력이 있고 리스덱스암페타민 lisdexamphetamine(비반스 Vyvanse) 처방약을 복용하고 있는 기능 수준이 높은 20세 대학생이 담당 정신과 의사에게 자신의 수업과제들 중 하나로 자신이 복용하

고 있는 처방약물의 부작용에 대해 연구하고 있다고 말한다. 게다가 그녀는 지난주에 학교 공부로 스트레스를 받았고, 친구들이 그녀가 간헐적으로 하루에도 여러 번 고개를 빠르게 끄덕거리는 이유를 묻는다고 털어놓는다. 이 사례에 가장 적절한 진단은?

A. 잠정적 틱장애
B. 명시되지 않는 틱장애
C. 명시되지 않는 불안장애
D. 강박성 성격장애
E. 명시되지 않는 자극제로 유발된 장애

정답 B. 명시되지 않는 틱장애

해설 이 사례에 제시된 자료에 의하면, 명시되지 않는 틱장애(보기 B)가 정답이다. 이 범주에는 틱이 치료약물로 인한 것인지 일차성인지의 여부에 대해 불확실하다는 증거가 포함된다. 모든 틱장애는 반드시 18세 이전에 발병해야 한다고 정의되어 있다. 18세 이후에 발병되는 틱은 명시되지 않는 틱장애로 진단된다. 이 학생의 경우, 기능 수준이 높고 삶에서 심각한 손상이 없으며, 리스덱스암페타민을 복용하고 있다는 점에서 보기 E는 오답이다. 특히, 리스덱스암페타민은 프로드러그prodrug(***역자 주.** 신체 내에서 효소 · 화학물질로 인해 약으로 바뀌는 비활성 물질)라는 점에서 남용 가능성이 적다.

틱장애 / 감별진단 (pp. 104-105)

58 다음 중 DSM-5의 언어장애 진단기준이 아닌 것은?

A. 언어의 이해 또는 생성의 결함으로 인해 언어양식의 습득과 사용에 지속적인 어려움이 있다.
B. 언어능력이 연령에 기대되는 수준보다 상당히, 그리고 정량적으로 낮아야 한다.
C. 초기 발달시기에 발병한다.
D. 이러한 어려움은 청력이나 다른 감각 손상, 운동 기능이상, 또는 다른 의학적 · 신경학적 상태에 기인한 것이 아니어야 한다.
E. 혼재성 수용-표현성 언어장애 또는 전반적 발달장애의 진단범주에 부합되지 않아야 한다.

정답 E. 혼재성 수용-표현성 언어장애 또는 전반적 발달장애의 진단범주에 부합되지 않아야 한다.

해설 보기 A~D는 DSM-5의 언어장애의 진단기준에 해당된다. 이 진단은 DSM-IV의 표현성 언어장애와 혼재성 수용-표현성 언어장애 진단이 대체된 것이다. 보기 E는 DSM-IV의 표현성 언어장애의 진단기준으로, 잘못된 진술이므로 정답이다. DSM-IV와는 달리, DSM-5에서는 전반적 발달장애의 진단범주에 부합되는 경우, 언어장애로도 진단할 수 있다.

언어장애 / 진단기준 (pp. 32-33)

59 다음 중 말소리장애에 관한 진술로 옳은 것은?

A. 말소리 생성이 2세까지 나타나야 한다.

B. "발달적으로 기대되는 말소리 사용 실패"는 동일 연령과 사투리를 쓰는 또래 아동들과 비교함으로써 평가된다.

C. 진단기준에 말소리 생성의 어려움이 기능 손상을 초래해야 한다는 필수요건은 없다.

D. 초기 발달시기에 발병한다.

E. A와 C

정답 D. 초기 발달시기에 발병한다.

해설 DSM-5의 말소리장애speech sound disorder는 DSM-IV의 조음장애phonological disorder가 대체된 것이다. DSM-IV에 의하면, 조음장애 분류의 진단기준 A에는 "연령과 사투리에 적절한, 발달적으로 기대되는 말소리 생성의 실패"라는 요건이 명시되어 있다. 이 요건은 DSM-5에 와서는 "의사소통을 방해하는 말소리 생성에 지속적인 어려움"의 발현은 진단기준 A로 충분하다는 것으로 개정되었다. 따라서 보기 B는 올바른 진술이 아니다. 또한 말소리장애의 증상 발병 연령은 명시되어 있지 않다. 그러나 진단기준 C에는 증상의 발병은 초기 발달시기여야 한다고 명시되어 있다. 따라서 보기 A와 E는 잘못된 진술이므로, 보기 D가 정답이다. 말소리장애의 진단기준 B에는 말소리 생성의 어려움이 사회적 · 학업적 · 직업적 수행에 있어서 개인의 기능을 저해해야 한다는 필수요건이 명시되어 있으므로, 보기 C는 잘못된 진술이다.

말소리장애 / 진단기준 (p. 36)

60 한 어머니가 아들이 아주 어려서부터 말 조음에 어려움을 겪고 있다면서 평가해 달라고 4세 아들을 데리고 왔다. 아이는 두부 손상은 없고, 그 외에는 건강하며, IQ가 정상이다. 아이의 유치원 교사에 의하면, 아이가 말하는 것을 항상 이해하지 못하고 있고, 그의 의사소통의 어려움으로 인해 다른 아이들이 "아기baby"라는 별명을 부르며 그를 놀린다고 한다. 이 아이는 다른 사람들과 관계를 맺거나 비언어적인 사회적 단서를 이해하는 데는 문제가 없다. 이 사례에 가장 적절한 진단은?

A. 선택적 함구증

B. 전반적 발달지연

C. 말소리장애

D. 회피성 성격장애

E. 명시되지 않는 불안장애

정답 C. 말소리장애

해설 이 사례에서 아동은 사회적 참여를 저해하는 효과적 의사소통에 있어서의 기능 제한으로 이어지는 "말의 명료도를 저해하고 메시지의 언어적 의사소통을 막는 말소리 생성에의 지속적인 어려움"을 보이고 있다. 게다가 그의 증상은 선천성 또는 후천성 의학적 상태로 인한 것이 아니고, 증상의 발병은 초기 발달시기에 시작되었다. 이러한 상태는 말소리장애의 진단범주에 속한다. 이 아이가 겪고 있는 의사소통의 어려움은 특정 상황에서의 의사소통 결여보다는 소리 생성이므로, 보기 A는 오답이다. 선택적으로 함구하는 아이들은 말 생성에 어려움은 없다. 말소리 생성의 어려움과 상관없이 이 아이는 다른 사람들과 관계를 유지하고 있고, 비언어적 단서를 이해하고 있으므로, 보기 B 역시 오답이다. 이 아이는 회피성 성격장애로 진단되기에는 너무 어리므로, 보기 D 역시 오답이다(이러한 행동 패턴은 초기 성인기에 나타남). 끝으로, 이 남자아이는 약간의 불안 증상을 가지고 있지만, 추가 정보 없이 측정하기는 어렵다. 따라서 보기 B는 오답이다.

말소리장애 / 진단기준 (p. 36)

61 6세 남자아이가 낙제를 하고 있고, 계속해서 문법, 문장 구성, 어휘에 심각한 어려움을 겪고 있다. 또한 이 아이는 말할 때 모든 단어 사이에 "그리고and"를 끼워서 말한다. 아이의 담임교사에 의하면, 아이가 과업에 집중하게 하려면 다른 학생들에게보다 더 언어적으로 다시 설명해 주어야 한다고 한다. 아이는

대체로 조용하고, 다른 문제를 일으키지는 않는다. 다음 중 이 아이에 대한 감별진단에 해당되는 것은?

A. 언어장애

B. 표현성 언어장애

C. 아동기 발병 유창성장애

D. 주의력결핍 과잉행동장애(ADHD)

E. A와 D

정답 E. A와 D

해설 이 문항은 DSM-5 진단에 대해 묻고 있다. 표현성 언어장애와 혼재성 수용-표현성 언어장애는 DSM-IV에 수록되어 있는 장애이므로, 보기 B는 오답이다. 이 장애들은 이젠 DSM-5의 **언어장애**로 통합되었다. 이 아이는 언어 생성과 이해에 있어서 지속적인 어려움을 겪고 있으므로, 보기 A의 언어장애는 감별진단에 중요한 고려 대상일 것이다. 이 아이는 지시 이해를 위해 추가적으로 반복적인 설명을 필요로 할 것이고, 의사소통의 어려움으로 인해 기꺼이 또래들과 상호작용을 하지 않을 것이다. 이러한 이유로 조용해 보일 것이다. 단어 끼워 말하기(예, '그리고and')는 DSM-5에서는 더 이상 말소리 장해의 유형으로 간주되지 않으므로, 보기 C는 오답이다. 과제에 주의집중 유지 곤란과 저조한 학업수행 상태를 고려한다면, ADHD를 고려해 볼 수 있다. 따라서 보기 E가 정답이다. 그리고 언어장애와 ADHD는 둘 다 진단 가능성이 있다.

언어장애 / 동반이환 (p. 36)

62 다음 중 DSM-IV의 말더듬 진단범주에 포함되었다가 DSM-5의 아동기 발병 유창성장애(말더듬) 진단범주에서 삭제된 정상적인 말 유창성/속도 패턴에 있어서의 장해 유형은?

A. 소리 연장sound prolongation

B. 돌려 말하기circumlocution

C. 끼워 말하기interjection

D. 극도의 신체적 긴장과 함께 생성되는 단어들

E. 소리와 음절 반복

정답 C. 끼워 말하기interjections

해설 DSM-5의 아동기 발병 유창성장애의 진단기준에는 보기 A, B, D, E를 포함해서 7가지 장해 유형 중 한 가지 또는 그 이상의 증상 발현이 필수요건으로 명시되어 있다. 말소리 유창성의 다른 장해로는 단어의 깨어짐broken words, 소리 동반 또는 동반하지 않는 말 막힘audible or silent blocking 그리고 단음절 단어 반복monosyllabic whole-word repetitions이 있다. '끼워 말하기'(보기 C)는 DSM-IV 진단범주에서 말더듬을 의미하는 유일한 유창성 장해로, DSM-5에서는 삭제되었다.

아동기 발병 유창성장애(말더듬) / 진단기준 (pp. 39-40)

63 정규 교육을 받고 있는 14세 남학생이 같은 반 여학생이 자신을 좋아한다는 생각이 든다고 말한다. 이 남학생의 어머니는 이 말에 놀란다. 왜냐하면 어릴 적부터 이 남학생은 자주 다른 사람들이 말하는 것의 미묘한 차이를 추론 또는 이해하는 데 어려움을 겪어 왔기 때문이다. 그의 교사 역시 그가 때로 비언어적 단서들을 놓치는 것을 보아 왔다. 그는 어른들과 더 잘 지내는 경향이 있다. 그 이유는 아마도 어른들은 그의 지나치게 형식적인 말에 크게 영향을 받지 않기 때문일 것이다. 그가 농담을 하는 경우, 또래 아이들은 그의 유머가 항상 적절하지 않음을 안다. 그는 가장 친한 친구와 시간을 보내는 것을 좋아하지만, 말이 많아지고 대화에서 차례를 기다리는 것을 어려워한다. 이 사례에 가장 적절한 진단은?

A. 사회적(실용적) 의사소통장애
B. 아스퍼거장애
C. 자폐스펙트럼장애
D. 사회불안장애
E. 언어장애

정답 A. 사회적(실용적) 의사소통장애

해설 사회적(실용적) 의사소통장애는 DSM-5에서 새로 등장한 진단이다. 이 장애는 "언어적 · 비언어적 의사소통의 사회적 사용에 있어서의 지속적인 어려움이 특징으로, 다음과 같은 양상을 띤다. 즉, ① 사회적 맥락에 적절한 방식으로 사회적 목적을 위한 의사소통을 하는 데 있어서의 결함……, ② 맥락 또는 청자listener의 욕구에 부합되도록 의사소통을 변화시키는 능력 손상, ③ 대화와 이야기를 하기 위한 규칙 따르기를 어려워함…… 그리고 상호작용 조절을 위한 언어적 · 비언어적 신호 사용법을 잘 알지 못함, [그리고] ④ 명확하게 진술된 것을 이해하기 어려워한다."는 특징이 있다. 이러한 결함은 초기 발달시기에 나타나고 기능상의 제약을 초래한다. 보기 B와 C는 오답이다. 왜냐하면 아스퍼거장애는 더 이상 DSM-5의 분류에 속하지 않기 때문이다. 그리고 만약 이 아이에게 자폐증이 있었다면, 손상 정도가 더 심해서 대화를 지속할 수 없었을 것이다. 따라서 보기 D 역시 오답이다. 사회불안장애는 언어적 · 비언어적 의사소통에 있어서 미세한 차이를 이해하는 능력에 영향을 미치지 않을 것이기 때문이다. 보기 E도 오답이다. 이 남자아이는 언어 생성 또는 이해에 어려움이 없고, 다만 언어 내용의 미세한 차이와 사회적 적절성을 구분하는 데에만 어려움이 있기 때문이다.

사회적(실용적) 의사소통장애 / 감별진단 (p. 45)

64 이전에 투렛장애로 진단받은 15세 남자아이가 클리닉에 의뢰되었다. 그의 어머니에 의하면, 중학교 시절 그는 음성 틱과 운동 틱으로 놀림을 받았다. 9학년이 된 이래로 그의 틱은 발생 빈도가 감소되었다. 현재는 경미한 정도의 운동 틱만 남아 있다. 이 사례에 적절한 DSM-5 진단은?

A. 투렛장애

B. 지속성(만성) 운동 틱장애

C. 잠정적 틱장애

D. 명시되지 않는 틱장애

E. 지속성(만성) 음성 틱장애

정답 A. 투렛장애

해설 틱장애에는 4개의 진단범주가 있다. 이 범주들은 계층 서열에 따라 ① 투렛장애, ② 지속성(만성) 운동 또는 음성 틱장애, ③ 잠정적 틱장애, ④ 명시되지 않는 틱장애 순으로 배열되어 있다. DSM-5의 틱장애 진단기준 E에 의하면, 이 계층의 한 수준에서 틱장애로 진단을 받은 사람에게는 이 계층보다 낮은 진단을 내릴 수 없다. 이 사례에서는 보기 A가 정답이다. 왜냐하면 이 아이는 이미 틱장애 계층의 가장 높은 위치에 있는 투렛장애로 진단을 받았기 때문이다. 따라서 이 시점에서 그는 더 이상 지속성(만성) 운동 틱장애(보기 B)로 진단될 수 없다. 보기 C와 D는 오답이다.

틱장애 / 진단기준 (pp. 98-99)

65 전형적으로 틱이 처음 발병하는 발달단계는?

A. 유아기
B. 사춘기 이전 시기
C. 잠복기
D. 청소년기
E. 성인기

정답 B. 사춘기 이전 시기

해설 청소년과 성인이 틱에 대한 초기 진단평가를 받기 위해 클리닉을 찾는 것은 그리 특이한 일은 아니지만, 틱은 일반적으로 사춘기 전 단계(4~6세)에서 처음 발병한다. 그런 다음, 틱은 10~12세 정도에서 절정을 이루다가 청소년기가 되면 약화된다. 새로운 틱장애의 발현은 십 대에서는 줄고, 성인기에는 더욱 줄게 된다. 임상가들은 보통 연령 범위를 벗어나는 틱을 암시하는, 새로 나타나는 비정상적인 움직임은 없는지 관심 있게 지켜봐야 한다.

틱장애 / 발달과 경과 (pp. 102-103)

66 말하기에 지연 증상이 있는 7세 남자아이가 오래전에 시작된 반복적 손 흔들기, 팔 펄떡이기, 그리고 손가락 튕기기 증상을 나타내고 있다. 그의 어머니는 아이가 갓난아기 때 이러한 증상들을 처음 발견하였고, 그것들이 틱인지의 여부가 궁금하다고 말한다. 그녀는 아이가 자신이 좋아하는 TV 프로그램을 시청하는 동안과 같이 특정 활동에 몰입하는 경우에 펄떡이는 경향이 있지만, 누군가 아이를 부르거나 주의를 다른 데로 돌리는 경우에는 그만둔다고 말한다. 어머니의 진술을 고려할 때, 다음 중 가장 적절한 진단은?

A. 잠정적 틱장애
B. 지속성(만성) 운동 또는 음성 틱장애
C. 무도병
D. 근육긴장이상
E. 운동 상동증

정답 E. 운동 상동증

해설 이 아이의 움직임은 틱이 아닌 상동증이다. **운동 상동증**motor stereotypies은 목적이 있는 것처럼 보이나 뚜렷한 적응기능이나 목적이 없고, 주의 분산에 의해 중단되는 불수의적인 율동성이 있으며, 반복적이고, 예측 가능한 움직임으로 정의된다. 운동 상동증은 ① 틱보다 더 일찍(3세 이전) 발생한다는 점, ② 좀 더 오랫동안 지속된다는 점(초 단위에서 분 단위), ③ 고정된 방식과 장소에서 끊임없이 반복된다는 점, ④ 활동에 몰두할 때 악화되며 전조 충동이 없다는 점, 그리고 ⑤ 주의 분산(예, 누군가 이름을 부르거나 만질 때)에 의해 중단된다는 점에서 틱과의 감별이 가능하다. 임상적 과거력은 감별에 결정적이다. 무도병chorea은 빠르고 무작위적이고 지속적이며 갑작스럽고 불규칙적이고 예측 불가능하며 비상동적인 동작으로, 대개 좌우 대칭적이며 몸 전체에 영향을 미친다(예, 얼굴, 몸통, 팔다리). 움직임의 시기, 방향 및 분포는 매 순간 다르고, 대개 움직임은 수의적인 행동을 하려고 할 때 악화된다. **근육긴장이상**dystonia은 작동근과 길항근이 동시에 수축하여, 기형적 자세나 몸의 부분적 움직임을 야기하는 것이다. 근육긴장이상 자세는 수의적인 운동을 시도할 때 발생하며, 수면 시에는 나타나지 않는다. 이 남자아이의 움직임은 이 범주에 부합되지 않는다.

상동증적 운동장애 / 감별진단 (pp. 96-98)

67 **동반이환 상태의 평가는 개인에 대한 틱의 전반적인 기능상의 결과를 이해하는 데 중요하다. 다음 중 틱장애와 연관이 있는 상태는?**

A. 주의력결핍 과잉행동장애(ADHD)

B. 강박 및 관련 장애

C. 기타 운동장애

D. 우울장애

E. 위의 보기 모두

정답 E. 위의 보기 모두

해설 여러 의학적·정신의학적 상태는 틱장애와 동반이환된다고 기술되어 왔다. 특히, ADHD와 강박 및 관련 장애와의 동반이환이 가장 흔하다. ADHD가 있는 아동들은 학업적 진전과 대인관계를 저해하고 틱장애로 인한 것보다 더 심한 손상을 초래할 수 있는 파괴적 행동, 사회적 미성숙, 학습의 어려움을 나타낸다. 틱장애가 있는 사람들은 또한 다른 운동장애와 우울장애, 양극성장애, 또는 물질사용장애 같은 다른 정신장애를 가지고 있을 수 있다.

틱장애 / 동반이환 (pp. 105-106)

68 언어적 · 비언어적 의사소통의 사회적 규칙을 이해 · 준수하고, 대화와 이야기 나누는 규칙을 따르고, 청자listener 또는 상황의 필요성에 따라 언어에 변화를 주기 위해 아이들이 적절한 말과 언어 능력 습득을 완료해야 하는 연령은?

A. 2~3세

B. 3~4세

C. 4~5세

D. 5~6세

E. 6~7세

정답 C. 4~5세

해설 사회적(실용적) 의사소통은 말과 언어에 있어서의 적절한 발달적 진전에 좌우되므로, 사회적(실용적) 의사소통장애의 진단은 4세 미만의 아이들 사이에서는 드물다. 4~5세가 되면, 대부분의 아동이 적절한 말과 언어 능력을 갖추게 되어 사회적 의사소통에 있어서 특정 결함 여부의 확인이 가능해진다. 보다 경미한 형태의 이 장애는 언어와 사회적 상호작용이 좀 더 복잡해지는 초기 청소년기가 되어야 뚜렷해진다.

사회적(실용적) 의사소통장애 / 발달과 경과 (p. 44)

69 다음 중 사회적(실용적) 의사소통장애의 발생 위험을 증가시키는 정신병적 장애의 가족력은?

A. 사회불안장애(사회공포증)

B. 자폐스펙트럼장애

C. 주의력결핍 과잉행동장애(ADHD)

D. 특정학습장애

E. B 또는 D

정답 E. B 또는 D

해설 자폐스펙트럼장애, 의사소통장애, 또는 특정학습장애의 가족력은 사회적(실용적) 의사소통장애의 발병 위험을 높이는 것으로 보인다. ADHD와 사회불안장애(사회공포증)에서 파생되는 결함이 사회적 의사소통장애의 증상들과 겹칠 수 있고 감별진단의 중요한 고려사항이 될 수 있지만, 개인의 가족력에 있어서의 증거는 현재로서는 사회적(실용적) 의사소통장애의 발병 위험을 높인다고 알려져 있지는 않다.

사회적(실용적) 의사소통장애 / 발달과 경과 (p. 44)

70 경미한 언어 지연 과거력이 있는 6세 남자아이가 어머니에 의해 클리닉에 왔다. 아이가 학교에서 비언어적 단서들을 잘못 해석하고, 또래들과 드러나게 형식적인 언어로 말함으로써 놀림을 당하고 있는 것에 대한 염려 때문이었다. 어머니는 아들이 조기 개입 프로그램에 참여했지만, 그의 문어와 구어는 현재 학년 수준에 머무르고 있다고 말한다. 이 아이는 반복적 운동, 감각문제, 또는 의례적ritualized 행동의 과거력은 없다. 아이는 항상성constancy을 선호하지만, 새로운 상황에 잘 적응한다. 게다가 오래전부터 장난감 기차와 자동차에 대해 관심이 있어서 교통수단 역사에 관한 서적에서 암기한 모든 자동차 모델을 기억해 낼 수 있다. 다음 중 감별진단에서 일차적으로 고려할 수 있는 장애는?

A. 사회적(실용적) 의사소통장애

B. 자폐스펙트럼장애

C. 전반적 발달지연

D. 언어장애

E. A와 B

정답 A. 사회적(실용적) 의사소통장애

해설 발달 초기에 시작되는 제한된 흥미와 반복적 행동, 흥미, 활동의 발현은 자폐스펙트럼장애와 사회적(실용적) 의사소통장애의 주요 진단적 차이점이다. 이 사례에서 이 남자아이는 자폐스펙트럼장애의 진단기준 B에 부합되지 않는다. 이 기준에는 최소한 2가지 제한적·반복적 행동, 흥미, 또는 활동 패턴의 증거가 필수요건으로 명시되어 있다. 더욱이, 이 아이는 장난감 자동차와 기차에 흥미를 나타내고 있지만, 이는 동일 연령대 남자아이들의 비전형적인 흥미로 볼 수 없다. 앞서 언급한 이유 외에 2가지 진단이 상호 배타적이므로, 보기 E는 오답이다. DSM-5에 의하면, 사회적 의사소통과 사회적 상호작용에서 손상을 보이지만 제한적·반복적 행동이나 흥미를 보이지 않는 사람은 자폐스펙트럼장애 대신 사회적 의사소통장애의 진단범주에 부합된다. "자폐스펙트럼장애 진단은 진단범주에 부합되기만 하면, 사회적(실용적) 의사소통장애 진단을 대신한다. 단, 과거 또는 현재의 제한된/반복적 행동에 관한 조심스러운 탐색이 요구된다." 이 사례의 제한된 자료로부터 어머니는 아들의 언어가 더 이상 문제가 없다고 했기 때문에 보기 D는 오답이다. 마찬가지로 보기 C 역시 감별진단의 대상으로 고려해 볼 수 있지만, 주어진 자료를 고려할 때 가장 정확한 답은 아니다.

사회적(실용적) 의사소통장애 / 감별진단 (p. 45)

71 언어장애와 정상적인 발달상의 변이를 구별하기 어려운 연령은?

A. 2세

B. 3세

C. 4세

D. 5세

E. 6세

정답 C. 4세

해설 초기 발달시기 동안 초기 언어 습득에 있어서 심각한 변이가 있다. 그리고 이는 손상과 정상적인 변이를 구분하기 어렵다. 아동이 4세 정도가 되면, 언어능력은 좀 더 안정된다.

언어장애 / 감별진단 (pp. 35-36)

72 다음 중 언어장애와 연관성이 높은 정신의학적 진단은?

A. 주의력결핍 과잉행동장애

B. 발달성 협응장애

C. 자폐스펙트럼장애

D. 사회적(실용적) 의사소통장애

E. 위의 보기 모두

정답 E. 위의 보기 모두

해설 언어장애는 특정학습장애(글을 읽고 쓸 줄 아는 능력 literacy과 산술능력 numeracy), 주의력결핍 과잉행동장애, 자폐스펙트럼장애, 발달성 협응장애와 같은 다른 신경발달장애들과 강한 연관성이 있다. 또한 사회적(실용적) 의사소통장애와도 연관이 있다. 말하기장애 또는 언어장애의 경우, 가족력이 자주 나타난다.

언어장애 / 동반이환 (p. 36)

73 다음 중 말소리장애에 해당되는 말의 발달에 관한 진술로 옳지 않은 것은?

A. 말소리장애가 있는 아동들 대부분이 치료에 잘 반응한다.

B. 말소리 생성은 3세경까지 대부분 이해될 수 있어야 한다.

C. 대부분의 말소리는 10세 이전에 연령과 공동체 규준에 따라 분명하고 정확하게 발음되어야 한다.

D. 혀 짧은 소리lisping는 말소리장애와 연관되거나 되지 않을 수 있다.

E. 말하는 법을 습득하고 있는 아동들이 단어들을 줄여서 말하는 것은 비정상적이다.

정답 E. 말하는 법을 습득하고 있는 아동들이 단어들을 줄여서 말하는 것은 비정상적이다.

해설 말소리 생성에는 조음 지식과 턱, 혀, 입술, 호흡의 협응운동 능력이 필수로 요구된다. 말소리장애는 말소리 생성이 아동의 연령과 발달단계를 기반으로 기대되는 것이 아닌 경우에 진단된다. 발달적으로, 아이들은 말하는 법을 습득할 때 흔히 단어와 음절을 줄여서 말한다. 그러나 3~4세경이 되면, 대부분의 말은 알아들을 정도가 된다. 7세경이 되면, 대부분의 말소리는 연령과 공동체 규준에 따라 명확하게 표현된다. 혀 짧은 발음은 말소리장애에서 흔하고 혀를 내밀었다가 다시 집어넣는 데 있어서의 비정상적 패턴과 관련이 있다.

말소리장애 (pp. 36-39)

74 다음 중 말소리장애의 감별진단에서 배제해야 할 중요한 상태에 해당되지 않는 것은?

A. 말의 정상적 변이

B. 청각 또는 다른 감각 손상

C. 구음곤란dysarthria

D. 우울증

E. 선택적 함구증

정답 D. 우울증

해설 보기 D를 제외한 모든 보기는 말소리장애 진단에 있어서 중요한 고려 대상이다. 청각 손상으로 인한 말의 비정상성뿐 아니라 지역적 · 문화적 변이는 중요한 고려 대상이다. 구음곤란에는 운동장애로 인한 말의 손상이 포함되는데, 특히 어린아이들을 감별하기 어렵기 때문에 이 또한 반드시 고려되어야 한다. 선택적 함구증은 당혹감 또는 수줍음으로 인한 것일 수 있다.

말소리장애 / 감별진단 (pp. 38–39)

75 다음 중 아동기 발병 유창성장애(말더듬)의 발달에 관한 진술로 옳은 것은?

A. 말더듬은 영향을 받은 사람들의 80~90%가 6세 이내에 발현된다.

B. 말더듬은 항상 갑자기 시작되고 누구나 알아차릴 수 있다.

C. 스트레스와 불안은 말더듬을 악화시키지 않는다.

D. 운동성 움직임은 이 장애와 연관이 없다.

E. 위의 보기 모두 아님

정답 A. 말더듬은 영향을 받은 사람들의 80~90%가 6세 이내에 발현된다.

해설 아동기 발병 유창성장애의 핵심적인 특징은 개인의 연령에 부적절한, 말의 정상적인 유창성과 말의 속도 패턴의 장해다. 2~7세 사이에 발병하고 발병된 사람들의 80~90%가 6세 이내에 발병된다. 비유창성disfluencies은 서서히 또는 갑작스럽게 나타날 수 있고, 감지하기 어려울 수 있다(따라서 보기 B는 오답임). 정서적 스트레스나 불안증은 말더듬을 악화시킬 수 있고, 운동성 움직임motor movements은 때로 이 장애를 동반하기도 한다(따라서 보기 C와 D는 오답임).

아동기 발병 유창성장애(말더듬) (pp. 39–42)

찾아보기

역자 소개

■ **강진령**(Jin-ryung Kang, Ph.D. in Counseling Psychology)

미국 인디애나 대학교 상담심리학 석사(M.S.) · 박사(Ph.D.)

미국 일리노이 주립대학교 임상인턴

미국 플로리다 대학교 초빙교수 역임

현재 경희대학교 교수

[주요 저서]

상담연습: 치료적 의사소통 기술(학지사, 2016)

학교상담과 생활지도: 이론과 실제(학지사, 2015)

상담과 심리치료(개정판, 양서원, 2013)

학교 집단상담(학지사, 2012)

집단과정과 기술(학지사, 2012)

집단상담과 치료(학지사, 2012)

집단상담의 실제(2판, 학지사, 2011)

상담자 윤리(공저, 학지사, 2009)

상담심리 용어사전(양서원, 2008) 외 다수

[주요 역서]

DSM-5 임상사례집(학지사, 2016)

APA 논문작성법(원서 6판, 학지사, 2013)

상담 · 심리치료 실습과 수련감독 전략(학지사, 2010)

간편 정신장애진단통계편람/DSM-IV-TR: Mini-D(학지사, 2008) 외 다수

DSM-5 Selections
신경발달장애
Neurodevelopmental Disorders

2017년 2월 10일 1판 1쇄 인쇄
2017년 2월 20일 1판 1쇄 발행

지은이 • APA
옮긴이 • 강진령
펴낸이 • 김진환
펴낸곳 • (주) 학지사
04031 서울특별시 마포구 양화로 15길 20 마인드월드빌딩
대표전화 • 02)330-5114 팩스 • 02)324-2345
등록번호 • 제313-2006-000265호

홈페이지 • http://www.hakjisa.co.kr
페이스북 • https://www.facebook.com/hakjisabook

ISBN 978-89-997-1151-0 94180
978-89-997-1150-3 (set)

정가 18,000원

이 도서의 국립중앙도서관 출판시도서목록(CIP)은 서지정보유통지원시스템 홈페이지(http://seoji.nl.go.kr)와 국가자료공동목록시스템(http://www.nl.go.kr/kolisnet)에서 이용하실 수 있습니다.
(CIP 제어번호: CIP2017000929)